Rolf Arnold · Antje Krämer-Stürzl · Horst Siebert

Dozentenleitfaden

Planung und Unterrichtsvorbereitung in Fortbildung und Erwachsenenbildung

Cornelsen

Die Deutsche Bibliothek – CIP-Einheitsaufnahme

Arnold, Rolf:
Dozentenleitfaden: Planung und Unterrichtsvorbereitung
in Fortbildung und Erwachsenenbildung /
Rolf Arnold/Antje Krämer-Stürzl/Horst Siebert. –
1. Aufl. – Berlin : Cornelsen, 1999
    ISBN 3-464-49124-2

Verlagsredaktion: Erich Schmidt-Dransfeld
Layout und technische Umsetzung: Type Art, Grevenbroich
Zeichnungen: Jutta Golombek-Boden, Kürten

Cornelsen online http://www.cornelsen.de

1. Auflage ✔   Druck 4 3 2   Jahr 02 01

Druck: Lengericher Handelsdruckerei, Lengerich/Westfalen

ISBN 3-464-49124-2

Bestellnummer 491242

 gedruckt auf säurefreiem Papier, umweltschonend hergestellt aus chlorfrei gebleichten Faserstoffen

Vorwort

Der Trend zur Weiterbildung nimmt stetig zu, wie Sie im Text dieses Buches werden nachlesen können. Die Bandbreite der Angebote ist bekanntlich groß: Sie reicht von Allgemeinbildung und Sprachen lernen über konkret-fachliche, berufliche Fortbildung bis zu Arbeitstechniken, sozialen und Führung-Fähigkeiten.

Sie haben als Dozent oder Dozentin Ihre Aufgabe vermutlich als Fachmann/-frau für einen der hier angesprochenen Inhaltsbereiche übernommen. Häufig verfügen Dozenten im Erwachsenen- und Weiterbildungsbereich jedoch nicht über eine pädagogische Vorbildung, sondern üben ihre Tätigkeit auf Grund von Erfahrungen aus. Dies hinterlässt bei dem einen oder anderen ein Unsicherheitsgefühl: Liege ich „richtig", wenn sich so oder so agiere?

Das Anliegen unseres Buches ist es deshalb, Ihnen eine knappe und praxisnahe Einführung in die übergreifenden, erwachsenenpädagogischen Grundlagen zu bieten und Ihnen einen konkreten Leitfaden für die Planung und Durchführung Ihrer Bildungsveranstaltungen an die Hand zu geben. Je nach Kapitel finden Sie dazu Checklisten oder Anregungen für eine Reflexion Ihrer Praxis vor.

Wir wenden uns gleichermaßen an Anfänger und Fortgeschrittene im Geschäft der Weiterbildung. Auch wenn Sie zum Beispiel als Trainer für Managementqualifikationen pädagogisch vorgebildet sind, so hoffen wir doch, Ihnen in diesem Buch erstens Neues durch den aktuellen Stand der pädagogischen Diskussion und zweitens eine bisher auf dem Buchmarkt noch kaum anzutreffende Zusammenstellung von Aspekten bieten zu können.

Insbesondere berufliche Fortbildung wird immer stärker als Aufgabe der Personalentwicklung begriffen. In der Folge professionalisiert sich der Bereich auf eine neue Weise: Weiterbildung wird immer passgenauer geplant und auch ökonomisiert. Wir schlagen deshalb den Bogen von der Lerntheorie über Didaktik-Methodik bis zum Weiterbildungsmanagement.

Dabei ergibt sich für das Buch eine netzartige Struktur in drei Teilen, die wir in einem Benutzungsfahrplan (Seiten 6 und 7) darstellen.

Wir hoffen auf regen Gebrauch des Buches und dass es einen Beitrag zur kontinuierlichen Verbesserung der Weiterbildungspraxis liefern möge. Für Kritik und Anregungen sind die Verfasser und der Verlag dankbar.

Inhaltsverzeichnis

Benutzungsfahrplan für dieses Buch 6

Inhaltsstruktur 7

Teil I   Erwachsenenlernen – Grundlagen der Aus- und Weiterbildung Erwachsener 9

1   Lernen, lernen – und kein Ende? 10
1.1   Homo discens – der lernende Mensch 10
1.2   Lebensgeschichten und Lernbiografien 11
1.3   Lernen Erwachsene anders? 14
1.4   Lernen – ein Verlegenheitsbegriff? 16
1.5   Die Lerninhalte: Delphi '98 20
1.6   Homo docens – der Mensch als Lehrer 29
2   Die Perspektive des Konstruktivismus 32
2.1   Lernen als Konstruktion von Wirklichkeit 32
2.2   Entkoppelung von Lehr- und Lernsystemen 35
3   Bildungsmotivation 38
3.1   Teilnahmemotive 38
3.2   Das Weiterbildungsberichtssystem 42
3.3   Motivierung: Emotion und Kognition 44
3.4   Motivierung durch Zielgruppenorientierung 48
3.5   Empfehlungen 50
4   Richtziel Lernfähigkeit 52
4.1   Beobachtung 2. Ordnung als pädagogische Kompetenz 52
4.2   Metakognition 54
4.2.1   Metakognition als Erkenntniskritik 54
4.2.2   Metakognition als Lernstilreflexion 55
4.2.3   Metakognitive Lernstrategien 59
4.3   Metakognition gegen Informationsstress 61
4.4   Gibt es „gute Lehre"? 63
5   Schlüsselsituationen 66
5.1   Übergangssituationen 66
5.2   Kritische Situationen 68

Teil II   Didaktik und Methodik des Erwachsenenlernens 73

6   Welche Grundbegriffe zur Gestaltung von Lernprozessen gibt es? . . . 76
6.1   Was ist Didaktik? 77
6.2   Lernziele 79
6.3   Lerninhalte 82
6.4   Curriculum 88
7   Wie plane ich eine Lerneinheit? 91
7.1   Aufbau und Gliederung 93
7.2   Lerngerüst (Ein- und Ausstieg) 97

8   **Wie reduziere ich den Lerninhalt?** 99
9   **Wie setze ich unterschiedliche Methoden, Sozialformen und Medien sinnvoll ein?** 102
9.1   Methoden und Sozialformen 102
9.2   Beschreibung und Beurteilung ausgewählter Methoden 104
9.3   Medieneinsatz 109
10   **Wie arbeite ich sinnvoll mit der Moderationsmethode?** 112
11   **Wodurch ist die Didaktik lebendigen, handlungsorientierten Lernens
         gekennzeichnet?** 114
12   **Was ist guter und erwachsenengemäßer Unterricht?** 120
13   **Wie gestalte ich Lernen am Arbeitsplatz?** 121
14   **Wie verändert sich die Rolle und Aufgabe des „Lehrenden"?** 124

Teil III Organisation und Management in der Weiterbildung 127

15   **Worum geht es im Einzelnen?** 128
16   **Welche Trends zeichnen sich in der Weiterbildung ab?** 129
17   **Bildung als Managementaufgabe?** 135
18   **Einzelne Management-Instrumente** 139
18.1   Zielsetzung und Planung –
        Wie kann ein Analyseprozess systematisch angegangen werden?. 139
18.1.1 Wie werden Ziele gesetzt? Wie werden Ziele formuliert?. 144
18.1.2 Wie kann eine Ablauf- und Terminplanung gestaltet bzw. vorgenommen werden? . . . 147
18.2   Wie können Weiterbildungsmaßnahmen budgetiert werden? 151
18.3   Welche Aspekte spielen beim Bildungsmarketing eine Rolle? 158
18.3.1 Kernaspekte des Bildungsmarketings 159
18.3.2 Zusätzliche Aspekte des Bildungsmarketing 162
18.4   Wie können eine Weiterbildungsberatung und aktive Lernberatung gestaltet werden? . 166
18.5   Wie kann eine Bildungsbedarfsanalyse durchgeführt werden? 173
18.6   Welche Möglichkeiten der Transfer- und Erfolgskontrolle gibt es? 179
18.7   Wie sollte die Information und Kommunikation gestaltet sein? 187
19   **Wie sieht die Zukunft des Weiterbildungsmanagements aus?** 190

20   **Anhang** 194
20.1   Planungserläuterungen zur Kostenstellenplanung Aus- und Weiterbildung 194
20.2   Planungserläuterungen „Operative Budgetplanung Weiterbildung –
        Erläuterungen zum Planungsbogen „Budget und Folgejahre". 195
20.3   Weiterbildungsplanun 196
20.4   Weitere Checklisten zur Weiterbildungsberatung 197
20.5   Beurteilungsbögen. 202
20.6   Erfassungsblätter Lehrgangsbewertung 205
20.7   Umsetzung im Betrieb. 209
20.8   Helfer im Hintergrund: Softwareprogramm Personalentwicklung 211

Literaturverzeichnis. 213

Stichwortverzeichnis 219

Benutzungsfahrplan für dieses Buch

Lernprozesse für und mit Erwachsenen unter vielfältigen Aspekten optimal gestalten helfen – das ist das Kernanliegen dieses Buches. Der Begriff „Dozent/in" im Titel steht dabei vertretend für eine Anzahl von Tätigkeit (vgl. Kap. 1.6):
– Animateur (in Freizeit oder Sozialpädagogik),
– Bildungsmanager,
– Coach,
– Curriculumentwickler,
– Facilitator,
– Kursleiter,
– Moderator,
– Referent,
– Trainer.

Die Liste verweist zum einen auf die Bandbreite der Tätigkeiten von Planung bis Durchführung, zum anderen auf unterschiedliche Zielanforderungen und Gestaltungsbedingungen.
Das Buch fasst zusammen, was auf heutigem Stand der Erwachsenen- und Weiterbildungspädagogik in einem Praxisleitfaden als übergreifende Grundlage angesehen werden kann.
Dazu ist das Buch in drei Teile gegliedert, deren Fragestellung im Prinzip der historischen Entwicklung der Disziplin der Erwachsenen- und Weiterbildung folgen – aber natürlich jeweils heutigem Stand der Diskussion.

• **Teil I** geht auf den aktuellen **Bildungsbegriff** ein, stellt den erwachsenen **Lerner** in den Mittelpunkt und fragt, was er als **Persönlichkeit** braucht und wie mit ihm umzugehen sei. Normatives, die Motivation, der konkrete Lernprozess, die Gruppendynamik, die Beziehung Lehrende/Lernende werden spezifisch für die Lernprozesse der Erwachsenenbildung behandelt.
• **Teil II** zur Didaktik und Methodik behandelt das notwendige **Instrumentarium** – wiederum konkret auf die Arbeit mit Erwachsenen bezogen. Der Blickwinkel wechselt zur Frage, was der Dozent/die Dozentin – verhaltenswissenschaftlich fundiert – tun sollte.

• **Teil III** versteht (berufliche) Weiterbildung als integrativen Bestandteil in einem **Managementprozess** – und dies unter zwei Blickwinkeln:
– Management muss sich um **Qualifikation** von Mitarbeitern kümmern, Weiterbildung ist Aufgabe der Managementfunktion der Personalentwicklung.
– Weiterbildung bedarf ihrerseits eines Managements und die optimale Prozessgestaltung kann oder muss sich moderner **Managementtechniken** bedienen.

Die Teile behandeln deshalb einige Themen mehrfach und fokussieren sie jeweils unter anderem Blickwinkel. Zur Veranschaulichung seien zwei Aspekte herausgegriffen:

• **Wie ermittelt man Bildungsinhalte?**
Teil I setzt sich damit z. B. unter den Aspekten Allgemeinbildung und gesellschaftlicher Anforderungen an Kompetenz auseinander („Folgenwissen" als Schlüsselqualifikation in der Informationsgesellschaft). Teil II erläutert den Blickwinkel der Curriculumentwicklung und führt konkret vor, wie Lerneinheiten geplant werden können. Teil III beschreibt die Bildungsbedarfsanalyse für einzelne Zielgruppen.

• **Was bedeuten Erfolgskontrollen?**
In Teil II geht es um Bewertung und Ergebnissicherung individueller Lernergebnisse (als Phase einer Lerneinheit), in Teil III hingegen um die Evaluation der Bildungsmaßnahme.

Das Buch bietet Ihnen als Benutzer/in also eine netzartige Struktur an. Als Benutzungshilfe ist auf der gegenüberliegenden Seite eine Matrix für die wesentlichen der behandelten Fragestellungen abgedruckt. Weiteren Zugriff bietet natürlich auch das Stichwortverzeichnis.

Fragestellung	Teil I: Erwachsenenlernen	Teil II: Didaktik und Methodik	Teil III: Management
Ziele und Inhalte ermitteln und formulieren	Kap 1 Bildung, Kompetenz Kap 3 Zielgruppenorientierung	Kap 6 Lernziele, -inhalte, Curriculum	Kap 15 Prozessorientierung Kap 16 Trends Kap 18.1 Zielsetzung
Bildungsmaßnahmen planen			Kap 17 Anforderung seitens Management Kap 18.1–18.3, 18.5, 18.7 Planungsinstrument aus dem Management, Bedarfsanalyse, Information
Unterrichtablauf planen		Kap 7: Einzelne Lerneinheiten Kap 8: Didaktische Reduktion Kap 9 Methoden, Sozialformen, Medien Kap 10 Moderation	
Lernen gestalten	Kap 2 Selbstverantwortliches Lernen Kap 4 Lernfähigkeit, -strategie	Kap 11 Handlungsorientierung Kap 12 Erwachsenengerecht als Qualität Kap 13 Lernen am Arbeitsplatz	Kap 16 Trends Kap 18.4 Bildungs- und Lernberatung
In der Gruppe agieren	Kap 5: Typische Situationen	Kap 14 Rolle der Lehrenden	
Bewerten			Kap 18.6 Transfer- und Erfolgskontrolle

Zu den Autoren

Prof. Dr. Rolf Arnold ist Professor an der Universität Kaiserslautern und seit 1992 Leiter des Zentrums für Fernstudien und Universitäre Weiterbildung (ZFIW). Zu seinen Arbeitsschwerpunkten gehören u. a. Bildungspolitik, Erwachsenenbildung und Betriebspädagogik.

Dr. Antje Krämer-Stürzl hat sich nach Tätigkeiten als angestellte Trainerin und wissenschaftliche Mitarbeiterin selbstständig gemacht. Sie ist als Beraterin und Trainerin für verschiedene Unternehmen tätig.

Prof. Dr. Horst Siebert ist Professor am Institut für Erwachsenenbildung der Universität Hannover und durch zahlreiche Veröffentlichungen zur Erwachsenenbildung umfassend bekannt.

Teil I

Erwachsenenlernen – Grundlagen der Aus- und Weiterbildung Erwachsener

1   Lernen, lernen – und kein Ende?

1.1   Homo discens – der lernende Mensch

Die Gattungsgeschichte des Menschen lässt sich als kollektive Lerngeschichte beschreiben.

Der Mensch hat gelernt,
– sich an veränderte Umweltbedingungen anzupassen
– sich zu ernähren und zu kleiden
– Tiere und Pflanzen zu züchten
– Naturgesetze zu erkennen und sich nutzbar zu machen
– Häuser und Brücken zu bauen
– Entfernungen zu überwinden
– das Zusammenleben mit anderen zu regeln
– Städte und Staaten zu gründen
– weltweit zu kommunizieren
– zu musizieren, zu malen, Theater zu spielen

Lernen in der Lebenswelt: dienlich, aber ambivalent

Nicht alle Lernprojekte waren erfolgreich, nicht alle Lernleistungen waren ein Segen für die Menschheit. Ein Großteil der Lernenergie wurde dazu verwendet, die Natur und benachbarte Völker zu unterdrücken und auszubeuten: Es gibt kaum eine Erkenntnis- und Lernleistung ohne Schattenseiten, ohne absehbare oder unkalkulierbare negative Folgen und Nebenwirkungen.

Jedes neue Medikament kann schädlich sein.
Jeder Geschwindigkeitsrekord ist gefährlich.
Die Beherrschung neuer Kommunikationstechniken steigert die Überlegenheit über andere.
Ökologisches Katastrophenwissen macht depressiv.
Permanente Gesundheitsbildung fördert die Aufmerksamkeit für Krankheits-symptome und macht – im Extremfall – krank
Interkulturelles Managementwissen verbessert die Chancen, wirtschaftliche Interessen im Ausland durchzusetzen.

Lernen und Vernunft

Lernen ist also lebensdienlich, ja sogar überlebensnotwendig, aber Lernen ist häufig ambivalent, mehrdeutig, mit Risiken und Gefahren für sich und andere verbunden. Nicht zufällig gelten die „Einfältigen" in der Kulturgeschichte meist als die Gutmütigen, Treuherzigen, Harmlosen. Übermäßige Lernfähigkeit ist eine Schlüsselkompetenz der Moderne, aber nicht unbedingt eine Tugend. Deshalb hat die **Aufklärungsphilosophie** den Lernbegriff an den **Vernunft-begriff** gekoppelt. Der Lernbegriff ist inhaltsneutral, der Vernunftbegriff enthält eine ethische Dimension. Vernünftig ist das, was nicht nur mir, sondern auch an-deren zugute kommt, was dem Gemeinwohl dient, was sich als human-, sozial- und umweltverträglich erweist, was „zukunftsfähig" ist.

Dieser Vernunftbegriff wird neuerdings mit dem Konzept der „**sustainable development**" verknüpft. Sustainability heißt Nachhaltigkeit und beinhaltet ein verantwortliches, pflegliches Handeln in Politik, Wirtschaft, Schule, aber auch im privaten Alltag. Das Prinzip der Nachhaltigkeit bezieht sich auf den Verbrauch natürlicher Ressourcen, auf die Grenzen der Belastbarkeit unserer Umwelt, aber auch auf die Wertschätzung „friedlicher" Traditionen und außereuropäischer Kulturen und Lebensstile.

Neue Forderung: Nachhaltigkeit

Für die Symbiose von Lernen und Vernunft gibt es in der deutschen Geistesgeschichte ein ehrwürdiges Konzept, nämlich das der **Bildung.** Bildung ist weniger ein Besitz oder eine messbare Kompetenz als vielmehr eine Haltung, ein Habitus, der um eine Verbindung von Lernen und verantwortlichem Denken und Handeln bemüht ist.

Klassisches Konzept: Bildung

> **Bildung ist eine Haltung, die sich der Grenzen menschlichen Erkennens, der Risiken menschlicher Entscheidungen, der „Unverfügbarkeit" von Welt bewusst ist.**

In diesem Sinn plädieren wir dafür, nicht nur das Lernen, sondern auch Bildung zu fördern. Institutionalisierte Erwachsenenbildung ist nicht nur eine Lernorganisation großen Ausmaßes, sondern auch Bildungs-Arbeit im ursprünglichen Sinne des Wortes. Zu Recht ist viel von einer Lern- und Wissensgesellschaft die Rede, aber Lernen und Wissen sind kein Selbstzweck, sondern müssen durch vernünftige Zwecke legitimiert werden. Insofern ist das Programm einer Bildungsgesellschaft auch und gerade an der Jahrtausendwende weiterhin aktuell und modern.

Plädoyer für Lernen und Bildung

„**Sapere aude**" – habe Mut, dich deines eigenen Verstandes zu bedienen. Dieses aufklärerische Motto I. Kants hat nichts an Gültigkeit verloren.

1.2 Lebensgeschichten und Lernbiografien

Auch die individuellen Lebensgeschichten sind Lerngeschichten. Von der Wiege bis zur Bahre lernen wir uns zu orientieren, uns durchzusetzen, erfolgreich zu handeln. So wird leben und lernen gelegentlich sogar synonym verwendet. Wer lernbehindert ist, ist in vielfacher Hinsicht auch lebensbenachteiligt.

Der Mensch gilt als „instinktungesichertes Wesen" (Gehlen). Er ist genetisch weniger festgelegt, weniger programmiert als andere Lebewesen. Doch diese unzureichende Ausstattung mit Verhaltensprogrammen ist nicht nur ein Defizit, sondern zugleich die Chance für eine permanente Anpassung, Neuorientierung, Freiheit und damit auch Verantwortung.

Lernen ist einerseits ein lebenslanger Prozess der Sozialisation (d. h. Vergesellschaftung) und Enkulturation, andererseits ein kontinuierlicher Prozess der Individuation und Identitätsfindung. Wir lernen zeit unseres Lebens, mit dem Strom und gegen den Strom zu schwimmen. Wir lernen Anpassung und Widerstand, wir lernen uns für den Arbeitsmarkt zu qualifizieren und wir lernen unseren Horizont zu erweitern und unsere Interessen zu verwirklichen. Lernen ist eine existenzielle Notwendigkeit, aber auch ein intrinsisches Bedürfnis.

Lernen lebenslang

„Neugier" ist gleichsam ein anthropologisches Wesensmerkmal. Ohne Neugier säße der Mensch – metaphorisch gesprochen – immer noch in seiner Höhle.

Der Mensch kann nicht nicht lernen.

Nicht-Lernen und Verlernen

Erklärungsbedürftig ist häufig nicht das Lernen, sondern das Nichtlernen und das Verlernen. Im Lauf unseres Lebens haben wir vieles gelernt, was sich später als fragwürdig und auch disfunktional erweist. Das betrifft sowohl Wissensinhalte als auch Verhaltensprogramme. Wir Älteren erinnern uns noch an das „Curriculum" des Nationalsozialismus oder auch des „Kalten Krieges" in den 50er Jahren. Auch die übertriebene Anpassungs-, Ordnungs- und Disziplinierungserziehung früherer Zeiten hat viel Schaden bewirkt, ebenso wie eine naive antiautoritäre Erziehung nach der 68er Bewegung. Auch die Bürger/innen der DDR haben nach der Wende viele Lebensweisheiten verlernt und verlernen müssen.
Biografieforschung, biografisches Lernen, narrative Methoden gehören seit einigen Jahren zum Mainstream der (Erwachsenen-)Pädagogik. Jede Lernmaßnahme, jede Kursteilnahme hat eine lernbiografische Geschichte. Jede Lernaktivität Erwachsener ist ein Anschlusslernen, ein Umlernen, ein Verlernen. Viele Umlernaufforderungen sind mit Kränkungen, Entmündigungen, Entfremdungen verbunden.

Ein harmloses Beispiel:
Ich fühlte mich zeitlebens kompetent für Orthografie und Zeichensetzung. In der Quarta hatte ich einen Deutschlehrer, der mit einer Kriegsverletzung (Armamputation) aus der Gefangenschaft entlassen worden war, den ich verehrte, der uns die Zeichensetzung vermittelte, durch den ich den Sinn der Zeichensetzung nicht nur lernte, sondern begriff.

Die neue Rechtschreibreform hat bei mir ein Gefühl der Enteignung und des Kompetenzverlustes hervorgerufen. Es ist für mich keine Schwierigkeit, die neuen Rechtschreibregeln zu erlernen. Aber für mich hat die alte Regel Sinn, den erweiterten Infinitiv durch ein Komma zu trennen.

Lernen und Identität

Es sei an dieser Stelle nur angedeutet: Lernen ist untrennbar mit Identität verbunden. Kognitionen und Emotionen sind eng verknüpft; auch Lernwiderstände können biografisch begründet und sinnvoll sein.

Es lohnt sich, die eigene **Lernbiografie** zu rekonstruieren.

* Welcher Lerntyp bin ich?
  (Eher theoretisch-analytisch, eher assoziativ, eher praktisch, eher kommunikativ, eher naturwissenschaftlich oder eher hermeneutisch-interpretativ …)
* Wer oder was hat meinen Lernstil geprägt?
  (Eltern, Lehrer, Freunde; berufliche Aufgaben oder private Interessen …)
* Wann und wie sind meine Interessen und meine „generativen Themen" entstanden?

(Kritische Lebensereignisse, neue Bezugspersonen, gesellschaftliche Schlüsselsituationen, Schulunterricht …)
* Welches sind meine Lernstärken und Lernschwächen?
  (gliedern, strukturieren, abstrahieren, Kreativität, soziale Empathie, technisch-praktisches Gespür, Rhetorik, Humor, beobachten und zuhören …)
* Welche Lerntechniken habe ich mir angeeignet?
  (Lernorte, Lernzeiten, Lernumgebung; Wissen beschaffen, verarbeiten, bewerten; Gedächtnishilfen …)

Solche **Lernstile** – incl. Lernvermeidungsstrategien – sind biografisch gewachsen und in soziokulturelle Kontexte eingebettet. Früher wurden Bildungsbiografien meist als kontinuierliche Prozesse der Höherentwicklung dargestellt – man denke nur an die klassischen Bildungsromane. Im Lauf des Lebens wurde immer mehr Wissen erworben und zu Lebenserfahrungen verdichtet, so dass – wer immer strebend sich bemühte – einen ehrwürdigen Zustand der Altersweisheit erreichte.   **Lernstile**

Heute verlaufen Lern- und Lebensgeschichten diskontinuierlich, mit Höhen und Tiefen, wobei immer schwieriger zu entscheiden ist, ob es „bergauf" oder „bergab" geht, ob man „Fortschritte" oder „Rückschritte" macht. Oft lässt sich erst rückblickend entscheiden, ob sich eine Lernanstrengung gelohnt hat oder nicht, ob sie erfolgreich oder erfolglos war.   **Verlauf von Lernbiografien und Einflussfaktoren**

Lernbiografien verlaufen mehrdimensional und ungleichzeitig. Lernintensive berufliche Entwicklungsphasen können von einer Rückentwicklung sozialer und kultureller Interessen begleitet sein.

Die biografischen Lernverläufe sind nicht nur von individuellen Motivationen und Bemühungen abhängig, sondern auch von dem sozialen, technologischen, ökonomischen Wandel, aber auch von den wechselnden Moden moderner Informationsgesellschaften. Schnelllebigkeit und Instabilität sind Wesensmerkmale unserer Epoche. Nichts veraltet so schnell wie die Innovation. Die Älteren unter uns können zahlreiche Beispiele für die Veralterung und Entwertung von Wissensbeständen und Kompetenzen nennen.

Zum Beispiel:
- In der Nachkriegszeit war es lebenswichtig, Obst und Gemüse „einkochen" zu können um zu „überwintern".
- Eine wichtige Kulturtechnik für viele Berufe und Studien war das „Stenografieren".
- Im Mathematikunterricht galt „Mengenlehre" als Nonplusultra. Die Mengenlehre wurde genauso schnell abgeschafft wie sie eingeführt worden war.
- Die „Völkerfreundschaft" sollte durch die Weltsprache „Esperanto" gefördert werden.
- Eine Grundlage der Allgemeinbildung war das Auswendiglernen von Gedichten.

In dem pädagogischen **Generationenverhältnis** wurde der Kompetenz- und Erfahrungsvorsprung der Älteren zunehmend relativiert. Die junge Generation mit ihrem modernen technologischen Wissen galt – insbesondere auf dem Arbeitsmarkt – als überlegen.

Diskussion: Wie lernen „Jüngere" und „Ältere"?

Vor allem im Bereich der Informations- und Kommunikationsmedien ist der Kompetenzvorsprung der Jungen heute unübersehbar.

Auch in der ökologischen Lebensführung sind junge Menschen aufgrund ihrer Kenntnisse und Werte oft Trendsetter und „opinion leader" in den Familien.

In Migranten- und Aussiedlerfamilien ist es die Jugend, die sich das moderne Alltagswissen und die Lebensstile ihrer neuen Heimat aneignen, während die Eltern und Großeltern die traditionellen Werte und Gewohnheiten konservieren.

Die Liste dieser Beispiele lässt sich beliebig verlängern. Dennoch ist die These einer generellen Kompetenzüberlegenheit der jungen Generation zu undifferenziert. Ein **Wandel der Wahrnehmung** scheint sich insbesondere in Großunternehmen zu vollziehen, die bisher durch Entlassungen und Vorruhestandsregelungen eher die Defizitthese der älteren Arbeitnehmer zementiert haben. Inzwischen mehren sich die Hinweise, dass es unökonomisch ist, auf das betriebliche Know-how, auf die betrieblichen Milieukenntnisse, auf die Berufserfahrungen und Motivationen der Älteren ohne weiteres zu verzichten.

„Auch aus betrieblicher Sicht reicht deshalb die bisher geübte Praxis einer immer früheren Entberuflichung und pauschalen Ausgrenzung Älterer und deren Ersetzung durch auf dem externen Arbeitsmarkt rekrutierte Jüngere nicht mehr aus, um die institutionelle Erneuerungsfähigkeit zu erhalten …Nötig ist …die Entwicklung altersintegrierter Personalentwicklungsmodelle, die das Erfahrungswissen gezielt mit dem Innovationswissen Jüngerer kombinieren können. "
(Sylvia Kade in: REPORT 42, 1998, S. 156f.)

Keine klaren Ergebnisse zur Alterabhängigkeit

Ziehen wir eine vorläufige **Zwischenbilanz:**
Alle pauschalen Verlaufskurven und Phasenmodelle einer altersabhängigen Lern- und Kompetenzentwicklung sind problematisch. Die biografischen Lernverläufe sind individualisiert, uneinheitlich, mehrdimensional. Eine generelle Bewertung ist schon deshalb schwierig, weil Kompetenzen, die als unzeitgemäß und überholt galten, plötzlich wieder modern werden – man denke nur an ökologische Lebensstile. Auch wenn es fragwürdig ist, von „der Jugend" und „dem Alter" zu sprechen, so gibt es doch kollektive generationsspezifische Wissensbestände und Erfahrungen, die bewahrt und für ein intergenerationelles Lernen nutzbar gemacht werden sollten.

1.3   Lernen Erwachsene anders?

Was im Jugendalter abgeschlossen ist …

Folgt man dem Schweizer Kognitionswissenschaftler Jean Piaget, so ist die neurobiologische und psychologische Entwicklung des menschlichen Erkenntnissystems im Jugendalter abgeschlossen. In dieser Lebensphase wird die Fähigkeit zum begrifflich-theoretischen Denken ausgeprägt. Im weiteren

Verlauf des Lebens finden keine strukturellen Veränderungen unseres Nervensystems mehr statt. Doch dies ist nur die halbe Antwort.

Selbstverständlich verändern sich die Lernanforderunen, die Lernsituationen, die
Lernmotive, auch die Lernstile und Lerntechniken. Um eine technische Metapher
zu verwenden: Die **Hardware** des Lernens verändert sich qualitativ nicht mehr
(es sei denn durch Krankheiten oder einen Unfall), wohl aber die **Software.**

**... und was flexi-
bel bleibt**

Dabei ist es nicht allein das biologische Alter, das sich auf das Lernverhalten
auswirkt, sondern maßgeblich sind die Identität, das soziokulturelle Umfeld, der
Beruf, die kritischen Lebensereignisse … Im Lauf des Lebens stellen sich unterschiedliche „Entwicklungsaufgaben" – in der Familie, im Beruf, in der Gesellschaft, die durch Lernen bewältigt werden müssen. Lernaktivitäten sind deshalb im Alter eher situationsbezogen und verwendungsorientiert, während das
schulische Lernen eher „allgemeinbildend" ist.

Einige Ergebnisse der entwicklungspsychologischen Lernforschung lassen sich
thesenartig resümieren:

1. Die **Individualisierungsthese** gilt auch für Lernbiografien. Die individuellen Unterschiede
innerhalb einer Altersgruppe sind meist größer als die Unterschiede zwischen zwei Alters-
gruppen aus einem Milieu.

2. Die Individualisierungen, d. h. die Unterschiede der **Lernstile und Lerninteressen,** nehmen
im höheren Alter noch zu.

3. Das biologische Alter ist selten die primäre Ursache für Lerndefizite, sondern Faktoren, die
altersabhängig sind, z.B. Krankheit, Verlust beruflicher und familiärer Rollen und Lernaufgaben.

4. Wichtige Faktoren für den Erhalt der Lernfähigkeit sind kontinuierliche **Übung** („Lern-
training") und **Motivation** („Lerninteresse").

5. Relativ altersstabil ist die **kristallisierte Intelligenz**, d.h. die Wissensinhalte und Fertigkeiten, die zur Lösung gewohnter Aufgaben erforderlich sind. Diese Fähigkeit wird neuerdings
auch als „Pragmatik der Intelligenz" bezeichnet.

6. Dagegen nimmt die **fluide Intelligenz** im Alter ab, d.h. die Fähigkeit, neue Situationen und
Aufgaben zu bewältigen, sich kognitiv und emotional umzustellen. Diese eher inhaltsneu-
trale Flexibilität wird auch als „Mechanik der Intelligenz" bezeichnet.

7. Die wichtigsten Ergebnisse der **Gedächtnisforschung** sind:
„Die Kapazität des Arbeitsgedächtnisses nimmt im Alter ab, die Lernprozesse sind stör-
anfällig, kurzfristig Gelerntes kann schlechter erinnert werden, im Gegensatz dazu sind
früher gelernte Inhalte gut abrufbar. Das semantische Gedächtnis arbeitet schlechter als das
episodische Gedächtnis … Zusätzlich sind größere Schwierigkeiten bei der Enkodierung
der Information erkennbar, die Informationsverarbeitung geht langsamer vor sich." (Kruse/
Rudinger 1997, S. 58f.)

---

8. Generell verringert sich das **Lerntempo** im Alter. Unter Zeitdruck liefern Ältere meist schlechtere Testergebnisse als Jüngere. Für diesen Zeitfaktor gibt es sozialisatorische Erklärungen (Ältere scheuen sich, Fehler zu machen), aber auch neurologische Erklärungen.

9. Ältere verfügen über weniger **Lerntechniken** als Jüngere (die im Durchschnitt eine längere und „bessere" Schulbildung erlebt haben und die auch Prüfungs- und Testsituationen gewohnt sind.)

10. Ältere haben vielfältige **Erfahrungen** gemacht und ein **Lebenswissen** erworben, das es ihnen erleichtert, zwischen wichtigen und unwichtigen Informationen zu unterscheiden und neues Wissen in ihre Wissensnetze zu integrieren.

11. Neuere Untersuchungen machen auf **berufliche „Stärken"** älterer Arbeitnehmer aufmerksam, z.B. planendes Denken, synthetisches Denken (= unterschiedliche Informationen integrieren). Diese Stärken kommen bei einigen Arbeitsaufgaben mehr, bei anderen weniger zur Geltung.

12. Vielfach ist festzustellen, „dass physische Fähigkeiten und Anpassungsfähigkeit (nämlich neue Konzepte begreifen, schnelles Lernen, Veränderungen durchführen, neue Technologien akzeptieren, Interesse an Training) beim älteren Arbeitnehmer abnehmen, während die allgemeine **Arbeitseffektivität** (Verlässlichkeit, Fleiß, Pflichtbewusstsein, Effektivität, Reflektiertheit, interpersonelle Fähigkeiten, Teamfähigkeit u. a.) zunehmen." (Dittmann-Kohli u. a. 1997, S. 221)

Generell lassen sich altersbedingte „Gewinne" und „Verluste" der Lernfähigkeit registrieren.

Ausgleichskompetenz Erwachsener

Eine besondere „Alterskompetenz" ist es dabei, die Stärken zu optimieren und die Schwächen zu kompensieren.

Eine wichtige Lernaufgabe ist es deshalb, die eigenen Stärken zu erkennen und Kompensationstechniken für die Schwächen zu erproben.

1.4   Lernen – ein Verlegenheitsbegriff?

◊ Stellen Sie sich bitte folgende Frage:
Gab es in der letzten Zeit eine Situation, in der Sie etwas Besonderes gelernt haben?

Die Antworten, die wir (von Teilnehmern) auf diese Frage erhalten haben, waren sehr unterschiedlich, z. B.
– *Ich habe die Wehrmachtsausstellung besucht, und mir ist unerklärlich, wie diese Greueltaten möglich waren.*
– *Ich habe von meiner Tante ein Kochrezept erhalten und mit Erfolg ausprobiert.*

- *Mir ist klar geworden, wann und warum ich auf meinen Freund gereizt reagiere.*
- *Ich habe einen Text von Luhmann gelesen und glaube, ihn verstanden zu haben.*
- *Mein Sohn hat mir gezeigt, wie ich meinen PC zu bedienen habe.*
- *Ich habe in der Volkshochschule an einem Yoga-Kurs teilgenommen.*
- *Ich habe ein spannendes Buch über Frauensprache und weibliche Denkstile gelesen.*

Auf die Vielfalt der Lernthemen verweist auch Bertolt Brecht in den „Flüchtlingsgesprächen". Der Arbeiter Kalle schildert dem Physiker Ziffel seine Erfahrungen in der Erwachsenenbildung:
„Ich bin auf die Volkshochschul gegangen. Ich hab geschwankt, was ich lernen soll: Walther von der Vogelweide oder Chemie oder die Pflanzenwelt der Steinzeit. Praktisch gesehen wars gleich, verwenden hätt ich keins können."

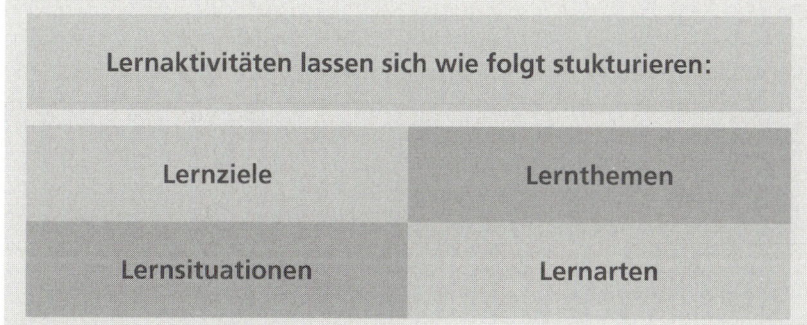

Facetten von Lernaktivitäten

Lernziele verweisen auf Fähigkeiten, die erworben werden sollen oder erworben werden wollen, z.B.:
- etwas besser wissen
- Zusammenhänge und Hintergründe erkennen
- mit sich selber umgehen (personale Kompetenz)
- sich mit anderen verständigen (soziale Kompetenz)
- Problemlösestrategien beherrschen
- instrumentelle Fertigkeiten aneignen

Lernziele sind eng mit Lernmotiven verknüpft:
Ich nehme an einem Rhetorikseminar teil, weil ich mich in Gesprächen oft unsicher fühle. Oder: Ich nehme an einem EDV-Kurs teil, um meine beruflichen Chancen zu verbessern.

Lernziele, Teilnahmemotive, Erwartungen, Anspruchniveaus der Kursteilnehmer/innen sind meist keineswegs eindeutig und einheitlich. Es ist Aufgabe des Dozenten, hier eine Abstimmung vorzunehmen.

Ein Beispiel:
Vor längerer Zeit haben wir in einer Volkshochschule ein Seminar über „Protestsongs", d.h. über politische Chansons und gesellschaftskritische Lieder, durchgeführt. Erst im Verlauf des Seminars wurde deutlich, wie unterschiedlich die Lernmotive und Lernziele waren: Eine Mutter wollte mehr darüber wissen, wofür ihr Sohn sich interessierte. Eine Gymnasiallehrerin erwartete Anregungen für ihren Literaturunterricht. Ein Lehrling wollte Liedertexte schreiben lernen. Zwei Mädchen wollten Chansons hören…

Erst als wir in der Gruppe über diese Interessen sprachen, konnten wir uns auf ein gemeinsames Seminarkonzept einigen, das zwar nicht allen Wünschen, aber doch vielen Erwartungen gerecht wurde.

Facetten möglicher Lernthemen

Die **Lernthemen** beziehen sich auf unterschiedliche Wissensbestände, z. B.:
– wissenschaftliches Wissen
– Erfahrungswissen der Teilnehmer
– berufliches Praxiswissen
– musisch-kulturelle Methoden
– philosophisches Reflexionswissen.

Wissensvermittlung ist in der Regel kein Selbstzweck, sondern bezogen auf Lernziele, erwünschte Fähigkeiten, Verwendungssituationen …

Fachleute versus Pädagogen

Fachleute neigen dazu, aus der Fülle ihres Wissens zu schöpfen und mehr mitzuteilen, als die Teilnehmer/innen wissen wollen, für ihre Ziele benötigen, verkraften können. Pädagog/innen sind in der Lage, Stofffülle zu reduzieren, sich auf Wesentliches zu beschränken.

> **Bei empirischen Untersuchungen haben wir festgestellt, dass umso weniger gelernt wurde, je mehr Wissen dargeboten wurde. Mit anderen Worten: weniger ist oft mehr.**

Facetten möglicher Lernarten

Die **Lernarten** verweisen auf Lerntheorien. Unterscheiden lassen sich insbesondere
– Imitationslernen durch Beobachtung
– Reiz-Reaktions-Lernen
– Verstärkungslernen
– Informationsverarbeitung
– Aufbau kognitiver Strukturen
– Lernen durch Versuch und Irrtum
– Reflexion von Erfahrungen
– Korrektur von Deutungsmustern
– Überprüfung von Hypothesen
– Einsicht in logische Zusammenhänge

Die verschiedenen Unterrichtsmethoden unterstützen je verschiedene Lernarten.

Wechselwirkung von Lernarten und Methoden

Unterrichtsmethoden und Lernarten

Metaplan	→	begriffliches, ordnendes, strukturierendes Lernen
kognitive Landkarte (mind map)	→	Differenzierung kognitiver Strukturen
Brainstorming	→	kreatives, assoziatives Lernen
Planspiel	→	Überprüfung von Hypothesen
Rollenspiel	→	Korrektur von Deutungsmustern, Perspektiven- wechsel
Bildmeditation	→	Reflexion von Erfahrungen
Leittexte	→	learning by doing
Vortrag	→	Informationsverarbeitung
Kleingruppen	→	kommunikative Kompetenz
narrative Methoden	→	Identitätslernen

Lernsituationen verweisen auf Lernkontexte, Lernumgebungen. Diese Lernsituationen sind mehr oder weniger organisiert und institutionalisiert, z. B.
– schulische, curricular festgelegte Lehrgänge
– offene, selbstbestimmte Studienzirkel.

Facetten möglicher Lernsituationen

Lernsituationen finden sich aber auch außerhalb von Bildungseinrichtungen, z. B.
– bei der Einführung neuer Technologien oder Produkte am Arbeitsplatz
– bei einem Schulwechsel des Kindes in der Familie
– bei der Anschaffung moderner Haushaltsgeräte
– im Urlaub in einem fremden Land
– in kritischen Lebensphasen (z. B. Krankheit, Arbeitslosigkeit, Wohnortwechsel, Unfall)
– bei einer neuen Freundschaft.

Lernen außerhalb von Bildungseinrichtungen

Lernen ist ein vielschillernder, vieldeutiger Begriff. Es gibt nicht einen „richtigen" Lernbegriff.

Fazit: Es gibt nicht „den" Lernbegriff

Die Vielzahl der Lerntheorien und Lerndefinitionen verweist auf die Fülle der Aufgaben und Interessen, die wir im Lauf des Lebens „lernend" bewältigen. Auch neurophysiologisch lässt sich Lernen nicht eindeutig verorten. In unserem Gehirn lässt sich kein „Zentrum" für Lernen – ähnlich wie z. B. für das visuelle Gedächtnis – lokalisieren. Alle bewussten Sinneswahrnehmungen, Kognitionen, körperlichen Übungen sind zugleich auch Lernprozesse.

Stattdessen: Lernbegriff als Erklärungsprinzip

Der Kybernetiker und Konstruktivist Heinz von Foerster antwortet auf die Frage „Was ist Lernen wirklich?": „Wir haben nicht die geringsten Vorstellungen darüber, was in uns vorgeht, wenn wir sagen, wir hätten etwas gelernt." (v. Foerster 1993, S. 128). Er bezeichnet Lernen deshalb als allgemeines **„Erklärungsprinzip"** für Leistungen der Problemlösung, der Selbst- und Fremdbeobachtung. Allgemein ist Lernen – mit H. v. Foerster – **eine Erweiterung menschlicher Möglichkeiten.**

Gerade weil der Lernbegriff so uneindeutig ist, lohnt es sich, immer wieder neu über ihn nachzudenken. Lernen ist und bleibt ein Geheimnis – aber nur Geheimnisse regen unsere Phantasie an.

1.5   Die Lerninhalte: Delphi '98

Bestimmungsfragen für das Lernen Erwachsener

Dass Erwachsene angesichts der Dynamik unserer Wissensgesellschaft kontinuierlich lernen sollten, ist relativ unstrittig.

Wozu Erwachsene lernen sollten, ist ebenfalls kein Streitpunkt: um beruflich leistungsfähig zu bleiben, um demokratische Rechte und Pflichten wahrnehmen zu können, um den geistigen Horizont zu erweitern…

Wie Erwachsene lernen sollten, ist auch prinzipiell konsensfähig: möglichst selbstgesteuert, aktiv, kreativ, ganzheitlich…

Umstritten ist vor allem, **was** Erwachsene lernen sollen.

Diese Frage nach den Lerninhalten lässt sich am ehesten beantworten, wenn es um eine **Spezialbildung** geht, d.h. um spezielle **Qualifikationen** für konkrete Verwendungssituationen (z.B. Führerschein, Wirtschaftsenglisch, Winword, Einkommensteuererklärung…).

Was aber muss man wissen und können, um als „Normalbürger" „auf der Höhe der Zeit" zu sein, um über wichtige gesellschaftliche Themen „mitreden" zu können, um typische Alltagsaufgaben und „kritische Lebensereignisse" kompetent bewältigen zu können?

Allgemein-bildung…

In der Geschichte der Pädagogik ist für diese Fähigkeit der Begriff *Allgemeinbildung* **(W. v. Humboldt: „allgemeine Menschenbildung")** **verwendet worden. Dieser Begriff wird heute nicht mehr als Gegensatz zur Berufsbildung definiert, sondern eher als Grundlage und Orientierungsrahmen für (berufliche und andere) Spezialbildungen.**

Allgemeinbildung beinhaltet allgemeine, verallgemeinerbare Wissensinhalte, das, was verschiedenen Aufgaben gemeinsam ist, Herausforderungen, mit denen wir alle (oder die meisten von uns) konfrontiert sind. Auch der humanistische Bildungsbegriff verweist auf einen „Generalisten" als „Spezialisten für das Allgemeine".

…wie man sie bestimmt hat

Doch wie lässt sich ein Curriculum für Allgemeinbildung entwickeln?
– W. v. Humboldt plädiert für eine allgemeine „Kräftebildung" (ästhetische, soziale, technische Fähigkeiten).

- Das humanistische Gymnasium vermittelt einen Kanon an klassischen Fächern und eine Propädeutik der Wissenschaftsdisziplinen.
- Die Grundschule setzt Allgemeinbildung mit Elementarbildung, d.h. mit der Vermittlung moderner Kulturtechniken, gleich.
- W. Klafki definiert Allgemeinbildung als kategoriale Einsicht in die epochalen Schlüsselprobleme unserer Gesellschaft.
- Volkshochschulen bemühen sich um eine Verständigung über lokale/regionale Grund- und Mindestangebote. (Welche Themen gehören zum Standardangebot, das überall zugänglich sein sollte?)

Insgesamt verläuft die Diskussion weiterhin kontrovers und unübersichtlich.

Offen ist auch die Frage:
Wer ist überhaupt kompetent und befugt zu entscheiden, was zu einer Allgemeinbildung gehört oder nicht? Wissenschaftler/innen? Politiker/innen? Pädagogen/innen? „Normalbürger/innen"? Lässt sich eine solche Frage nur normativ oder auch empirisch klären?

... wer heute dafür kompetent ist

Einen bemerkenswerten Versuch, den Inhalt der (Allgemein-)Bildung empirisch zu ermitteln, haben Willy Strzelewicz, Wolfgang Schulenberg und Hans-Dietrich Raapke in den 50er Jahren unternommen. Sie führten eine repräsentative, mehrstufige bildungssoziologische Untersuchung über „Bildung und gesellschaftliches Bewusstsein" durch. Eine Schlüsselfrage lautete: „Kennen Sie einen Menschen, von dem Sie sagen können, dass er gebildet ist?" 73% der Befragten bejahten diese Frage. Auf die Zusatzfrage „Warum halten Sie ihn für gebildet?" wurden folgende Bildungsvorstellungen genannt:

- Wissen und Kenntnisse   38%
- Umgang und Benehmen   38%
- Charakter   34%
- Schulbildung   18%
- geistige Aufgeschlossenheit   19%
- Vorbild, imponierende Persönlichkeit   8%
- ...

(Strzelewicz u.a. 1966, S. 95)

Es wäre interessant, eine solche Befragung heute, zu Beginn des neuen Jahrtausends, zu wiederholen. Tendenziell dominierte damals die Auffassung: Bildung besteht aus einer Kombination von Wissen, Können und „Charakter". Doch was muss man konkret heutzutage wissen und können? Beispielsweise: Welche Aufgaben der Bundesrat hat? Wie ein Kernkraftwerk funktioniert? Wie man seine Steuervorteile nutzt? S. Freuds Sexualtheorie? Wann wurde Penicillin erfunden? ...

1998 ist vom Bundesministerium für Bildung (bmb+f) das Ergebnis einer **Delphi-Befragung** veröffentlicht worden.

Delphi: aktuelle wissenschaftliche Studie

Delphi-Befragung: „Potenziale und Dimensionen der Wissensgesellschaft – Auswirkungen auf Bildungsprozesse und Bildungsstrukturen".

Die Delphi-Befragung ist eine sozialwissenschaftliche Methode der Zukunftsforschung. Expert/innen werden mehrfach zu einer Thematik befragt, wobei ihnen die Antworten der anderen Befragten mitgeteilt werden, sodass sie ihre Position zunehmend differenzieren und präzisieren können. Durchgeführt wurden ein **Wissens-Delpi** und ein **Bildungs-Delphi**.

Der Wissens-Delphi sollte ermitteln: Wie entwickeln sich die Wissenschaften unserer Wissensgesellschaft in der Zukunft? Welches sind die „hot topics" bis ins Jahr 2020? Welche interdisziplinären Forschungsaufgaben sind absehbar? Der Bildungs-Delphi untersucht: Welche Konsequenzen ergeben sich aus der wissenschaftlichen Entwicklung für ein Bildungskonzept und für das Bildungswesen? Wie lässt sich das Allgemeinwissen unserer Epoche beschreiben?

Befragt wurden jeweils 500 Expert/innen und 500 Laien. Im Folgenden konzentrieren wir uns auf die Befragung zum Allgemeinwissen. Allgemeinwissen wird nicht als Gegensatz zum Berufswissen, sondern als Grundlage für (berufliches u.a.) Spezialwissen verstanden. Tendenziell wird der ökonomische Wert dieses Allgemeinwissens aufgewertet gegenüber dem persönlichkeitsbildenden Wert.

Allgemeinwissen ist wichtig/ehr wichtig für
... individuelle Bedürfnisse   27%
    Wirtschaft und Technik   40%
    kulturelle Orientierung   34%
    Politik und Recht   34%
(bmb+f 1998, S. 162)

Die Autoren unterscheiden zu Recht zwischen Information und Wissen. Informationen sind die Mitteilungen, mit denen wir ununterbrochen überschüttet werden. Wissen ist dagegen das, was wir verarbeitet, verstanden, in unsere kognitiven Strukturen integriert haben. Zum Wissen gehören nicht nur Daten- und Faktenkenntnisse, sondern auch die Kenntnis von Begründungen, Wertsystemen, Handlungsmöglichkeiten ...

Diese Dimensionen werden im Englischen angedeutet:
– to know what
– to know why
– to know how
Allgemeinbildung beinhaltet also Wissen und Kompetenzen, Kenntnisse und Fähigkeiten, wobei die Übergänge fließend sind.

Der Bildungs-Delphi fragt nach Wert und Nutzen verschiedener Wissensgebiete.
Die beiden Schlüsselfragen:

Frage 1: „Dieses Wissen hilft dem Einzelnen ...   **Antwortmöglichkeiten:**
a)   ... den **praktischen Alltag** zu bewältigen;   1 sehr wenig und indirekt
b)   ... **soziale Kontakte** zu pflegen/seine *Position in der*
        Gesellschaft zu finden;   2
c)   ... sich **geistig-kulturell** zu orientieren, **Kreativität** zu entfalten."   3
                                                                         4
                                                                         5 unmittelbar und stark

Frage 2: „Wie schätzen Sie die **künftige Bedeutung** dieses Wissens   **Antwortmöglichkeiten:**
für die Orientierung **in der Wissensgesellschaft** ein?"   1 nimmt stark ab
                                                                         2 nimmt leicht ab
                                                                         3 bleibt gleich
                                                                         4 nimmt leicht zu
                                                                         5 unmittelbar und stark

Auswertung und Ergebnisse der Delphi-Befragung

In einem ersten Auswertungsschritt wurden die 76 Items zunächst nach der Höhe der Bewertungen sortiert, d.h. nach ihrer **Bedeutung als Bestandteil von Allgemeinwissen in der Wissensgesellschaft**. Ausgehend von den wichtigsten Wissensgebieten wurden die Items dann neu zusammengefasst zu inhaltlich möglichst homogenen Gebieten. Es ergaben sich insgesamt **vier Felder des Allgemeinwissens**. Die nachfolgende Übersicht veranschaulicht den Zuschnitt dieser vier Felder. Zur Erläuterung werden Beispiele für dazu zu rechnende Wissensgebiete genannt.

Vier Felder des Allgemeinwissens – Teilgebiete und Beispiele

Instrumentelle/methodische Kompetenz
- Allgemeine Grundlagen und Kulturtechniken
  (z.B. Fremdsprachenkenntnisse, klassische Kulturtechniken, Logik)
- Umgang mit Informationstechniken,
  (z.B. Beherrschen von EDV-Programmen, gezielte Suche und Auswahl von Informationen)

„Unter den allgemeinen Kulturtechniken werden Fremdsprachenkenntnisse am höchsten gewichtet. Ein hoher Rang wird auch den grundlegenden Kulturtechniken, insbesondere dem Lesen, Schreiben und Rechnen beigemessen. Als wichtig gelten Denkvermögen, Techniken zu Kreativität und Ideenfindung sowie Technikverständnis ... Besonders hervorgehoben wird daneben die Beherrschung neuer Informationstechniken ..."

Personale Kompetenz
- Persönliches Erfahrungswissen
  (z.B. Selbstbewusstsein, Handlungskompetenz, Umgang mit Gefühlen, soziale Zugehörigkeit, Umgang mit Tod)
- Persönliche Fähigkeiten zum Umgang mit Wissen,
  (z.B. Neugier, Offenheit, kritische Auseinandersetzung, Reflexionsfähigkeit)

„Als wichtig für das Allgemeinwissen wird noch eine weitere Gruppe von Items bewertet, die man unter dem Stichwort Selbstmanagement einordnen kann: Problemlösefähigkeit, Zeiteinteilung, Umgang mit Risiko sowie Setzung realistischer Ziele..."

Ziemlich hoch bewertet werden alle persönlichen Fähigkeiten zum Umgang mit Wissen. In den Vordergrund stellen die Befragten Neugier und Offenheit gegenüber Informationen, Wissen und Erfahrungen ... "

Soziale Kompetenz
- Kommunikative Kompetenzen
  (z.B. Sprachliche Ausdrucksfähigkeit, Teamfähigkeit, Partnerschaft und soziale Beziehungen)
- Soziale Orientierung
  (z.B. Toleranz, Verantwortungsbereitschaft, Solidarität, prosoziales Verhalten)

„Bezüglich Kommunikation und Interaktion stellen die Befragten zwei Grundfähigkeiten in den Vordergrund, nämlich einerseits persönliches Gespräch und sprachliche Ausdrucksfähigkeit und andererseits die Fähigkeit zur Kooperation in der Gruppe..." (S. 152f.)

Inhaltliches Basiswissen
- Inhaltliches Wissen über aktuelle Probleme
  (z.B. über Ökologie, europäische Integration, weltweite Abhängigkeiten)
- Inhaltliche Grundlagen,
  (z.B. Alltagswissen über Geld, Wirtschaft, Erziehung ...; Grundlagen aus Pädagogik, Geschichte, Literatur, Philosophie, Technik, Biologie ...)

Schwieriger ist es, sich über einen Fundus an fachlich-inhaltlichem Wissen zu einigen. Unterschieden wurden zwei Bereiche:.
Grundlagenwissen: „Stichworte seien Geld und Wirtschaft, Sozialstruktur, Recht und Politik, Technik sowie Kindererziehung und Gesundheitsverhalten. Zum anderen wurden hier die Wissensgebiete des klassischen Kanons der Schulfächer zugeordnet."
Wissen über aktuelle Probleme: „Wissen, wie man den Zugang zu Qualifikationen und Beschäftigung erhält und sichert ... Ökologie, europäische Integration und Globalisierung ... " (S. 156)

Die Aussagen über methodische, personale, soziale Kompetenzen entsprechen dem aktuellen Diskussionsstand. Insgesamt erfreut sich ein modernes Allgemeinwissen wachsender Wertschätzung, und zwar nicht als Ausgleich zur Berufstätigkeit, sondern als Grundlage für berufliche und alltagspraktische Kompetenzen. Allgemeinwissen hat u. a. die Funktion, *„den Einstieg in tiefere Gefilde des Spezialwissens zu ermöglichen."* (S. 159)

Auffällig ist, dass zu den Antwortvorgaben zahlreiche ergänzende Kompetenzen genannt wurden, z. B. „Mußefähigkeit, ethische Bewertung des Wissens, Führungsqualitäten, Empathie, Zivilcourage oder die Fähigkeit, Verzicht zu üben." (S. 158)

Die Ausgangsfrage dieser Bildungsstudie lautete:

Welche Wissensbestände gehören in 25 Jahren zum Allgemeinwissen eines „gebildeten Menschen"?

Ein Ergebnis dieser Befragung ist:

„Moderne Themen wie Gesundheit, Psyche, Persönlichkeit und soziales Zusammenleben werden heute zunehmend wichtiger, stehen aber bislang bei der Wissensvermittlung nicht gleichrangig neben klassischen Fächern." (S. 172)

Die *„künftige Gesellschaft"* – so die Autoren – *„trägt wesentliche Züge einer Wissensgesellschaft: Der Mensch und seine sozialen Bezüge stehen im Mittelpunkt ... Es wird neben Spezialkenntnissen starker Wert auf das Erkennen übergreifender Systemzusammenhänge, auf die Bewusstmachung von Wertvorstellungen, auf Selbstbewusstsein und soziale Integration gelegt ... Die entsprechende Gesellschaft lässt sich als global, multikulturell und innovationsoffen charakterisieren. Deutlich werden freilich auch die Gefährdungen auf dem Weg in die Wissensgesellschaft, etwa Arbeitslosigkeit, soziale Ungleichheit oder Fundamentalismen und mangelnde Offenheit für Multikulturalität."* (S. 174)

Die Studie betont den Zusammenhang von Allgemeinwissen und Spezialwissen.

Allgemeinwissen erleichtert die Aneignung von Spezialwissen. Allgemeinwissen ermöglicht aber auch eine Orientierung über das, was wichtig und weniger wichtig, wünschenswert und riskant ist. Und Allgemeinwissen enthält eine ethische Reflexion über das, was human-, sozial- und umweltverträglich ist.

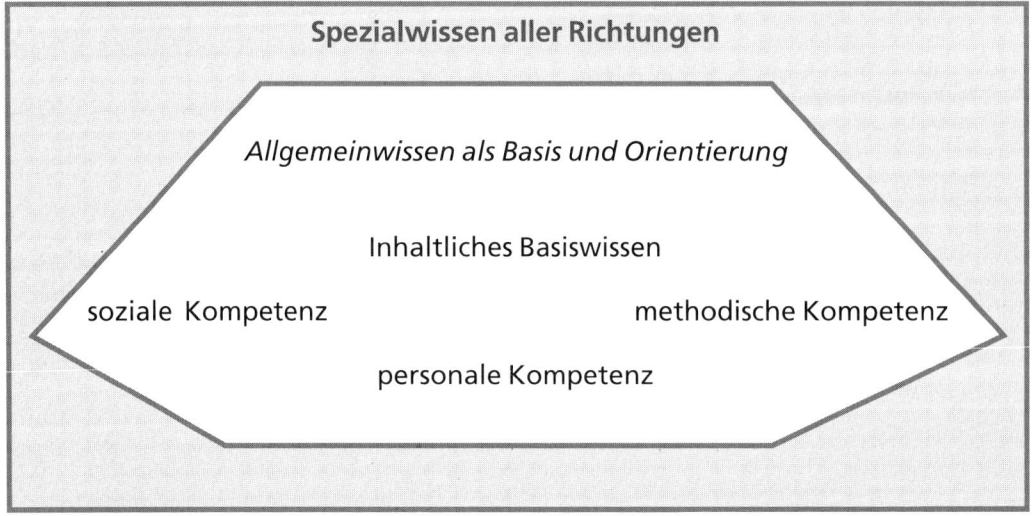

Dualität von ganzheitlichem Allgemeinwissen und Spezialwissen

Spezialwissen aller Richtungen

Allgemeinwissen als Basis und Orientierung

Inhaltliches Basiswissen

soziale Kompetenz   methodische Kompetenz

personale Kompetenz

Mit der Entstehung von Wissensgesellschaften aufgrund von „Wissensexpansionen" findet der Begriff des **Nichtwissens** erneut Beachtung.

Nichtwissen wird nicht (nur) negativ verstanden als „Nochnichtwissen", als ein defizitärer Zustand, der möglichst schnell überwunden werden sollte. Nichtwissen ist der Komplementärbegriff des Wissens, gleichsam die Kehrseite der Medaille. Mit dem Wissenszuwachs nimmt unvermeidlich das Nichtwissen zu, wie ein Luftballon, der aufgeblasen wird.

Je mehr wir wissenschaftlich erforschen und je mehr Wissen wir erwerben, desto deutlicher wird die Vorläufigkeit und Unzulänglichkeit des Wissens. Wie Sokrates erkennen wir, dass uns die letzten Geheimnisse der Welt verborgen bleiben müssen, dass menschliches Wissen stets mit Irrtümern behaftet ist, dass „Irren" menschlich ist.

So gesehen ist Nichtwissen eine produktive Kategorie. „Umgang mit Nichtwissen" kann als Schlüsselqualifikation interpretiert werden, und zwar

– als Einsicht in die Grenzen menschlicher Erkenntnis

– als begründete Unterscheidung zwischen dem, was wichtig und dem, was weniger wichtig ist, zwischen dem, was man genau und dem, was man nur ungefähr wissen muss

– als Handlungsfähigkeit angesichts von Ungewissheit und Unsicherheit

– als generelle Urteilsvorsicht und Verzicht auf apodiktische Behauptungen

> **Ein Merkmal der Wissensgesellschaft: Wissen ist – neben Arbeit und Kapitel – wichtigste Produktivkraft.**

Ein weiteres Merkmal ist es, dass der Durchschnitt der Bevölkerung über mehr Themen (halbwegs) informiert ist als die Generation unserer Großeltern.

Nicht zu belegen ist dagegen die These, dass die **Menschen weiser, klüger, vernünftiger** geworden sind. Die moderne Welt ist unübersichtlicher, undurchschaubarer geworden. So sind **Wissensgesellschaft** und **Risikogesellschaft keine Gegensätze**, sondern zwei Seiten einer Medaille. Neu ist – nach U. Beck –, dass die Wissensgesellschaft selber immer mehr Risiken produziert, dass die Nebenwirkungen und Spätfolgen vieler wissenschaftlicher Errungenschaften unkalkulierbar und unkontrollierbar sind. Deshalb – so Beck – ist eine **reflexive Modernisierung**, eine Besinnung der Moderne auf sich selbst, auf ihre Ziele und Grenzen erforderlich.

Dadurch wird die Wissensgesellschaft zu einer ethischen Herausforderung. Wissen hängt mit Gewissen zusammen, Wissen schließt Verantwortung ein. Wer weiß, wie gefährlich ein Projekt ist, muss vorsichtig entscheiden. So ergab die Delphi-Befragung in fast allen Wissenschaftsdisziplinen z. B. für **ethische Aspekte** hohe Relevanzwerte (auf einer Skala von 1–5), z. B.

– ethische Aspekte der Gesundheitsversorgung	4,3
– Ökologie: Risiken und Chancen für die globalen Lebensgrundlagen	4,1
– Einfluss der modernen Medien auf die Erziehung	4,0
– Ethnozentrismus, ethnische Vorurteile und Kulturkonflikte	4,2
– Erwerb von Werten, Einstellungen, Vorurteilen	4,1
– Arbeit: Bedeutung für Persönlichkeit	4,1
– Zukunft des Sozialstaats	4,3
– Wirtschaftskriminalität	3,9
– Migration und Fluchtbewegungen	4,0

Ergebnis:
„Folgenwissen"

Die ethische Dimension der Wissensgesellschaft wird u. a. mit dem Begriff „Folgenwissen" angedeutet: „Aufgrund der vielfachen Vernetzung und der steigenden Komplexität ist kaum davon auszugehen, dass neues Wissen nur eindimensional und ohne Nebeneffekte wirkt. Umso wichtiger wird Folgenwissen für die politische Steuerung, es zwingt zu Veränderungen in der geistig-kulturellen Orientierung wie in der gesellschaftlichen Integration." (bmb+f 1998, S. 92)

An dieser Stelle verknüpft sich der **Wissensbegriff** mit dem **Bildungsbegriff**.

Wissen und
Bildung

Bildung schließt nicht nur instrumentelles Wissen, sondern auch reflexives Wissen über Sinn und Zweck, über Chancen und Risiken, über Modernisierungsgewinner und -verlierer ein. Folgenwissen kann als moderne Schlüsselqualifikation interpretiert werden.

Beispiele:
– Bekannt ist vor allem die Technikfolgenabschätzung.
– An Bedeutung gewinnt eine Politikfolgenabschätzung: Welche Folgen haben neue Gesetze und neue Verordnungen (z. B. mehr Bürokratie, mehr Kontrolle, mehr Entmündigung).
– Welche Folgen hat mehr Pädagogik (z. B. Schulverdrossenheit). Welche Folgen haben neue Studiengänge (z. B. mehr arbeitslose Absolventen).
– Welche Folgen hat die Computerisierung, die Haushaltstechnik (z. B.: Geräte, die zur Zeitersparnis angeschafft wurden, nehmen mehr Zeit in Anspruch).
– Welche Folgen hat der Tourismus (nicht nur für die einheimische Bevölkerung, sondern auch für das Lebensgefühl „zu Hause").

Standort-
untersuchung:
Stern/Ifep 1999

Die Stern-/Ifep-Untersuchung 1999
Im Januar 1999 sorgte eine Untersuchung über das Bildungsniveau in Deutschland für Aufregung. Die Illustrierte „Stern" hat eine Befragung über die Allgemeinbildung deutscher Schüler/innen und ihrer Lehrer/innen durchführen lassen. Das Kölner Ifep-Institut befragte 1960 Jugendliche und 103 Lehrer. Die nebenstehend abgedruckten Fragen wurden gestellt.

Auswahl richtiger Antworten in Prozent:

	Hauptschüler	Gymnasiasten	Lehrer
Welches Land hatte im 2. Weltkrieg die meisten Toten zu beklagen?	8	11	32
Wie heißt die kleinste Speichereinheit beim Computer?	19	57	22
Welche Stadt ist Sitz des Europaparlaments?	5	11	41
Was ist ein Lichtjahr?	4	27	47
30 % von 120 DM	24	51	66

(Stern 4/1999, S. 54f.)

Fragen der Ifep-/Stern-Befragung

1. Wie nennt man eine selbst geschriebene Lebensgeschichte?

2. Von welchem Komponisten ist die Oper „Die Zauberflöte"?

3. Was bedeuten die fünf Ringe auf der olympischen Flagge?

4. Wer gründete das Deutsche Reich von 1871?

5. Welches Land hatte im Zweiten Weltkrieg die meisten Toten zu beklagen?

6. Seit wann gibt es in Deutschland keinen Kaiser mehr?

7. Welches Ereignis wird in Deutschland am 3. Oktober gefeiert und in welchem Jahr fand das Ereignis statt?

8. Wie heißt die kleinste Speichereinheit beim Computer?

9. Welches sind die zwei wichtigsten Bestandteile der Luft?

10. Welche beiden Supermächte standen sich im Kalten Krieg gegenüber?

11. Was bedeutet die Abkürzung „www"?

12. Was ist ein Lichtjahr?

13. Welches Metall schützt vor Röntgenstrahlen?

14. Wer war der Begründer der modernen Evolutionstheorie?

15. Im Schlussverkauf gibt es 30 Prozent Rabatt! Wieviel bezahlst du für einen Pullover, der vorher 120 Mark gekostet hat?

16. $350 : 0,07 = \dots$?

17. Welche dieser Zahlen sind Primzahlen? 8, 11, 96, 17, 25, 3, 10, 7, 112, 9

18. Wie muss man seine Uhr umstellen, wenn man von Frankfurt nach New York geflogen ist?

19. Welche zwei Flüsse bilden die natürliche Grenze zwischen Deutschland und Polen?

20. Welcher berühmte moderne Maler stellte Marilyn Monroe auf Postern dar?

21. Wie heißt der höchste Berg Deutschlands?

22. Welche Sprache spricht man in Brasilien?

23. Wie heißt das wohl berühmteste Liebesdrama, und wer schrieb es? Ein Liebespaar kann nicht zusammenkommen und endet schließlich im Tod, weil die Familien der beiden miteinander Streit haben.

24. Auf, neben, vor, unter, über ... Wie nennt man diese Wortart?

25. Wer schrieb die Geschichte der „Mutter Courage"?

26. Welcher Pop-Sänger veröffentlichte mit „Thriller" eines der erfolgreichsten Alben der Pop-Geschichte?

Dieses Ergebnis war eher enttäuschend. Alles in allem wurden 38 % der Fragen zutreffend beantwortet. Doch auch die Resultate der Lehrer/innen waren nicht befriedigend. Die Landespolitiker wurden vor allem durch schlechtes Abschneiden norddeutscher Schüler im Vergleich zu den süddeutschen aufgeschreckt. In der Länderrangliste rangieren die Schüler des Saarlands an der Spitze mit 47 % richtiger Antworten, gefolgt von Bayern (46 %) und Mecklenburg-Vorpommern (44 %). Schlusslichter sind Niedersachsen und NRW mit 30 %.

Enttäuschendes Ergebnis

Der „Stern" fragt, ob wir uns in einem „Bildungsnotstand" befinden. Er fragt auch, ob wir „Qualitätskontrollen" für Lehrer benötigen. Es dürfte unstrittig sein: Trotz aller Kritik an der früheren „Paukschule", an einer Pädagogik des „Nürnberger Trichters" und des Auswendiglernens kann auf ein Basiswissen nicht verzichtet werden.

Aber wer setzt dieses Wissen fest, wer wählt die Fragen nach welchen Kriterien aus? Was leistet dieses Wissen für „Weltverstehen", für eine verantwortliche Handlungsorientierung?

Ein kleines Beispiel:
Ich selber habe Literaturwissenschaft studiert. Ich hatte und habe erhebliche Schwierigkeiten, mir Jahreszahlen (z.B. Geburts- und Todestage berühmter Dichter) zu merken. In einem entsprechenden Test würde ich vermutlich zu den „Dummen" gehören. Dennoch behaupte ich, einiges von deutscher Literatur zu verstehen.

Kritik am zu Grunde liegenden Bildungsbegriff

In dem „Stern"-Test überwiegen Fragen nach Daten- und Faktenwissen, nicht aber nach einem Begründungs- und Zusammenhangswissen (z.B.: „Welche Konflikte führten zum 1. Weltkrieg?"). So sagt die Kenntnis der Abkürzung „www" vermutlich wenig über die Fähigkeit des Umgangs mit Computern aus. Der Fragebogen enthält zweifellos „modernes" Wissen, wovon W. v. Humboldt noch nicht einmal träumen konnte.

Dennoch: Repräsentiert diese Befragung das „thematische Universum" unserer Zeit? Verweist es auf die „epochalen Schlüsselthemen"? Zu kurz kommt ein Wissen, das sich nicht den herkömmlichen Schulfächern zuordnen lässt, z.B.

– ökologisches Wissen
– Wissen über Gesundheit und Ernährung
– interkulturelles und interreligiöses Wissen
– Wissen über Weltwirtschaft und Finanzsysteme
– die Welt der Gefühle
– …

Doch auch eine solche Modernisierung löst nicht das Dilemma einer Wissensgesellschaft, die uns ständig überfordert und zudem Schuldgefühle verursacht.

Allgemeinbildung als Netz

Vielleicht ist Allgemeinbildung mit einem Netz vergleichbar: mit einigen Knoten und Verknüpfungen, mit der Einsicht in Zusammenhänge und mit individuellen Interessenschwerpunkten.

Diese Untersuchung hat erneut die Fragen aufgeworfen:
– Gibt es heute noch einen Kanon an Allgemeinwissen, über den die deutsche „Allgemeinheit" verfügen sollte?
– Sagt ein solches Wissen etwas über Fähigkeiten, Kompetenzen, „Bildung", über eine „Lebensbewältigungskompetenz" aus?

1.6   Homo docens – der Mensch als Lehrer

Lehren ist ebenso eine menschliche Alltagstätigkeit wie Lernen. Andere Menschen erziehen, informieren, aufklären, beraten, ermutigen, anleiten ist eine „Jedermannsqualifikation" von Müttern und Vätern, Verkäuferinnen und Meistern, Fahrlehrern und Finanzbeamten, von Großeltern, aber ebenso häufig von „pfiffigen" Enkelkindern, von Ärzten und Pfarrern … Diese Lehre im Alltag basiert oft auf einem „Naturtalent": einige können etwas verständlich und anschaulich erklären, andere nicht…

Doch unser Thema ist Lehre als eine professionelle oder zumindest semiprofessionelle Tätigkeit.

Semiprofessionell heißt: Die meisten der in der Erwachsenenbildung haupt- und nebenamtlich Tätigen sind keine pädagogischen „Vollprofis", keine Diplompädagog/innen, für die (Erwachsenen-)Pädagogik Hauptstudienfach war, sondern Volkswirte, Psychologen, Germanisten, Ingenieure…

Für alle in der Erwachsenenbildung Beschäftigten reicht aber ein „gesunder Menschenverstand", ein pädagogisches „Fingerspitzengefühl" nicht aus. Sie benötigen eine pädagogische Zusatzqualifikation – z. B. durch das Studium von Büchern wie diesem. Ein solcher Kompetenzerwerb wird allerdings dadurch erschwert, dass Erwachsenenbildung nicht lediglich eine verlängerte Schule ist, dass Erwachsenenbildung mehr ist als „nur" Unterricht.

Die Institutionen, Bildungsangebote, Organisationsformen, Zielgruppen, Themenbereiche, Funktionen der Erwachsenenbildung sind in den vergangenen Jahren vielfältiger und differenzierter geworden. Diese Vielfalt zeigt sich auch in der Schwierigkeit, eine allgemeingültige Berufsbezeichnung für dieses Tätigkeitsfeld zu finden. Zur Verständigung schlagen wir eine Reihe von Tätigkeitsbezeichnungen vor, die Sie auf der nächsten Seite zusammengestellt finden.

Lässt sich für diese unterschiedlichen Tätigkeiten ein Fundamentum an gemeinsamen professionellen Kompetenzen formulieren? Rudolf Epping schlägt folgende Berufskompetenzen vor (Epping 1998, S. 48 ff.):

Randnotizen:
Lehren

… im Alltag

… seminprofessionell

und
… professionell

Dozenten brauchen Zusatzqualifikation

• **Fachkompetenzen**

„Diese Fachkompetenz enthält Grundbestandteile, die langfristig ihre Geltung behalten, und veränderliche Bestandteile, die stets aktualisiert werden müssen." (S. 48)

• **Arbeitsfeldwissen**

Hierzu gehören – vor allem in der beruflichen Weiterbildung – Kenntnisse und Erfahrungen über kognitive und emotionale Anforderungen und Belastungen am Arbeitsplatz, über Qualifikationsveränderungen und Arbeitsmarktprognosen.

• **Pädagogische Kompetenzen**

– methodische Kompetenz
– didaktische Kompetenz
– Sozialkompetenz

Ergänzen ließe sich noch eine
• **Selbstlernkompetenz**

Damit ist die Fähigkeit und Bereitschaft gemeint, sich selber kontinuierlich fortzubilden, neue Lernerfahrungen zu machen, Lernschwierigkeiten und -widerstände an sich selber zu erleben, eigene Lernstrategien und Lerntechniken zu erproben …

Tätigkeiten in der Erwachsenenbildung

Animateur

Animateure, auch Initiatoren motivieren und regen Lernaktivitäten an, z. B. im Urlaub, aber auch in Stadtteilen (soziokulturelle Animation), in Jugendgruppen, in Seniorengruppen. Sie gestalten anregende „Lernarrangements".

Bildungsmanager

Bildungsmanager sind nicht lehrend, sondern planend, disponierend, organisierend tätig. Sie ermitteln Bildungsbedarfe, Bildungsbedürfnisse, erstellen Kosten-Nutzen-Rechnungen, beantragen Dritt- mittel, formulieren Anträge für Projekte und Modellversuche, kooperieren mit anderen Einrichtungen, sind für Qualitätssicherung und Controlling, aber auch für Organisations- und Personalentwicklung zuständig. Der Bildungsmanager sollte ökonomisch, systemisch und pädagogisch denken können.

Coach

Ein Coach ist ein Lernberater, der Individuen oder Gruppen bei ihren Problemlösungen beobachtet, begleitet, betreut, auf Defizite aufmerksam macht, Lernhilfen zur Verfügung stellt. Er verfügt über Empathie und eine besondere kommunikative Kompetenz. Auch Supervisoren gehören zu dieser Gruppe.

Curriculumentwickler

Hierzu gehören Autoren von Lehrbüchern und anderen Lernmaterialien, von Leittexten und Lerntests, zunehmend auch von didaktischer Software, z. B. von Lerninhalten auf CD-ROM, von Bildungssendungen in den Massenmedien. Auch die Erstellung von Fernstudienmaterialien gehört zu diesem Aufgabenbereich.

Facilitator

Wörtl. „Ermöglicher". Der Facilitator unterrichtet nicht, sondern arrangiert Lernsituationen, d. h. er stellt Lernmaterialien und Medien zur Verfügung, gestaltet anregende Lernräume, auch außerschulische Lernorte, arbeitet Aufgaben aus, die – u. U. – in Kleingruppen gelöst werden. Er unterstützt selbstgesteuertes Lernen.

Kursleiter

Kurs-/Lehrgangs-/Seminarleiter müssen längerfristige Veranstaltungen mit einer konstanten Teilnehmergruppe didaktisch-methodisch vorbereiten, durchführen und ggfs. auswerten. Neben der Vermittlung von Wissen haben sie die Aufgabe, die Teilnehmer zum aktiven Lernen zu befähigen und zu motivieren.

Häufig kommt es darauf an, das Erfahrungswissen der Teilnehmer mit wissenschaftlichem Wissen in Beziehung zu setzen.

Ein neues Tätigkeitsfeld ist **Teleteaching.**

Moderator

Moderatoren steuern Gruppenprozesse, d. h. sie leiten Diskussionen, auch Podiumsdiskussionen, sie strukturieren, gliedern, fassen zusammen, stellen Fragen, schlagen Diskussionsregeln vor.

Zu den Moderationstechniken gehören Metaplan, Brainstorming, Expertenbefragung, Folien, Pinwände und andere Formen der Visualisierung.

An Bedeutung gewinnen **Teletutoren** und **Online-Moderatoren.**

Referent

Referenten sind Experten für ein Spezialgebiet, die meistens „Referate" halten, oft als Gastreferenten auf einer Tagung oder in einem Seminar. Sie müssen nicht nur sachkompetent sein, sondern ihr Thema strukturieren, verständlich und anschaulich – im Blick auf die kognitiven Voraussetzungen der Teilnehmer – darstellen können, komplexe Sachverhalte auf Wesentliches und – für die Teilnehmer – Wichtiges reduzieren können. Sie müssen berücksichtigen, dass ihre Sachlogik nicht mit der Psychologik der Zuhörer identisch ist.

Trainer

Trainer sind Spezialisten für die Schulung von Fertigkeiten und Fähigkeiten, z. B. in Rhetorik, Kommunikation, Menschenführung.

Von besonderer Bedeutung ist ein Imitationslernen („Lernen am Modell") und ein Verstärkungslernen.

✎ **Zu Ihrer pädagogischen Selbstreflexion bitten wir Sie,**
die folgenden Statements zu bewerten

	stimme voll zu	stimme bedingt	stimme nicht zu
Am wichtigsten ist mir die Vermittlung neuen Wissens.	☐	☐	☐
Ich rege Teilnehmer vor allen an, zu diskutieren und Erfahrungen auszutauschen.	☐	☐	☐
Bei meiner Bildungsarbeit stehen Übungen und Aufgaben im Mittelpunkt.	☐	☐	☐
Die Teilnehmer sollen Spaß haben und sich wohlfühlen.	☐	☐	☐
Mein oberstes Ziel ist die Befähigung zum selbstständigen Lernen.	☐	☐	☐
Es geht mir vor allem darum, ein Problembewusstsein zu wecken.	☐	☐	☐
Ich orientiere mich an den Wünschen der Teilnehmer	☐	☐	☐
Ich organisiere anregende Lernsituationen.	☐	☐	☐

Dass Mitarbeiter/innen der Erwachsenenbildung über fachliche und pädagogische Kompetenzen, auch über Lebens- und Berufserfahrungen verfügen sollten, ist unumstritten. Doch benötigen Erwachsenenbildner darüber hinaus ein **Berufsethos,** eine berufsspezifische Ethik und Moral?

In der Schulpädagogik ist diese ethische Frage eng mit dem Erziehungsbegriff verknüpft. Lehrer sind als Erzieher (mit-)verantwortlich für die charakterliche Entwicklung der – noch „unmündigen" – Heranwachsenden. Diese Erziehung ist nicht denkbar ohne einen Konsens über Werte und Normen, über eine Vision eines mündigen Menschen, eines gelungenen Lebens, einer gerechten Gesellschaft …

Schule = Erziehung

Eine solche Erziehungsverantwortung lässt sich für die Erwachsenenbildung kaum begründen. Erwachsene sind mündig und verantwortlich für ihr Denken und Handeln, sie sind (meist) auch resistent gegenüber Erziehungs- und Belehrungsversuchen. Eine normative Didaktik, die vorschreibt, was zu tun und zu lassen ist, ist in der Erwachsenenbildung fehl am Platz.

Erwachsenenbildung = ohne normative Didaktik

Doch ein solchen „Umerziehungsverbot" ist selbst schon Bestandteil eines erwachsenenpädagogischen Berufsethos. Die ethischen, politischen, religiösen Überzeugungen der Teilnehmer/innen müssen respektiert werden – deshalb sind missionarische „Eiferer" als Seminarleiter in der öffentlichen Erwachsenenbildung nicht zu dulden. Doch der Respekt gegenüber Andersdenkenden beinhaltet nicht, alle möglichen Einstellungen ungeprüft zu akzeptieren.

Ansatz: Moral wechselseitiger Anerkennung

Einen Ausweg aus dem Spannungsfeld zwischen normativem Erziehungsanspruch und postmoderner Beliebigkeit bietet die **Moral der wechselseitigen Anerkennung** an. Diese Moral ermöglicht ein tolerantes Zusammenleben in einer pluralistischen Gesellschaft und respektiert individuelle moralische Prioritäten und Differenzen.

Detlef Horster schreibt dazu:
„Es gibt eine für alle gleichermaßen geltende Moral der wechselseitigen Anerkennung. Sie bildet den sozialen Bereich der Moral. Sie ist die Basis für die individuelle Präferierung (d. h. Bevorzugung) bestimmter moralischer Werte und setzt der individuellen Wahl zugleich Grenzen … Meinem Konzept nach ist die Moral der wechselseitigen Anerkennung also verbindlich und die subjektiv-autonome moralische Prioritätensetzung gleichwohl möglich." (Horster 1998, S. 34f.)
Diese Moral der wechselseitigen Anerkennung ist m. E. die Grundlage für ein erwachsenenpädagogisches Berufsethos. Sie schließt das Interesse der Lehrenden für die Erfahrungen und Deutungsmuster der Teilnehmer ebenso ein wie die Bereitschaft, das eigene Weltbild ständig zu überprüfen und zu erweitern.
Wechselseitige Anerkennung ist zugleich eine Maxime für den lernenden, aufgeschlossenen Umgang der Seminarteilnehmer miteinander.

2   Die Perspektive des Konstruktivismus

2.1   Lernen als Konstruktion von Wirklichkeit

Selbstorganisation und Lernen

*„Wo Fremdorganisation ist, soll Selbstorganisation werden!
Und: An die Stelle von Lehre soll Lernen treten!"*
(Arnold/Krämer-Stürzl 1996, S. 25)

Dies ist die Perspektive des Konstruktivismus, einer (nicht ganz) neuen Erkenntnistheorie, die das pädagogische Denken und Handeln seit einigen Jahren nachhaltig irritiert und innoviert. Einige **Kernthesen** dieser neurobiologisch verankerten Theorie lauten:

… als Antwort auf Wahrnehmungstheorie

Der Mensch ist ein autopoietisches, selbstreferenzielles, operational geschlossenes System.

Die menschliche Wirklichkeit ist beobachtungsabhängig; die objektive Wirklichkeit und die ontologische Wahrheit sind uns „unzugänglich"; das gilt auch für sinnliche Wahrnehmungen. Unser Erkennen ist keine Widerspiegelung äußerer Realität, sondern eine selbstreferentielle, auf biografischen Erfahrungen beruhende und von anderen geteilte Konstruktion von Wirklichkeiten.

Erkenntnis ist vor allem auf Viabilität, d. h. auf passende, erfolgreiche Handlungen ausgerichtet. Zweck unseres Erkennens ist letztlich „Überlebensdienlichkeit“. Unser Weltbild ist keine rein individuelle Konstruktion, sondern besteht – wie eine Zwiebel – aus mehreren Schalen: innerpsychische Faktoren – alters-, geschlechts-, milieuspezifische Einflüsse, – kulturelle, epochale Kontexte.

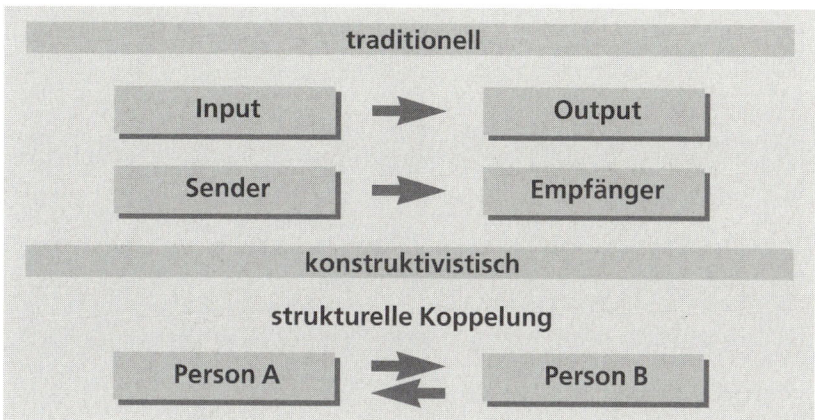

Die vielfältigen Differenzierungen, Begründungen, Problematisierungen dieser Wahrnehmungs- und Erkenntnistheorie können hier nicht dargestellt werden. Wir konzentrieren uns auf einige lehr- und lerntheoretische Aspekte.

Erkenntnisaspekte zum Lernen Erwachsener

- Auch Lernen ist eine aktive, biografisch verankerte Konstruktion von (viablen) Wirklichkeiten.
- Lernen ist strukturdeterminiert, d. h. wir verarbeiten das, was in unser kognitives System passt, für das wir kognitiv und emotional aufgeschlossen sind, was uns sinnvoll und brauchbar erscheint.
- Neue Lerninhalte müssen „anschlussfähig“ sein, sie müssen sich verknüpfen lassen mit vorhandenen Erfahrungen und Wissensbeständen. Isoliertes, auswendig gelerntes Wissen bleibt „träge“, äußerlich.
- Der Lernende entscheidet selber, was er lernen will. Er hört das, was er hört und was ihm verständlich ist.

Folgen für das Lernen

Die Konsequenzen für das Lehren in der Erwachsenenbildung sind trivial und revolutionär zugleich.

Konsequenzen für die Erwachsenenbildung

Wir müssen uns von der Illusion verabschieden, dass Teilnehmer/innen das lernen, was wir lehren, dass Lernen also die Abbildung und Widerspiegelung des Gelehrten ist. Eine solche Auffassung hat der Psychologe K. Holzkamp als **„Lehr-Lern-Kurzschluss"** bezeichnet. Es empfiehlt sich vielmehr, Lehren und Lernen zu entkoppeln. Unsere Lehre ist selbstreferentiell in unseren Erfahrungen und Wissensnetzen verankert; das Lernen der Teilnehmer ist in ihren unverwechselbaren Deutungsmustern, Lebenswelten und kognitiven Landkarten verwurzelt.

Sie können die Autopoiese und Selbststeuerung des Lernens an sich selber überprüfen. Was Sie bei der Lektüre dieser Seiten gelesen, gelernt und verstanden haben, ist Ihre eigene Leistung. Sie haben sich beim Lesen Gedanken gemacht, sich an Bekanntes oder Ähnliches erinnert, Beispiele für die Thesen gesucht, vielleicht auch mit dem Kopf geschüttelt oder Fragezeichen notiert. Der geschriebene Text ist Auslöser für Nachdenken und Einwände, vielleicht haben Sie den Text auch einfach überlesen und überhört.

Erwachsene sind lernfähig, aber unbelehrbar – dies ist die provokativ zugespitzte Quintessenz des Konstruktivismus. Und doch resultiert daraus keineswegs die Schlussfolgerung, dass Lehre überflüssig oder wirkungslos sei. Lehre regt an zum Selbstlernen, auch zum Widerspruch, zum Querdenken, zum Probedenken ... Lehre ist nicht Belehrung, sondern Lernanregung, Lernhilfe ...

So registriert Rolf Arnold eine Wende von einer Belehrungsdidaktik zu einer **Ermöglichungsdidaktik.** Wissen wird nicht nach dem Sender-Empfänger-Modell in die Köpfe von „Rezipienten" transportiert, sondern erwachsene Lerner eignen sich Wissen aktiv und selektiv an, sie prüfen Wissensangebote auf ihren „Gebrauchswert" und auf ihre Verträglichkeit mit vorhandenen Erfahrungen, sie wählen Wissensinhalte aus, assimilieren sie in ihre Wissensnetze, verleihen den Informationen eine subjektive Bedeutung. **Wissenserwerb ist eine biografische Synthetisierung**.

Die Relevanzkriterien der Lernenden sind meist andere als die der „Fachleute". Dennoch erfolgt diese Konstruktion von Wissensnetzen nicht beliebig. Neues Wissen muss nicht nur brauchbar sein, sondern auch logisch stimmig und konsensfähig, denn auf Dauer sind nur solche Wirklichkeitskonstrukte viabel, die von einer Verständigungsgemeinschaft geteilt werden.

Ableitung für Dozenten: ... Fachwissen relativieren

Dozent(en)/innen sind in der Erwachsenenbildung auch als Wissensexpert(en)/innen gefragt. Aber sie müssen zweierlei bedenken:

a) Auch Fachwissen ist eine Wirklichkeitskonstruktion, eine Perspektive der Welt neben anderen möglichen. Physiker, Chemiker, Juristen, Volkswirte – sie alle betrachten die Welt mit ihrer Brille. Sie sehen etwas, was andere nicht sehen, aber sie haben auch ihre „blinden Flecke"; sie sehen nicht, was sie nicht sehen.

...Gelehrtes und Gelerntes unterscheiden

b) Das Gelehrte und das Gelernte sind nie identisch. Wenn 20 Personen einen Vortrag hören, so hören sie 20 verschiedene Vorträge. Was „bedeutungsvoll" ist, entscheidet jeder aufgrund seines Referenzsystems.

Eine konstruktivistische Metapher lautet: Du kannst einen Esel zur Tränke führen, ihn aber nicht zum Trinken zwingen.

Lehren ist konstruktivistisch gesehen eine Balance von Instruktion (d. h. von Wissensangeboten, Deutungsangeboten, Demonstrationen) und Beobachtung der Konstruktionen (d. h. Überprüfung und Reflexion der Aneignungsformen der Beteiligten).

2.2   Entkoppelung von Lehr- und Lernsystemen

Man kann ein Seminar als ein ganzheitliches, harmonisches Interaktionssystem, als eine Verständigungsgemeinschaft betrachten. Man kann aber auch die Selbstreferenz der beteiligten Individuen, die Differenzen der lebensgeschichtlich beeinflussten Beobachtungsperspektiven betonen. Bei dieser Betrachtungsweise werden die **„Erfahrungsdifferenzen"** und **„Differenzerfahrungen",** die Schwierigkeiten der Verständigung und Perspektivenverschränkung, auch die Eigendynamik des Lehrens und Lernens deutlich.

*(Randnotiz: **Beobachtung: Selbstreferenz mit Eigendynamik in Seminaren**)*

Diese Eigendynamiken lassen sich empirisch durch Unterrichtsbeobachtungen rekonstruieren. Wir haben festgestellt, dass Lehrende in der Erwachsenenbildung relativ invariant (d. h. konstant) in ihrem Lehrstil sind, dass sie meist so unterrichten, wie sie es gewohnt sind, auch bei veränderten Zielgruppen und Veranstaltungsformen.

Auch die Teilnehmer/innen agieren autopoietisch, selbstreferenziell. Sie stellen die Fragen, die ihnen wichtig sind, sie bringen **ihre** Themen zur Sprache – relativ unabhängig von den Vorgaben und Steuerungen der Seminarleitung.

*Eine Entkoppelung von Lehrperspektiven und Lernperspektiven wurde auch bei der Dokumentation und Auswertung von Bildungsurlaubsseminaren deutlich. In einem Seminar mit Industriearbeiterinnen wurden Probleme am Arbeitsplatz, u. a. die Rolle des Betriebsarztes, behandelt. Die Seminarleitung versuchte, strukturelle Interessenkonflikte und hierarchische Abhängigkeiten des Betriebsarztes zu vermitteln. Die Teilnehmerinnen dagegen diskutierten **ihre** Erfahrungen mit **ihrem** Betriebsarzt. Die Seminarleitung war bemüht, gewerkschaftliche Handlungsstrategien zu empfehlen, die Teilnehmerinnen stellten ihre individuellen Lösungen dar.*

Die Forschungsgruppe kommt zu dem Ergebnis: „Man redet wohl über die gleiche Sache, bezieht seine Relevanzkriterien jedoch aus unterschiedlichen Bezugssystemen." (Kejcz u. a. 1979, S. 60).

Aus heuristischen Gründen halten wir zunächst fest an der **Selbstreferenz der Beteiligten**, an der **prinzipiellen Fremdheit**, an der **Normalität des Missverstehens**, an der **doppelten Kontingenz**, d. h. den Mehrdeutigkeiten in Lehr-Lernsituationen.

Wirklichkeit, auch die Seminarwirklichkeit, ist beobachtungsabhängig.

*(Randnotiz: **Wirklichkeit ist beobachtungsabhängig**)*

Als Dozent/innen beobachten wir ein Seminar immer aus einer bestimmten Perspektive, mit einer bestimmten didaktischen Strategie.

Wir alle wissen aus unserer Schulzeit, wie wenig der Lehrer wahrnehmen konnte, was „in der letzten Reihe", „unter den Bänken" oder gar in den Köpfen passierte.

Der erste deutsche Pädagogikprofessor, Ernst Christian Trapp, schrieb bereits 1780: *„Der Lehrer kann ordentlicherweise von all dem, was um ihn vorgeht, eher nichts merken, als bis es so arg wird, dass es ihn stört ... Wenn er alles bemerken könnte, so würde sein Verdruss noch weit größer sein; denn er kann so schon von dem, was er sieht, das Wenigste abändern, höchstens kann er's auf einige Augenblicke hemmen; was würde es nicht erst sein, wenn er alles sähe, was vorgeht!"* (Trapp 1913, S. 38)

Erklärungsmodell selektiver Wahrnehmung

Eine solche Komplexitätsreduktion durch selektive Wahrnehmung ist also zweckmäßig und handlungsnotwendig. Jede Beobachtung eines Dozenten ist auswählend und „einseitig", jede **Beobachtung** beruht auf **Unterscheidungen** (Teilnehmer X ist interessiert/desinteressiert), diese Unterscheidungen sind handlungsrelevant („ich muss Teilnehmer X aktivieren"), die meisten Unterscheidungen sind **Interpretationen** (vielleicht wirkt Teilnehmer X nur desinteressiert? vielleicht geht es ihm gesundheitlich nicht gut?).

Jahrelange Erfahrung in der Bildungsarbeit ändert nichts daran: auch Seminare und Seminarteilnehmer sind Konstrukte. Als Dozent sieht man nicht, was man nicht sieht. Gelegentlich scheint die Beobachtungssensibilität mit der Dauer der Praxiserfahrung abzunehmen. Auf die Frage: „Welche Probleme gibt es in Ihren Seminaren?" nannten „dienstältere" Dozenten weniger Probleme, die mit ihrer Lehre zusammenhingen, als „Neulinge" in der Erwachsenenbildung.

> **Ein Seminar ist ein Wirklichkeitskonstrukt. Es gibt so viele Seminarwirklichkeiten wie Beteiligte – ganz abgesehen von den Beobachtungen Außenstehender.**

Eisbergmodell der Wahrnehmung

Wenn man Teilnehmer/innen eines Seminars interviewt, hat man oft den Eindruck, sie hätten verschiedene Veranstaltungen besucht. Mehr noch: Auch subjektive Seminarkonstrukte verändern sich; mit der zeitlichen Distanz wandeln sich Erinnerungen und Bewertungen. Wirklichkeit entsteht immer wieder neu. Was Lehrende und Teilnehmer im Seminar wahrnehmen, ist die Spitze eines Eisbergs.

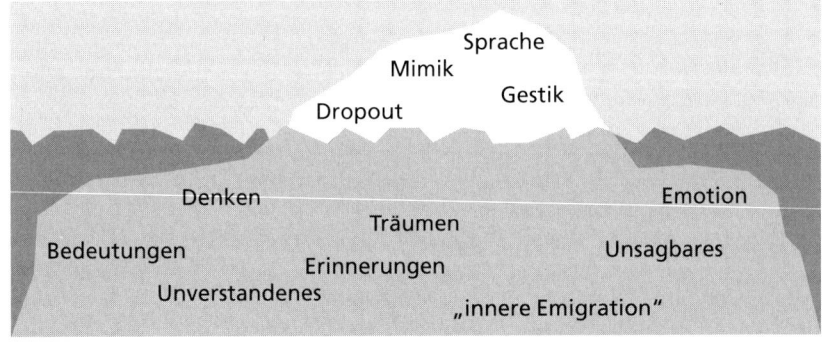

Die Spitze des Eisbergs ist der „formelle Lehrplan", das, was Lehrende und Lernende in der Gruppe fragen, antworten, kommentieren. Diese Diskussion ist nicht identisch mit dem, was sie denken, fühlen oder nicht verbalisieren können.

Gesagt wird das, was sich in dieser Situation sagen lässt, d.h. was zum Thema „passt", wofür man die „passsende" Sprache findet, was vermutlich von der Seminarleitung akzeptiert wird.

Seminaräußerungen verweisen auf **Erwartungserwartungen.** Man stellt Vermutungen an, was Kursleiter/Teilnehmer hören wollen. Man verhält sich so, wie es vermutlich erwartet wird. „Was wollen Sie denn jetzt hören?", fragen Teilnehmer, wenn der Dozent eine Frage unklar formuliert hat. Auch die Rolle dessen, der immer noch eine kritische Zusatzfrage hat, gehört zu dieser Inszenierung.

Zusammenhang mir Erwartungen

Solche Sprachspiele beeinträchtigen nicht ohne weiteres die Ernsthaftigkeit und Authentizität. Auch die Vermutung, welche Antwort der Dozent gerne hören möchte, ist Teil des Lernprozesses als **Suchbewegung.** Die Beteiligung an einer Diskussion ist auch ein Probedenken und Probehandeln, eine permanente Hypothesenbildung.

Die meisten Lehrenden möchten gerne wissen, was die Teilnehmer „wirklich" denken. Eine solche Aufrichtigkeit kann in besonderen Situationen wünschenswert sein, aber nicht im Normalfall. Es gehört zur Intimität jedes Einzelnen, „sich seine eigenen Gedanken zu machen", „sich seinen Teil zu denken", andere zu verschonen …

Ein Seminarleiter – so Chr. Trapp – wäre total überfordert und verunsichert, wenn er „Gedanken lesen" könnte. Auch in diesem Sinn gehört **„Gelassenheit"** zur pädagogischen Professionalität: zuzulassen, dass Erwachsene ihren eigenen Kopf haben, dass Gedanken das Ergebnis von Selbstreferenz und Strukturdeterminiertheit psychischer Systeme sind. So kann Verständigung immer nur andeutungsweise gelingen.

Empfehlung: Gelassenheit, Abweichungen zulassen

Andererseits beobachten Lehrende vieles, was den Teilnehmern selber verborgen bleibt, z.B.

– Formulierungen, die zeigen, dass ein Sachverhalt noch nicht hinreichend begriffen wurde,

– Einwände, die auf Lernbarrieren verweisen,

– verfestigte Deutungsmuster,

– Mimik und Gestik, die Unlust und Widerstand signalisieren.

So sind sich die Beteiligten (incl. Dozent/in) ihrer eigenen Körpersprache und der entsprechenden Signale oft weniger bewusst als die Fremdbeobachter.

Alle Beteiligten haben ihren eigenen (heimlichen) Lehrplan und ihre eigene **„Lernlogik".**

Was bedeutungsvoll ist oder nicht, was zum Thema gehört oder nicht, wird meist sehr unterschiedlich beurteilt.

Ein Beispiel:

Ein Student A referiert Thesen zum Konstruktivismus. Eher beiläufig erwähnt er, dass Aussagen über ein „Ding an sich" im Sinne Kants nicht möglich seien.

Ein Student B unterbricht: Das ginge so nicht. Es müsse geklärt werden, was Kant mit dem „Ding an sich" meine.

Ich interveniere: Das müsse uns an dieser Stelle nicht interessieren. Was der Student A mit diesem Hinweis aus konstruktivistischer Sicht gemeint habe, sei doch wohl eindeutig.

Der Student B: Er habe jahrelang Kant gelesen und deshalb einen Anspruch darauf, dass seine Klärung des Kant'schen „Ding an sich" hier ernstgenommen würde.

3   Bildungsmotivation

3.1   Teilnahmemotive

Erwachsenen-bildung ist freiwillig

Ein Unterschied zwischen Schulbildung und Weiterbildung wird darin gesehen, dass die Teilnahme an Veranstaltungen der Erwachsenenbildung freiwillig ist. Zutreffend ist, dass es bisher keine gesetzliche Schulpflicht für Erwachsene gibt. Dennoch sind die Übergänge zwischen selbstbestimmt und fremdbestimmt, zwischen einer Teilnahme aus subjektiven Gründen oder aus objektiven Notwendigkeiten fließend.

Dem „Berichtssystem Weiterbildung VI" zufolge – eine kontinuierliche repräsentative Befragung der erwachsenen Deutschen nach ihrer Weiterbildung – stimmen 96% dem Statement zu: „Jeder sollte bereit sein, sich ständig weiterzubilden."

Teilnahmemotive sind vielfältig

Die Motive für eine Kursteilnahme sind vielfältig:
– Man sucht Abwechslung und möchte andere Menschen kennenlernen,
– man möchte sich gezielt mit seinem Interessengebiet oder Hobby beschäftigen,
– man möchte etwas für seine Gesundheit tun oder sich über eine Krankheit informieren,
– man möchte seine mentale „Fitness" testen,
– man möchte mit anderen über ein politisches oder ökologisches Thema diskutieren,
– man belegt ein Seminar, um zu Hause mit den (Enkel-)Kindern „mitreden" zu können,
– man frischt seine Fremdsprachenkenntnisse auf, um sich im Urlaubsland verständigen zu können,
– man will beruflich auf dem Laufenden bleiben und seine Arbeitsmarkt-chancen verbessern,
– man will durch eine Qualifizierungsmaßnahme die Zeit bis zur Rente überbrücken,
– man muss sich umschulen lassen ...

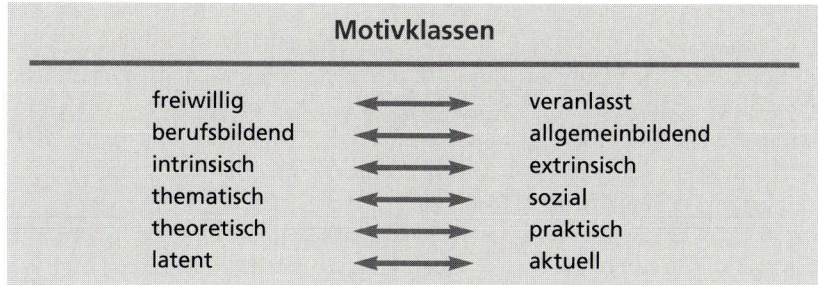

Motivklassen

freiwillig	←→	veranlasst
berufsbildend	←→	allgemeinbildend
intrinsisch	←→	extrinsisch
thematisch	←→	sozial
theoretisch	←→	praktisch
latent	←→	aktuell

Als erstes bietet sich an, zwischen **berufsbildenden** und **allgemeinbildenden** Teilnahmemotiven zu unterscheiden. Doch schon diese Unterscheidung ist keineswegs eindeutig. Viele Seminarthemen werden sowohl aus beruflichen als auch aus außerberuflichen Verwendungsinteressen nachgefragt, z. B. Rhetorik, Stressbewältigung, Zeitmanagement, Entspannungstechniken, Fremdsprachen, Umweltschutz… Auch ein interkulturelles Training gehört für Beschäftigte in der Exportwirtschaft inzwischen zu einer beruflichen Schlüsselqualifikation.

Mögliche Gliederungen

Es sei nicht bestritten, dass viele Themen eindeutig arbeitsplatz- und fachspezifisch, andere eindeutig „zweckfrei-freizeitorientiert" sind. Dennoch vermischen sich Berufsbildung und Allgemeinbildung zunehmend und es empfiehlt sich bei der didaktischen Planung unterschiedliche Motive und Anwendungsfelder zu berücksichtigen.

Weitverbreitet ist auch die Unterscheidung zwischen **intrinsischer** und **extrinsischer** Motivation. Intrinsische Motive resultieren aus einem „zweckfreien" Interesse am Thema und am Lernen. Man lernt aus einer thematischen Neugier, aus einem Bedürfnis der Horizonterweiterung. Man möchte – wie Faust – „wissen, was die Welt im Innersten zusammenhält." Extrinsische Motive sind relativ themenunabhängig und beziehen sich auf die erhofften externen Wirkungen der Weiterbildung – z. B. Sicherung des Arbeitsplatzes, gesellschaftliche Anerkennung, finanzielle Vorteile.

Auch diese Unterscheidung ist nicht immer trennscharf. Dennoch: Wenn extrinsische Motive überwiegen, ist es schwierig, Interesse für ein Thema zu wecken. Der Lernprozess bleibt eher oberflächlich, das erlernte Wissen bleibt äußerlich und „träge".

Unterscheiden lassen sich auch **themenbezogene Motive** und **soziale Motive**. Soziale Motive sind meist „Sekundärmotive". Viele Erwachsene bevorzugen Seminare – gegenüber einem Selbststudium – um mit und von anderen zu lernen, um mit anderen zu diskutieren, auch, um andere von den eigenen Ideen zu überzeugen. Da diese Bedürfnisse selten offen geäußert werden, werden sie oft unterschätzt und vernachlässigt.

Damit ist nicht unbedingt ein Wunsch nach sozialemotionaler „Nähe" verbunden. So stellte eine Großstadtvolkshochschule fest, dass ihre Stadtteilkurse nur zum geringen Teil von den Bewohnern dieses Stadtteils besucht wurden. Bei vielen Interessenten überwog die Angst vor Sozialkontrolle. Man wollte in einem Fremdsprachkurs nicht unbedingt neben der Nachbarin sitzen und sich möglicherweise blamieren.

Die Teilnahme an Seminaren ist auch eine soziale Inszenierung, und zwar der Teilnehmer wie der Dozenten. Es ist eine Gelegenheit sich selber darzustellen, sein Wissen zu präsentieren, eine Rolle auszuprobieren, auch: eine inhaltliche Position zu vertreten, die eigene Lebensgeschichte zu erzählen.

Solche Bedürfnisse sind legitim und können den Seminarverlauf beleben. Kritisch wird es, wenn Einzelne zu übertriebener Selbstdarstellung neigen und den Lernprozess der Gruppe beeinträchtigen.

Einflussfaktoren auf Motive

Die Teilnahmemotivation in der Erwachsenenbildung ist von zahlreichen lebensweltlichen und gesellschaftlichen Einflussfaktoren abhängig.

Motivationseinflüsse
gesellschaftliches Lernklima
epochale Themen
Bezugsgruppen
Lebenslagen (Arbeit, Ruhestand)
Persönlichkeitsmerkmale

Zu den **Persönlichkeitsmerkmalen** gehören Interessen, Lernstil, Lernerfahrungen, aber auch Selbstsicherheit, Extravertiertheit, Zukunftsoptimismus, Selbstverantwortung, Risikobereitschaft …

Zu den **Lebenslagen** gehören Berufstätigkeit, aber auch Einkommen, Familienstand, Pflege von Familienangehörigen, Kinder u. Ä.

Die **Bezugsgruppen** sind Kolleg/innen, Freunde, Familienangehörige. Nicht selten ist eine Seminarteilnahme mit einem Wechsel von Bezugsgruppen verbunden.

Die **epochalen Themen** bilden das thematische Universum einer Zeit. Diese Themen werden erzeugt in Wissenschaft, Kultur, Wirtschaft, Politik ,aber publiziert vor allem durch die Massenmedien. Die Massenmedien haben – positiv betrachtet – einen Aufforderungscharakter, sie machen auf Themen aufmerksam, die interessant und relevant erscheinen, mit denen man sich intensiver beschäftigen möchte.

Zum **gesellschaftlichen Lernklima** gehören bildungsrelevante Werte und Normen. Das Gesellschaftssystem fördert eine Bildungsmotivation durch finanzielle Hilfen und gesetzliche Freistellungsregelungen, aber auch durch soziale und symbolische Anerkennungen und Wertschätzungen von Lernbemühungen.

Auch die gesellschaftlichen Rollenerwartungen beeinflussen das Bildungsverhalten. So ist die Weiterbildung im Alter in den vergangenen Jahren deutlich aufgewertet worden.

Vom Motiv zur Lernbereitschaft

Diese personalen und sozialen Faktoren können eine latente Weiterbildungsbereitschaft begünstigen. Ob diese Bereitschaft durch eine konkrete Seminarteilnahme aktualisiert wird, ist wiederum von passenden Rahmenbedingungen abhängig. Vor allem muss ein geeignetes Bildungsangebot zur Verfügung stehen.

Dazu gehören
- zumutbare Gebühren
- zumutbare Entfernungen
- ein attraktives Themenangebot
- ein passendes Anspruchsniveau
- eine angenehme Lernumgebung
- eine kompetente Seminarleitung
- ein vertrautes Milieu

…

Im Kontext einer **„Erlebnisgesellschaft"** scheinen sich die Erwartungen an Bildungsveranstaltungen verändert zu haben.

Erwartungen an Bildung

Beispiel:
Eine Untersuchung der Friedrich-Ebert-Stiftung zur Milieustruktur und zu Motivationen von Seminarteilnehmer(n)/innen der politischen Bildung lässt folgende Trends erkennen:
- Zur „Stammklientel" dieser Seminare gehört kaum die traditionelle Arbeiterschaft, sondern vor allem die „vom Wertewandel besonders stark geprägten Milieus: Technokratisch-liberales Milieu, Hedonistisches Milieu, Alternatives Milieu und Neues Arbeitnehmermilieu" (Ueltzhöffer/Kandel 1993, S. 79).
- Diese Milieus unterscheiden sich nicht nur hinsichtlich ihrer thematischen Interessen, sondern auch hinsichtlich ihrer sozialästhetischen Präferenzen, d. h. ihrer bevorzugten Lernmethoden, Kommunikationsstile, wissenschaftlichen Ansprüche, Erwartungen an das Ambiente …
- Die Bewertung der Seminare hängt nur zum geringeren Teil von der didaktischen Qualität und wesentlich a) von den „Human relations" im Seminar und b) von der Atmosphäre und dem „Unterhaltungswert" ab.

Die unterschiedlichen Lebensstile, Alltagsästhetiken, Geschmacksrichtungen wirken sich nicht nur auf das Interesse an Weiterbildung generell und an bestimmten Institutionen und Themen aus, sondern auch auf die Bevorzugung von Veranstaltungsformen, Methoden und Medien, Umgangsformen und Kommunikationsstilen. So erwarten Manager aus dem technokratisch-liberalen Milieu eher neue wissenschaftliche Erkenntnisse, während Teilnehmer/innen aus dem ökologisch-alternativen Milieu mehr an kreativer Eigentätigkeit interessiert sind. (Die erwähnte Untersuchung der Friedrich-Ebert-Stiftung gibt ausführlicheren Einblick über milieuspezifische didaktisch-methodische Vorlieben.)

Mehr und mehr werden Seminare auch als ganzheitliche „Erlebnisse" wahrgenommen. Dieses Bedürfnis nach „Edutainment" muss nicht unbedingt mit einem seriösen Bildungsanspruch kollidieren.

Jedenfalls wird die Didaktik mehr Wert auf die Gestaltung anregender Lernumgebungen legen müssen. Das traditionelle Design „(Folien-)Vortrag mit Diskussion" scheint ein auslaufendes Modell zu sein.

Folge: Anregende Lernumgebungen nötig

Weiterbildungsmotivationen sind Teil gesellschaftlicher Wertsysteme und Mentalitäten und eingebettet in den sozialen Wandel.

Dazu gehört auch, dass die Nachfrage nach Seminaren und Lehrgängen vermutlich nicht abnehmen wird, dass aber zunehmend Weiterbildungsinteressen außerhalb der etablierten Bildungseinrichtungen befriedigt werden.

So berücksichtigt auch das „Berichtssystem Weiterbildung VI" Aktivitäten der „informellen Weiterbildung".
Zu diesen selbstorganisierten Bildungsbemühungen gehören Fachlektüre, Fernstudien, Besuch von Ausstellungen, Unterweisung am Arbeitsplatz, computergestütztes Lernen u. Ä. Der zeitliche Umfang dieser informellen Weiterbildung ist vermutlich erheblich größer als die Veranstaltungsteilnahme.

3.2   Das Weiterbildungsberichtssystem

Zunehmende Teilnahme an Weiterbildung

Das Bundesministerium für Bildung (bmb+f) lässt seit 1979 alle drei Jahre die 19-64-jährigen Deutschen nach ihrer Weiterbildung befragen.
Die Teilnahme hat nach den dabei ermittelten Zahlen kontinuierlich zugenommen: 1979 hatten 23 % der Befragten an einer Veranstaltung der Erwachsenenbildung teilgenommen, 1997 waren es 48 %. Dabei werden auch Veranstaltungen der betrieblichen Weiterbildung berücksichtigt.
Ausgewählte Eregebnisse, die folgende wesentliche Trends erkennen lassen sind auf der gegenüber liegenden Seite zusammengefasst; dabei ist auch eine Schweizer Teilnehmerbefragung berücksichtigt:

Haupttrends

- Anstieg bei der Weiterbildung älterer Erwachsener,
- Anstieg der Weiterbildung mit dem Niveau der Erstausbildung,
- erstaunlich wenig Angebot und Nachfrage zu beruflichen Bildungsveranstaltungen für Teilnehmer ohne Berufsausbildung,
- unterschiedliche Teilnahme von Männern und Frauen (Männer bei beruflicher Bildung, Frauen in der Allgemeinbildung noch immer in der Überzahl),
- Teilnahme an beruflichen Bildungsmaßnahmen ungefähr zur einen Hälfte durch Eigeninitiative, zur anderen Hälfte aufgrund des Anstoßes von Betrieb oder Arbeitsamt, dabei auch Motive außerhalb des Berufs,
- positives Image von Weiterbildung in den neuen Bundesländern,
- Barrien für die Teilnahme an Weiterbildung, u. a. unzureichende Transparenz des Angebots sowie Überlastung.

Wie bei allen statistischen Daten sind diese hilfreicher Hintergrund, aber bei jedweder Planung und Vorbereitung von Bildungsnahmen müssen natürlich die Gegebenheiten der eigenen Teilnehmergruppe(n) zu Grunde gelegt werden.
Weiteres statistisches Material zur beruflichen Weiterbildung findet man bei einzelnen IHKs, dem DIHT und dem Institut der Deutschen Wirtschaft. Diese Institutionen sind auch gut durch das Internet zugänglich.

Ausgewählte statistische Daten und Trendaussagen

Quelle: Berichtssystem VI (wertet die Daten von 1994 aus) und Schweizer Teilnehmerbefragung

Weiterbildung insgesamt

Alter	Teilnahmequote in %	
	1979	1994
19–34 Jahre	34	49
35–49 Jahre	21	47
50–64 Jahre	11	28

Schulbildung	Teilnahmequote in %	
	1979	1994
niedrige Schulbildung	16	29
mittlere Schulbildung	29	47
Abitur	43	60

Ausbildung	Teilnahmequote in %	
	1979	1994
keine Berufsausbildung	12	19
Lehre	21	39
Meister	32	52
Hochschule	45	64

Geschlecht	Frauen	Männer
1979	19 %	27 %
1994	40 %	44 %

Alter

Auffällig ist der Anstieg der Weiterbildung bei Älteren: 14 % der über 50-Jährigen haben dabei an beruflichen Maßnahmen teilgenommen. Nach Unterrichsstunden entfallen jedoch 59 % der Unterrichtsstunden auf die jüngste Gruppe und nur 10 % auf die Älteren.

An allgemeinbildenden Veranstaltungen nahmen 21 % der älteren Westdeutschen, aber nur 12 % der Ostdeutschen teil (allerdings ohne die über 64jährigen).

Schulbildung und Berufsausbildung

Generell: Die Weiterbildung steigt mit dem Niveau der Erstausbildung: Die Weiterbildung der Hauptschüler hat zugenommen, der Abstand zu anderen Gruppen sich aber dennoch vergrößert. Noch größer sind die Unterschiede hinsichtlich der beruflichen Qualifikation: Nur 5 % der Befragten ohne Berufsausbildung haben 1994 an einer beruflichen Bildungsveranstaltung teilgenommen. Nur 2 % des beruflichen Weiterbildungsvolumens entfiel auf diese Gruppe (sie macht 14 % der Bevölkerung aus).

Dass die Weiterbildungsaktivität der Erwerbstätigen deutlich größer ist als die der Nichterwerbstätigen (50 % : 29 %), ist vor allem auf die berufliche Qualifizierung zurückzuführen. Doch auch an allgemeinbildenden Veranstaltungen nahmen 28 % der Erwerbstätigen und „nur" 23 % der Nichterwerbstätigen teil.

Geschlecht

Männer nehmen insgesamt häufiger an Bildungsveranstaltungen teil als Frauen, aber 1. gilt dies nicht für die Allgemeinbildung, 2. hat sich die Differenz kontinuierlich verringert und 3. lassen sich daraus keine Rückschlüsse auf die Motivation, sondern eher auf die Lebensverhältnisse ziehen.

An allgemeinbildenden Veranstaltungen nahmen 1994 33 % der erwerbstätigen Frauen, aber nur 25 % der erwerbstätigen Männer teil. Überspitzt formuliert: Männer bilden sich vor allem dann weiter, wenn es sich beruflich lohnt. In den neuen Bundesländern war 1994 auch die Beteiligung der erwerbstätigen Frauen an der beruflichen Bildung größer als die der Männer (36 % : 33 %).

Teilnahmegründe (Schweiz)

- – Fähigkeiten verbessern   92%
- – sich auf dem Laufenden halten   83%
- – zum Vergnügen   (!!) 59%
- – Arbeitsplatzerhaltung   47%
- – Rat des Arbeitgebers   42%
- – Umfeld besser verstehen   41%
- – Leute kennenlernen   33%
- – um beruflich aufzusteigen   23%

Barrieren (Schweiz)

- – Überlastung   65%
- – andere (Weiter-)Bildungsformen   33%
- – fehlende Kinderbetreuung   32%
- – müsste auf zuviel verzichten   31%
- – ungünstige Kursdaten   24%
- – keinen passenden Kurs gefunden   18%
- – bringt beruflich nichts   17%
- – zu teuer   17%
- – Anforderungen zu hoch   13%
- – Probleme mit Schülerrolle   12%
- – Zulassungsbedingungen nicht erfüllt   8%
- – nahestehende Person dagegen   3%
- – Arbeitgeber dagegen   2%

Motive, Interessen, Barrieren
Gefragt wurde 1994 (deutsche Untersuchung) auch nach Gründen und Motiven der Weiterbildung.
Nur 53% der Teilnehmer/innen nahmen aus eigener Initiative an beruflichen Bildungsveranstaltungen teil, d.h. fast die Hälfte der Teilnahmefälle wurde vom Betrieb oder Arbeitsamt „verordnet".
Das berufliche Verwertungsinteresse ist in den neuen Bundesländern größer als in den alten Ländern. Auch bei der Teilnahme an allgemeinbildenden Veranstaltungen überwiegen pragmatische Interessen (obwohl sich die Unterschiede allmählich verringern).

Gründe für die Teilnahme
Dass bei der beruflichen Weiterbildung durchaus nicht nur berufliche Gründe ausschlaggebend sind, zeigt eine Schweizer Teilnehmerbefragung.
Weiterbildung hat in den neuen Bundesländern ein besonders positives Image. „Während in den alten Bundesländern 39% glauben, auch ohne Weiterbildung ganz gute Chancen im Beruf zu haben, sind in den neuen Bundesländern nur 28% dieser Ansicht." (Berichtssystem 1996, S. 95)

Teilnahmebarrieren
Eine Barriere für Weiterbildung ist unzureichende Transparenz und mangelnde Kenntnis der Bildungsangebote. Nur 58% der befragten Deutschen glauben einen guten Überblick über die Weiterbildungsmöglichkeiten zu haben.
51% der Ostdeutschen und 40% der Westdeutschen wünschen mehr Informationen und Beratungen zur Weiterbildung. Weiterbildungsdatenbanken haben 1994 3% der Befragten benutzt.
Die Schweizer Untersuchung gibt weitere Aufschlüsse.

3.3   Motivierung: Emotion und Kognition

Motivierung der Teilnehmer

Eine zentrale Aufgabe der Dozent(en)/innen in der Erwachsenenbildung ist die Lernmotivierung der Teilnehmer/innen, d.h. die Stabilisierung vorhandener und die Weckung neuer Motive.
Die Motivierung bezieht sich
a) auf die Teilnahme an einem Seminar („Initialmotivation"),
b) auf den Verbleib in einem Seminar (d.h. möglichst keinen „drop out"),
c) auf die Lernaktivität in dem Seminar,
d) auf die weitere Beschäftigung mit der Thematik.
Bei vielen Maßnahmen der Arbeitsverwaltung ist die Teilnahme „veranlasst".

Umso schwieriger ist es oft, in diesen Kursen ein thematisches Lerninteresse zu wecken und aufrechtzuhalten.

Motivierung über Interesse

Interessant sind Lerninhalte meist dann, wenn sie
– sinnvoll, relevant
– viabel, brauchbar
– anschlussfähig, verständlich
erscheinen.

Eine solche Bedeutungszuweisung ist letztlich eine Leistung des Einzelnen. Was für mich relevant ist, kann ich nur selber entscheiden. So kann Motivation auch nicht fremdbestimmt werden. Aber es können Lehr-Lernsituationen gestaltet werden, die Lernmotive begünstigen. Dabei ist die Verschränkung von Emotion und Kognition wesentlich.

Lernen ist eine **kognitive Tätigkeit** des Speicherns und Verarbeitens von Informationen, des Abstrahierens, Analysierens, Verknüpfens, Problemlösens. Im Mittelpunkt der Kognition stehen das Denken, Erinnern und Anwenden.

Emotionen werden in der Erwachsenenbildung vor allem in sozialer Hinsicht wahrgenommen: als Angst vor der Gruppe, als Wunsch nach Anerkennung, als Angst vor Blamage und Überforderung, als Hemmung gegenüber „Autoritäten"…

Erfolg unterstützendes Lernklima

> **Es ist eine Voraussetzung für das Gelingen von Lernprozessen, ein sozialemotionales Klima der Akzeptanz, der Aufgeschlossenheit, der wechselseitigen Anerkennung, der Toleranz, der Neugier zu fördern. Geeignete Methoden können sein:**
> **– Kennenlernspiele,**
> **– Vereinbarung von Umgangsformen (z. B. Ausreden lassen),**
> **– Blitzlicht,**
> **– Kleingruppenarbeit.**

Vernachlässigt wurde bisher, dass Emotionen unmittelbar Kognitionen erleichtern oder stören.

> **Emotionen und Kognitionen sind eng miteinander verknüpft. Es gibt kaum Kognitionen ohne Emotionalität und kaum Emotionen ohne kognitive Anteile. Dabei kann sich „zuviel" Emotionalität auf Lernprozesse ebenso negativ auswirken wie „zuwenig".**

Angemessene emotionale Unterstützung

> *„Extrem starke Emotionen scheinen kognitive Prozesse und Handlungsrealisation zu stören; diese Emotionen erweisen sich als disfunktional. Extrem gering ausgeprägte Emotionen dagegen gehen mit zu geringer, mangelhafter, unzureichender Auseinandersetzung mit der Umwelt einher …*
> *Mittlere Ausprägungsgrade von Emotionen für erfolgreiche Auseinandersetzung mit der Umwelt (sind) besonders günstig."* (Mandl/Huber 1983, S. 10)

Eine emotionale „Überheizung" geschieht z. B. in Ökologieseminaren, in denen zuviele deprimierende Bilder von Umweltzerstörungen und zuviel Katastrophenwissen präsentiert werden.

**Überemotio-
nalisierung
vermeiden**

Eine solche Emotionalisierung wirkt oft kontraintentional, d. h. sie bewirkt das
Gegenteil. Deprimierendes Wissen macht depressiv, apathisch, aggressiv und
setzt meist keine Lernenergien frei. Eine solche Umweltbildung macht – im
Extremfall – krank.

Umgekehrt ist eine rein sachliche, emotionslose Wissenvermittlung langweilig.
Dozent(en)/innen sollten zeigen, dass ihnen der Stoff nicht gleichgültig ist; sie
sollten ein Minimum an Begeisterung zeigen, um die Teilnehmer zu begeistern.
Eine solche Ausstrahlung erfolgt auch nonverbal: Pädagog(en)/innen „verkörpern" ihr Wissen; ihre Mimik und Gestik signalisiert, was ihnen wichtig ist.

Es gehörte immer schon zu den Maximen der Erwachsenenbildung, dass Lernen
Spaß machen soll. Dabei wurde Spaß oft mit Spielerischem gleichgesetzt und
als das Gegenteil kognitiver Anstrengung verstanden. Das ist jedoch m. E. ein
Missverständnis.

Einen schwierigen Text verstanden zu haben, eine komplizierte Aufgabe gelöst
zu haben, ein Gespräch in einer Fremdsprache geführt zu haben – diese Lernleistungen sind mit Lustgewinn, mit Zufriedenheit, mit Freude verbunden. So ist
es demotivierend, permanent unterfordert zu werden, während eine leichte
Überforderung meist motivierend wirkt. Deshalb spricht die Psychologie von
einer wünschenswerten „dosierten Diskrepanz".

Spaß am Lernen wird gefördert durch Methodenwechsel, aber auch durch überraschende Einsichten, durch ungewohnte Perspektiven, durch Verfremdungen.
Solche Effekte können durch Karikaturen, Kopfstandmethoden, Rollenspiel,
kreative Übungen angeregt werden.

Der Konstruktivismus behauptet, dass Lehre vor allem als „Perturbation" wirkt,
d. h. als Irritation des Selbstverständlichen, als „Verstörung" der gewohnten
Konstrukte, als Querdenken.

**Luc Ciompi:
Emotionen ge-
zielt nutzen**

Der Schweizer Psychologe Luc Ciompi hat – in Anlehnung an J. Piaget – die
„Operatorwirkungen der Affekte auf das Denken" untersucht. Einige seiner
Thesen lauten:

- **Emotionen liefern die Energie für kognitive Lernprozesse**.
  Ängste, Wünsche, Harmoniebedürfnis sind Motoren für Erkenntnispro-
  zesse.
- **Emotionen steuern die Aufmerksamkeit**.
  Je nach Stimmung wird die Welt mit anderen Augen betrachtet. Wenn wir
  traurig sind, nehmen wir vor allem Trauriges wahr.
- **Emotionen öffnen oder schließen den Zugang zu Gedächtnisinhalten**.
  Sind wir auf jemanden wütend, erinnern wir uns an all die Ereignisse, die
  dieses Gefühl bestätigen.
- **Emotionen fördern die Ordnung von Denkinhalten**.
  Wir haben ein Bedürfnis nach übersichtlichen, widerspruchsfreien Ord-
  nungen der Wirklichkeit. Deshalb befriedigt es uns, ein komplexes Problem
  schematisch strukturiert zu haben. (Der positive Effekt mancher Folien-
  Vorträge beruht auf diesem Harmoniebedürfnis.)

(Vgl. Ciompi 1997, S. 95 ff.)

Auf die Frage, wie die Lernmotivation Erwachsener gefördert und stabilisiert werden kann, gibt es keine Patentrezepte. Offenbar ist jedoch die Koppelung von Emotionen und Kognitionen eine wichtige Voraussetzung.

In den USA ist „emotionale Intelligenz" als wichtiger Persönlichkeitsfaktor und zugleich als beruflicher Leistungsfaktor „entdeckt" worden. Es wird behauptet, dass die berufliche Karriere von Managern mehr von ihren emotionalen Kompetenzen als von ihren kognitiven Fähigkeiten abhängt. So wird der „Schulung der Gefühle" große Aufmerksamkeit gewidmet und es wird in Schulen ein Unterrichtsfach „Self science" erprobt.

Emotionale Intelligenz

Self science als Lernfach

Gegenüber einer direkten emotionalen Schulung und Erziehung sind in der Erwachsenenbildung sicherlich Vorbehalte angebracht. Andererseits ist der reflexive Umgang mit den Emotionen Voraussetzung für und Bestandteil von Bildungsprozessen, zugleich auch Bestandteil pädagogischer Kompetenz.

Lehrkräfte sollten sich regelmäßig ihrer Stimmungen und Emotionen vergewissern und sie sollten emotionale Stimmungen in der Gruppe wahrnehmen.

Lernziele eines Unterrichts „Self science" sind:

Emotionale Selbstwahrnehmung
- besseres Erkennen und Benennen der eigenen Emotionen
- besser imstande, die Ursachen von Gefühlen zu verstehen
- Erkennen des Unterschieds zwischen Gefühlen und Taten

Umgang mit Emotionen
- Frustrationstoleranz und Zügelung des Zorns verbessert
- weniger verbale Demütigungen, Kämpfe und Unterrichtsstörungen
- besser imstande, Zorn angemessen auszudrücken, ohne Tätlichkeiten
- weniger Suspendierungen und Schulverweise
- weniger aggressiv oder selbstzerstörerisch
- mehr positive Ansichten über sich selbst, die Schule und die Familie
- werden besser mit Stress fertig
- weniger Einsamkeit und soziale Angst

Emotionen produktiv nutzen
- verantwortungsbewusster
- verbesserte Aufmerksamkeit und Konzentration auf die vorliegende Aufgabe

- weniger impulsiv; mehr Selbstbeherrschung
- besseres Abschneiden bei Leistungstests

Empathie: Deuten von Emotionen
- besser imstande, sich in einen anderen hineinzuversetzen
- erhöhte Empathie und besseres Gespür für die Gefühle anderer
- können anderen besser zuhören

Umgang mit Beziehungen
- besser im Lösen von Konflikten und Beilegen von Streitigkeiten
- besser im Lösen von Problemen in Beziehungen
- selbstsicherer und gewandter in der Kommunikation
- beliebter und offener; freundlich und teilnahmsvoll gegenüber Gleichaltrigen
- mehr von Gleichaltrigen begehrt
- interessierter und rücksichtsvoller
- „sozialer" und harmonischer in Gruppen
- mehr Gemeinsamkeit, Kooperation und Hilfsbereitschaft
- demokratischer im Umgang mit anderen.
(Goleman 1997, S. 355f.)

Die Amerikaner verwenden dafür den Begriff „mindfulness", d. h. Achtsamkeit. „Achtsamkeit ist ein Bewusstsein, das sich nicht von Emotionen fortreißen lässt, das auf Wahrgenommenes nicht überreagiert … Sie ist vielmehr eine neutrale Einstellung, die auch in turbulenten Situationen die Selbstreflexion bewahrt." (Goleman 1997, S. 68)

3.4   Motivierung durch Zielgruppenorientierung

Zwar ist öffentliche Erwachsenenbildung „offen für alle", aber nicht jedes Bildungsangebot eignet sich für jeden. Ende der 60er Jahre wurde bemerkt, dass einige Gruppen in der Erwachsenenbildung unterrepräsentiert sind, dass untere Sozialschichten nicht nur sozial-, sondern auch bildungsbenachteiligt sind, dass eine gezielte Bildungswerbung und spezielle Angebote für diese Adressatengruppen wünschenswert sind.

Förderlichkeit homogener Lerngruppen

Dieses sozialpädagogische Argument für eine Differenzierung des Angebots wurde ergänzt durch ein lernpsychologisches: Ein leistungs- und qualifizierungsorientiertes Bildungsangebot muss sich an Gruppen mit homogenen Lernvoraussetzungen und kognitiven Niveaus wenden; erfolgreiche Erwachsenenbildung erfordert Leistungsdifferenzierung.

> **Zielgruppenarbeit orientiert sich also sowohl an sozio-demokratischen Maßstäben als auch an Effizienzkriterien.**

Ableitungen für differenzierte Zielgruppen

Diese Kriterien wurden in den 70er Jahren differenziert und ergänzt, so dass sich folgende Typen zielgruppenorientierter Bildungsarbeit unterscheiden lassen:
– Differenzierung nach Lernvoraussetzungen
  (z. B. Französisch für Anfänger / für Fortgeschrittene)
– Differenzierung nach Verwendungssituationen
  (z. B. Spanisch für Urlauber / Wirtschaftsenglisch)
– Differenzierung nach Milieus
  (z. B. feministische Frauen, Senior(en)/innen aus dem Bildungsbürgertum, junge Erwachsene aus dem ökologisch-alternativen Milieu)
– sozialpädagogische „Problemgruppen"
  (z. B. Arbeitslose, Frührentner)
– Differenzierung nach Wohngebiet
  (z. B. Stadtteilarbeit)
– Differenzierung nach beruflicher Situation
  (z. B. Anpassungsfortbildung / Aufstiegsfortbildung)

Diese „Zuschreibungen" der Veranstalter entsprachen jedoch nicht immer den Wünschen der Betroffenen.
So fanden „Sprachkurse für Senior(en)/innen" z. T. geringe Akzeptanz, da viele Ältere gemeinsam mit Jüngeren lernen wollten. Auch Arbeitslose wollten nicht als „Rand- und Problemgruppen" behandelt werden.
Stadtteilkurse wurden oft gerade nicht von Bewohnern des Stadtteils besucht, die eher zuviel „Nachbarschaft" in den Kursen befürchteten.

Eine Zielgruppenorientierung erfolgt auch indirekt, z. B. durch die Thematik, durch die Sprache, durch die angekündigten Methoden.

Indirekte Ziel-gruppenorien-tierung

Einige Beispiele aus Programmen:

… Programm-beispiele

„Reise ins Unbewusste – Neue Wege zu psychosomatischen Erkenntnissen. Zur Reise bitte bequem anziehen, eine Wolldecke und Entdeckerfreude mitbringen …"
Die Veranstalter dieses Seminars rechnen sicherlich nicht mit Managern und VW-Arbeitern.

„Präsentation, Umgang mit Gruppen
Die Präsentationstechniken des NLP zur Arbeit vor und mit Gruppen. Umgang mit Fragen, Zwischenrufen, Störungen. Umgang mit Lampenfieber …"
Offenbar ist hier weniger an professionelle Pädagog(en)/innen gedacht, sondern eher an Funktionäre in Vereinen, Parteien, Gewerkschaften.

Gedächtnis- und Konzentrationstraining.
In diesem Seminar erleben Sie, wie Sie mit Leichtigkeit, Entspannung und mit Spaß mehr Begriffe, Namen, eine größere Einkaufsliste besser behalten können …"
Adressat(en)/innen dieses Seminars sind vermutlich nicht-berufstätige Senior(en)/innen, bei denen Überforderungsängste vermutet werden.

„Grundkurs 'Soziale Kompetenzen'
Ziel ist es, die persönliche Kommunikations-, Team- und Konfliktfähigkeit zu stärken, um im Arbeitsprozess von Gruppen konstruktiv und gestaltend mitzuwirken …"
Bei dieser Seminarankündigung wurde offenbar an mittlere Führungskräfte gedacht.

Gesundheit, Ernährung, Meditation, körperliche Entspannung sind immer noch überwiegend „Frauenthemen". Naturwissenschaften, Technik, Ökonomie sind primär „Männerthemen". Manche Themen sind per se Zielgruppenthemen, z. B. „Nichtrauchertraining".
Auch die Akzeptanz von Medien und Methoden ist zielgruppenspezifisch.
Dazu einige kleine Beispiele (als Anregung, sich auf die eigenen Teilnehmer einzustimmen und das richtige Verhältnis von Eingehen auf Bedarf einerseits, vorgegebene Ziele andererseits):

Auf die Teilneh-mer einstimmen

– Ein Managementseminar über Präsentation, Moderation und Meditation wurde von einer Diplompädagogin geleitet. Als die Frau sich und ihre Berufstätigkeit vorstellte, rief ein Teilnehmer: „Aber mit uns keine Spielchen!"
– Für das technokratisch-aufstiegsorientierte Milieu ist die wissenschaftliche Qualifikation der Seminarleitung von besonderer Bedeutung.
– Pädagogisch-soziale Zielgruppen bevorzugen kommunikative, kooperative Arbeitsformen und Projektarbeit.
– Das gehobene Management schätzt mehrfarbige Overhead-Folien (heute schon oft mit PowerPoint und über Beamer) und wissenschaftliche Vorträge.

– Eine Gruppe von Seniorinnen begann jede Sitzung damit, den unordentlichen Schulklassenraum aufzuräumen. Eine Gruppe junger Frauen dagegen fühlte sich gerade in etwas chaotischen „settings" wohl und kreativ.
– Grün-alternative Gruppen achten auf die Ökobilanz der Einrichtung, also auf Energieverbrauch, Plastik, Fleischkonsum in Bildungsstätten, Erreichbarkeit mit öffentlichen Verkehrsmitteln.

Beispiel: Sitzordnung „angemessen" wählen

In den 80er Jahren war es in vielen Einrichtungen üblich, die Tische beiseite zu räumen, um im Kreis zu sitzen. Inzwischen hat sich herumgesprochen, dass diese „ungeschützte" Sitzordnung durchaus nicht allen Zielgruppen sympathisch ist und in Seminaren, in denen mit Texten gearbeitet wird, eher unpraktisch ist.

Auch Erwachsenenbildung an Lebensstilen ausrichten und

Die Soziologen sprechen von einer „Pluralisierung der Lebensstile", d. h. einer Vielfalt der „Geschmäcker", der „Outfits" und Konsumgewohnheiten, der Hobbies und alltagsästhetischen Vorlieben, der Umgangsformen und Gesprächsthemen. Diese postmoderne Pluralität wirkt sich auch auf die Akzeptanz der Erwachsenenbildung aus. Traditionelle Seminarräume mit „Vortrag + Diskussion" sind ein auslaufendes Modell.

... Gestaltung von Lernumgebungen zulassen

Zwar kann eine Bildungseinrichtung nicht für jede Zielgruppe ein passendes „Design" bereitstellen. Aber es sollte möglich sein, dass Zielgruppen ihre Lernumgebung gestalten und Einfluss auf die Auswahl der Themen, Medien und Methoden nehmen.

Zielgruppen neuen Typs
Angesichts der Individualisierung und Pluralisierung unserer Gesellschaft wächst die Gefahr der Isolation und Desintegration. Je mehr Menschen auf engem Raum zusammen wohnen, desto größer wird die Gefahr der Vereinsamung und Fremdheit. Deshalb ist es wünschenswert, auch die Bildung gemischter Zielgruppen zu fördern.

Gemischte Zielgruppen

Solche Gruppen sind
– Jüngere und Ältere
– Inländer und Ausländer
– Ost- und Westdeutsche
– Behinderte und Nichtbehinderte
– in Betrieben: Neulinge und erfahrene Vorruheständler

3.5   Empfehlungen

Auch wenn allgemeingültigen Rezepten gegenüber Vorsicht geboten ist, so lassen sich doch einige Thesen zur motivierenden Bildungsarbeit begründen. Nutzen Sie diese Thesen, die auf der gegenüberliegenden Seite kompakt zusammengestellt sind, in dem Sie sie wie eine Checkliste im Rahmen Ihrer Planungs- und Vorbereitungsarbeiten heranziehen!

Anregungen zur Motivation für die Kurs- und Seminarvorbereitung

1. Abwechslung motiviert.

Dazu gehören ein Methodenwechsel, ein Wechsel der Medien, auch didaktische Überraschungen (eine ungewohnte Aufgabe, eine provokative Frage …)

2. Verfremdung motiviert.

Gewohntes, scheinbar Selbstverständliches mit einer anderen Brille, aus einer anderen Perspektive betrachten, Fragen auf den Kopf stellen („was muss ich als Kursleiter tun, damit sich alle langweilen?")

3. Humor motiviert.

Witzige Formulierungen, Pointen, Beispiele, Anekdoten, Metaphern regen nicht nur zum Schmunzeln an, sondern enthalten oft auch kognitive Aha-Erlebnisse.

4. Ermutigendes Wissen motiviert.

Deprimierendes, resignatives, pessimistisches Wissen macht depressiv; ermutigendes, hoffnungsvolles, optimistisches (Handlungs-)Wissen aktiviert Energien.

5. Praxisbezüge motivieren.

Die Vorteile einer „Situierten Kognition", d. h. einer Einbettung von Wissensinhalten in Kontexte und in Aufgaben, sind mehrfach belegt worden.

6. Eigene Beiträge motivieren.

Teilnehmer/innen sollten die Gelegenheit haben, ihr Wissen, ihre Erfahrungen darzustellen. Damit ist auch persönliche Anerkennung und Wertschätzung verbunden.

7. Erfolg motiviert.

Lernleistungen, erfolgreiche Aufgabenlösungen, auch intellektuelle Anstrengungen („dosierte Diskrepanz") stärken das Selbstvertrauen und die Lernfähigkeit.

8. Anschlussfähiges Wissen motiviert.

Es ist wichtig, neues Wissen mit vorhandenen Kenntnissen und Erfahrungen zu verknüpfen, biografische „Ankerplätze" für Neues zu entdecken.

9. Strukturiertes Wissen motiviert.

Übersichten, Gliederungen, Schemata entsprechen dem menschlichen Bedürfnis nach Ordnung und Klarheit.

10. Motivierte Kursleiter/innen motivieren

Lehrende, denen das Thema wichtig ist und Spaß macht, „verkörpern" den Lerninhalt, ihr Interesse überträgt sich auf die Teilnehmer/innen.

11. Eine entspannte Gruppenatmosphäre motiviert.

Rivalität, Neid, Besserwisserei, Positionskämpfe in einer Lerngruppe blockieren Lernenergien und verunsichern insbesondere ängstliche Personen.

12. Eine freundliche Umgebung motiviert.

Dazu gehören Farben, Bilder, Licht, aber auch freundliche Gesichter, freundliche Kleidung …

13. Metakommunikation motiviert.

Bei Lernschwierigkeiten und Lernstörungen ist es hilfreich, sich gemeinsam über die Situation zu verständigen und nach Lösungen zu suchen. Schon die Wahrnehmung, dass auch andere Schwierigkeiten mit einem Thema haben, kann eine Demotivierung verhindern.

14. Verwendungssituationen motivieren.

Je mehr Transfer möglich ist, d. h. je mehr das Gelernte in der Praxis verwendet werden kann, desto größer wird das Interesse am Lernen.

15. Familiäre und berufliche Unterstützung motiviert.

Je mehr die Bezugspersonen im privaten und beruflichen Umfeld die Weiterbildung anerkennen und fördern, desto stabiler wird die Lernmotivation.

4   Richtziel Lernfähigkeit

4.1   Beobachtung 2. Ordnung als pädagogische Kompetenz

Lernkompetenz als Antwort auf die Wissensgesellschaft

Ein fachübergreifendes Ziel jeder Bildungsarbeit ist die Förderung der Lernfähigkeit. Den Veränderungen der Lernanforderungen in unserer Wissensgesellschaft kann nicht durch permanente Beschulung, durch ununterbrochene Teilnahme an Seminaren entsprochen werden. Alle Seminare sollten die Teilnehmer motivieren und befähigen, sich selbstständig mit der Thematik weiter zu beschäftigen. In der Delphi-Studie wird der Lernkompetenz von fast allen Experten ein Spitzenplatz mit wachsender Bedeutung eingeräumt.

Wichtigkeit von Kompetenzen im Jahr 2020

Rangplätze und Mittelwerte einer Punktbewertung

	Schulische/Allgemeine Bildung	Berufliche Bildung	Hochschulbildung
Lerntechnische/ lernmethodische Kompetenz	Platz 1 (2,38)	Platz 2 (2,26)	Platz 2 (2,17)
Spezifische Fachkompetenz	Platz 6 (1,47)	Platz 1 (2,58)	Platz 1 (2,80)
Psycho-soziale (Human-) Kompetenz	Platz 2 (2,36)	Platz 3 (2,16)	Platz 4 (1,89)
Fremdsprachenkompetenz	Platz 3 (2,30)	Platz 4 (1,84)	Platz 3 (1,91)
Medienkompetenz	Platz 4 (1,61)	Platz 5 (1,57)	Platz 6 (1,38)
Interkulturelle Kompetenz	Platz 5 (1,48)	Platz 6 (1,23)	Platz 5 (1,46)
Sonstige Kompetenzen	Platz 7 (0,39)	Platz 7 (0,38)	Platz 7 (0,39)

DELPHI-Befragung 1997/98   Infratest Burke Sozialforschung 1998

Niklas Luhmann und Karl-Eberhard Schorr plädieren dafür, die traditionelle „Kontingenzformel Bildung" durch den Begriff Lernfähigkeit zu ersetzen.

„Die Teilnahme am Unterricht führt zum Lernen des Verhaltens in lernspezifischen Interaktionssystemen, führt im Erfolgsfalle zum Lernen des Lernens und entwickelt somit generell einsetzbare Lernfähigkeiten. Mit dem Lernen des Lernens beendet der Erziehungsprozess sich selbst, und zwar dadurch, dass er das Lernen auf Dauer stellt. " (Luhmann/Schorr 1988, S. 85)

Lernfähigkeit ersetzt den traditionellen Bildungsbegriff

Für die Erwachsenenbildung sind solche Überlegungen nicht neu. Volkshochschulen haben immer schon Seminare über „Techniken geistigen Arbeitens", „Gedächtnistraining" und Ähnliches angeboten.

In der Fachliteratur werden mehrere benachbarte Begriffe verwendet, zum Beispiel

Verschiedene Ansätze zur Lernfähigkeit

- **reflexives Lernen**
  (im Unterschied zu einem nur instrumentellen Lernen)
- **selbstgesteuertes, selbstorganisiertes Lernen**
- **Metakognition**
  (das heißt ein Wissen über Wissensproduktion und Wissenserwerb)
- **Lerntransfer**
  (das heißt die Übertragung des Gelernten auf ähnliche Aufgaben)
- **formale Bildung**
  (im Unterschied zur materialen Bildung).

Die kognitionspsychologische Forschung zu dieser Thematik ist umfangreich, aber vielfach auf spezielle Fragestellungen ausgerichtet und in den Ergebnissen eher uneinheitlich. Wir gehen an dieser Stelle darauf nicht näher ein, sondern verweisen interessierte Leser, die das Thema für sich selbst vertiefen möchten, auf die entsprechende Literatur. (Vergleiche H. Friedrich, H. Mandl: Analyse und Förderung selbstgesteuerten Lernens; F. Weinert, F. W. Schrader: Lernen lernen als psychologisches Problem; G. Reinmann-Rothmeier, H. Mandl: Lehren im Erwachsenenalter; alle in: F. Weinert, H. Mandl (Hg.): Psychologie der Erwachsenenbildung 1997.)

Tendenziell lässt sich die These aufstellen:

Lernfähigkeiten sollten bereichsspezifisch gefördert werden (zum Beispiel für Fremdsprachen, Textinterpretation ...).
Das Training einer allgemeinen Lernfähigkeit ist demgegenüber wenig erfolgversprechend.

Übergreifende Erkenntnis: Lernfähigkeit auf Bereiche beziehen

Jedenfalls ist die Förderung von Lernfähigkeit eine wichtige (erwachsenen-) pädagogische Kompetenz.
Erinnert sei an die Konstruktivismusdiskussion: Lehrkräfte sind Beobachter der Seminarwirklichkeit. Sie beobachten Teilnehmerbeiträge und bewerten sie auf-

Rückbezug auf Beobachtung der Seminar- wirklichkeit

grund von Relevanzkriterien (interessant/uninteressant, zum Thema gehörend/ abschweifend etc.).

Wir können Beobachtungen wie folgt unterscheiden:

> **Die Beobachtung 1. Ordnung richtet sich auf das Was, den Inhalt der Aussagen.**
> **Die Beobachtung 2. Ordnung richtet sich auf das Wie der Wirklich- keitsdeutung. Wie argumentieren die Teilnehmer? Wie beobachten sie die Wirklichkeit? Welche Perspektiven rechnen sie ein?**

Wenn Seminarleiter Beobachtungen 2. Ordnung anstellen, wird erkennbar, warum typische Missverständnisse und Kontroversen entstehen, warum einige permanent „aneinander vorbei reden", warum ein Gedankengang des Seminar- leiters von einigen nicht nachvollzogen werden kann, welche „blinden Flecke" in der Gruppe vorhanden sind etc.

Die Beobachtung 2. Ordnung bezieht sich auch auf das Lehrverhalten selber. Warum haben wir als Lehrende Schwierigkeiten, Teilnehmer zu verstehen? Von welcher Selbstreferenz aus argumentieren wir, welches sind unsere „blinden Flecke"? Warum reagieren wir in bestimmten Situationen gereizt und aggressiv? **Introspektion** (das heißt Selbstbeobachtung) und **Supervision** (das heißt Rück- meldung von anderen) fördern eine solche Beobachtung zweiter Ordnung, die es erleichtert, die Lernfähigkeiten von Teilnehmern wahrzunehmen und anzure- gen. Dies wiederum macht den Kern einer Lernberatung aus.

Schlüsselbegriff: Metakognition

Ein Schlüsselbegriff für diese Analyse und Förderung von Lernfähigkeiten ist **Metakognition.** Dieser Begriff enthält mehrere Dimensionen.

4.2   Metakognition

4.2.1   Metakognition als Erkenntniskritik

Metakognition beinhaltet die Selbstvergewisserung der Möglichkeiten und Grenzen unserer Kognition. Wie wirklich ist unsere Wirklichkeit? Wie wahr sind unsere Wahrnehmungen? Worauf stützt sich unser Urteil, wenn wir von anderen behaupten, sie hätten Vorurteile? Woher nehmen wir die Selbstgewissheit und die Legitimation, anderen vorzuschreiben, was sie zu tun und zu lassen haben?

Dies sind klassische Fragen der Erkenntnisphilosophie und der Moralphilo- sophie.

Aber dies sind auch alltagspraktische Fragen der Bildungsarbeit, die in jeder Veranstaltung eine Rolle spielen.

Erwachsene ernst nehmen: Toleranz üben

Der Selbstzweifel gilt auch für Dozent(en)/innen als Vermittler wissenschaftli- cher Disziplinen. Auch Naturwissenschaften sind Weltbilder, Modelle von Wirklichkeit, die oft erstaunlich gut funktionieren, die aber dennoch nicht iden- tisch sind mit „der" Wirklichkeit. Die Landkarte ist nicht das Land.

Es geht um praktische Toleranz in Seminaren, aber es geht um mehr: die grund- sätzliche Konstruktivität, Relativität und Perspektivität menschlicher Wahrneh- mungen und Kognitionen.

Ein Beispiel:
Was ist Wasser? Für den Chemiker schlicht H_2O, gechlort, mit x % Salzgehalt. Christenkinder werden in Weihwasser getauft. In Afrika ist sauberes Trinkwasser eine Überlebensnotwendigkeit. Ein Kernkraftwerkbetreiber benötigt Kühlwasser. Den Industriellen interessiert die billige Abwasserentsorgung. Für den Landwirt sind Bäche „Vorfluter". Ein Fluss ist ökologisch tot, wenn Fische nicht mehr überleben. Hölderlin bezeichnet Wasser als „heilig-nüchtern". Die Stadtwerke berechnen, wie viele Kubikmeter Wasser wir durch Toiletten gespült haben. C. F. Meyer beschreibt einen Brunnen: „Aufsteigt der Strahl…" Der menschliche Körper besteht zu 90 Prozent aus Wasser. Es regnet. Wir schwimmen gerne. Etc.

Metakognition heißt: ernst nehmen, dass der Irrtum ein menschliches Wesensmerkmal ist („errare humanum est …"), dass Rechthaber gefährlich werden, wenn sie die Menschheit in guter Absicht missionieren wollten.
Lernfähigkeit meint also: Mehrperspektivität wahrnehmen, sich für Andersdenkende interessieren, den eigenen Standpunkt als vorläufig, korrigierbar beurteilen, Differenzen in einer Gruppe als anregend registrieren.

Lernfähigkeit als Mehrperspektivität

Lernfähigkeit ist eine Haltung der Neugier, der Offenheit, des Selbstzweifels.

4.2.2   Metakognition als Lernstilreflexion
Erwachsene lernen unterschiedlich. Die Lernfähigkeit spezialisiert sich im Lauf des Lebens aufgrund von schulischen Sozialisationen, Berufsanforderungen, Lerngewohnheiten etc. Berufstätigkeiten lassen sich grob in drei Gruppen einteilen:

a) Umgang mit Menschen,
b) Umgang mit Schrift,
c) Umgang mit Sachen.

Einflussfaktoren der Sichtweisen

Diese „Umgangsformen" prägen auch die Wirklichkeitsbeobachtungen und Lernstile. Aber es gibt noch viele weitere Faktoren, die beeinflussen, wie wir wahrnehmen, denken, Probleme lösen.

Ein Beispiel:
Der Psychologe Dietrich Dörner hat die Vorteile und Nachteile des *„strategischen Denkens in komplexen Situationen"* untersucht. Die Aufgabe der Versuchspersonen bestand darin, Entwicklungshilfe in einem afrikanischen Dorf zu planen und eine Gemeinde in Deutschland ökologisch zu sanieren. Finanzielle Mittel standen ausreichend zur Verfügung. Die Ergebnisse waren ernüchternd. Lineare, kausal-analytische Lösungsverfahren erwiesen sich als eher kontraproduktiv.
„Den Versuchspersonen ist es nicht klar, dass sie mit einem System umgehen, bei dem zwar nicht alles mit allem, aber vieles mit vielem zusammenhängt. Sie

betrachten ihre Aufgabe als eine Serie von verschiedenartigen Problemen, die eben eins nach dem anderen gelöst werden müssen. Sie beachten nicht die Fern- und Nebenwirkungen bestimmter Maßnahmen. (...)" (Dörner 1993, S. 127)

Operative Intelligenz: Lernstile nach Aufgaben wählen

Dietrich Dörner empfiehlt, eine **„operative Intelligenz"** zu fördern, das heißt, die Fähigkeit zu unterscheiden, bei welchen Aufgaben welche Lernstile und Lösungstechniken angemessen sind.

„Manchmal ist es notwendig genau zu analysieren, manchmal sollte man nur grob hingucken. (...) Manchmal sollte man viel Zeit und Energie in die Planung stecken, manchmal sollte man genau dies bleiben lassen. (...) Manchmal sollte man mehr ‚ganzheitlich‘, mehr in Bildern denken, manchmal mehr ‚analytisch‘ (...)." (Dörner 1993, S. 298)

Lernfähigkeit heißt dann, verschiedene Stile erproben

Förderung der Lernfähigkeit heißt also auch:

a) Wahrnehmung der eigenen Lernstile und Problemlösungsstrategien,
b) Reflexion der Stärken und Schwächen dieser Denk- und Lernstile,
c) Erprobung neuer Stile und Techniken.

Lernstile sind nicht generell gut oder schlecht, sondern je nach Aufgabe und Situation mehr oder weniger brauchbar. Gefordert ist also eine situations- und kontextbezogene Flexibilität des Denkens.

> **Es gibt Teilnehmer, die immer „alles genau" wissen möchten, die immer noch eine Nachfrage nach Details haben. In solchen Situationen ist zu überlegen: Wann ist es sinnvoll, nach Details zu fragen, wann erschweren solche Details gerade den Blick für Strukturen und Zusammenhänge?**

Lerntypen nach Schrader

Josef Schrader hat das Lernverhalten in der beruflichen Weiterbildung untersucht und fünf Lerntypen festgestellt

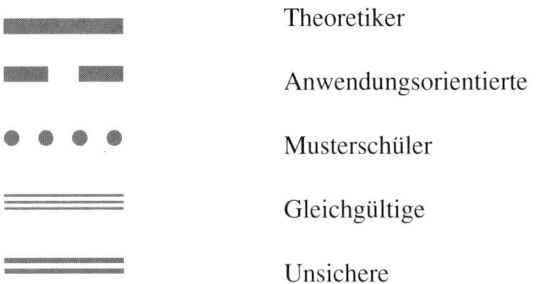

▬▬▬▬	Theoretiker
▬▬ ▬▬	Anwendungsorientierte
● ● ● ●	Musterschüler
═══════	Gleichgültige
▬▬▬▬	Unsichere

Auf den beiden folgen Seiten drucken wir eine Auswahl aus dem Fragenkatalog ab (Schrader 1994, S. 250 f.

Wie typisch sind für Sie die folgenden Verhaltensweisen, wenn Sie sich neues Wissen aneignen?

	typisch	ziemlich typisch	eher un- typisch	untypisch

Ich konzentriere mich darauf, die darge-stellten Inhalte Schritt für Schritt nachzu-vollziehen.

Ich überlege, was ich mit den neuen Infor-mationen anfangen kann.

Ich stelle wichtige Sachverhalte in Skizzen oder Tabellen dar.

Ich lerne einzelne Fakten und Details aus-wendig.

Ich probiere neue Kenntnisse gern an ver-schiedenen Aufgaben oder Problemen aus.

Wenn ich neue Informationen aufnehme, denke ich oft an Dinge aus anderen Zusam-menhängen (zum Beispiel ähnliche oder entgegengesetzte Sachverhalte, andere An-wendungsmöglichkeiten …).

Ich stelle mir Fragen, Übungsaufgaben oder Ähnliches, um zu überprüfen, ob ich alles verstanden habe.

Ich verwende bestimmte Lerntechniken (zum Beispiel ‚Eselsbrücken‘, gezieltes Wie-derholen, …), um mir neue Informationen gut einzuprägen.

Neue Informationen liegen oft in Form von Texten (Bücher, Aufsätze oder andere schriftliche Materialien) vor.

Wie oft gehen Sie beim Lernen aus Texten in folgender Weise vor?

	sehr oft	oft	manchmal	selten	nie

Ich verschaffe mir zuerst einen Überblick über den Text (Vorwort, Inhaltsverzeichnis, Überschriften, …)

Ich überlege mir vorher, worauf ich beim Lesen achten will.

Ich unterstreiche wichtige Stellen im Text.

Ich halte beim Lesen regelmäßig kurz inne und denke darüber nach, was ich gelesen habe.

Ich schreibe wichtige Textstellen heraus.

Ich versuche die wesentlichen Aussagen herauszufinden.

Ich spreche mit anderen über den Inhalt des Textes.

4.2.3 Metakognitive Lernstrategien

Eine Unterscheidung von Lerntypen haben Hans Tietgens und Johannes Weinberg bereits 1971 vorgeschlagen:

**Lerntypen-
Klassifizierung**

Typ A ist das imitative, additiv-kasuistische Lernen.
Dieses Lernen *„erfolgt schrittweise, ohne eine Möglichkeit der Übertragbarkeit
ins Auge zu fassen. Das Lernen bleibt im Konkreten, ohne Zusammengehöriges
und Unvereinbares zu erkennen. (…) Die Wissensaneignung steht unter dem
Druck, dass man etwas sofort, genau und für einen bestimmten Zweck wissen
möchte. (…) Man lernt, was etwas ist, aber nicht, was es bedeutet. (…)"*
(Tietgens/Weinberg 1971, S. 86)

Typ B ist das strukturierende, Sinn vorwegnehmende Lernen.
*„Seine Eigenart besteht darin, dass es noch nicht Verstandenes aufbewahren
kann. (…) Mit dem Lernen von Daten werden diese zugleich auch in Bezugs-
rahmen geordnet. (…) Diese Art des Lernens (…) kann damit aus der Abhängigkeit von unmittelbar Erlebtem befreien, Wege eines erprobenden Denkens
eröffnen, Ereignisse in ihrer komplexen Bedingtheit erkennen, Relationen entdecken. (…) Es erleichtert den Transfer, weil es zu einem Eindringen in die Probleme führt (…), weil es Strukturen erkennen kann (…)."* (Tietgens/Weinberg
1971, S. 87 f.)

Hans Tietgens und Johannes Weinberg lassen keinen Zweifel daran, dass dieser
„strukturierende" Typ der wünschenswerte ist.
In der lernpsychologischen Literatur wird der Begriff der metakognitiven Kon-
trollstrategien verwendet. (Vergleiche Weinert/Mandl 1997, S. 249 ff. und
S. 308 ff.) Dabei lassen sich drei Bereiche unterscheiden:

**Erwünscht:
strukturierender
Typus, um …**

a) aufgabenbezogene Metakognition
Damit ist die Fähigkeit gemeint, die Anforderungen, die Komplexität, den
Schwierigkeitsgrad von Lernaufgaben abschätzen zu können. Dazu gehört
auch, die **Problemtiefe** eines Themas zu beurteilen.

**… Komplexität
abschätzen zu
können**

> **Ein Merkmal unserer Wissensgesellschaft ist das Halbwissen, das als
> solches nicht mehr erkannt wird. Dabei ist nicht das Halbwissen selber
> das Problem, sondern der unreflektierte Umgang damit.**

Wir alle sind in fast allen Bereichen Halbwissende. Wir verfügen über ein paar
Informationen, Begriffe, Schlagwörter, die wir zu einem Deutungsmuster verknüpfen. Wir glauben, über fast alles mitreden zu können, und zwar meist nicht
vorsichtig fragend, sondern apodiktisch so, als wüssten wir Bescheid.
Aufgabenbezogenes Metawissen bezieht sich auf die Komplexität, das Anspruchsniveau, die kognitiven Anforderungen, die Zeit, die zur Einarbeitung
nötig ist, auch die Verwendungszwecke, die berufliche oder alltagspraktische
Verwertbarkeit. Wichtig ist dabei der Unterschied zwischen einem bloßen Wissen und dem begreifenden Verstehen des Sinns und der Bedeutung.

„Verstehensfördernde Aktivitäten, zum Beispiel das Schreiben einer Zusammen-fassung, die Analyse der rhetorischen Struktur eines Textes, die Abbildung der wichtigsten Ideen eines Sachgebietes in einem Mind Map, ergeben aber erst dann einen Sinn, wenn man davon überzeugt ist, dass sie etwas mit Verstehen zu tun haben.“ (Friedrich/Mandl in: Weinert/Mandl 1997, S. 248) Verstanden hat man nur dann etwas, wenn man darüber nachgedacht hat.

b) Selbstbezogene Metakognition

… eigene Fähig-keiten einschät-zen zu können

Gemeint ist damit die selbstkritische Einschätzung der eigenen kognitiven Fähigkeiten und Voraussetzungen. Dazu gehört eine nüchterne Stärken-Schwächen-Analyse.

* *Habe ich genügend Geduld und Ausdauer, um eine neue Fremdsprache zu erlernen?*
* *Was ist mir bisher beim Erlernen einer Fremdsprache schwer/leicht ge-fallen?*
* *Wie perfekt will oder muss ich die Sprache beherrschen?*
* *Habe ich ein „Gefühl“ für Sprachen?*
* *Macht es mir Spaß, Vokabeln zu lernen?*
* *Lerne ich lieber in einer Gruppe oder alleine?*
* *Wie ernsthaft interessieren mich das Land und die Menschen?*

Auch das **Selbstkonzept** sollte in diese Reflexion einbezogen werden. Einige Erwachsene neigen zur Überschätzung ihrer kognitiven Ressourcen, andere un-terschätzen ihre Lernfähigkeiten.

Um selbst gesteuertes Lernen zu fördern, sind entsprechende didaktische Ar-rangements hilfreich. F. Weinert und F. Schrader empfehlen drei pädagogisch-psychologische Strategien für Lehrende:

„- Versuche, viele spezielle metakognitive Kenntnisse und Fertigkeiten zu ver-mitteln und nicht eine allgemeine Fähigkeit des ‚Lernen lernens‘ zu fördern.
– Konzentriere dich dabei stärker auf die Lernprozesse als auf die Lernergeb-nisse.
– Vermittle Strategien und Metastrategien des Lernens nicht in Form separa-ter Kurse über ‚Lernen lernen‘, sondern in Verbindung mit der Erarbeitung wichtiger Lerninhalte.“ (Weinert/Schrader in: Weinert/Mandl 1997, S. 314)

Zur Metakognition gehört auch eine Reflexion der Emotionen.
* Fühle ich *mich bei Lernaufgaben schnell gestresst und überfordert?*
* *Welche Lernaufgaben machen mir Spaß?*
* *Verfüge ich über Geduld und Ausdauer beim Lernen?*
* *Motivieren mich schwierige Aufgaben oder resigniere ich schnell?*
* *Steigert Weiterbildung mein persönliches Wohlbefinden?*

…Lernumge-bungen wählen zu können

c) Metakognitive Lernorganisation

Lernen will organisiert sein. Anregende Lernumwelten können gestaltet werden. Dabei muss jeder selber entdecken, welche Lernumgebung für ihn günstig ist.

Zu den **Lernwelten** gehören
- die Zeit („Wann lerne ich am besten?"),
- die Räumlichkeit („Wo lerne ich am besten?"),
- der Hintergrund (zum Beispiel Barockmusik),
- visuelle Impulse (wer zum Beispiel Französisch lernt, kann sich ein „französisches Umfeld" schaffen durch Poster, Karikaturen, Speisekarten etc.).

Lernen gestalten:
... Lernwelten

Zur **Lernorganisation** gehört auch eine Planung der Lernschritte, zum Beispiel der Aufbau des Lernens
- vom Leichten zum Schwierigen,
- vom Allgemeinen zum Besonderen (oder umgekehrt),
- vom Bekannten zum Unbekannten.

... Lern-
organisation

Die Gestaltung von Lernumgebungen ist eine wichtige Voraussetzung für selbst gesteuertes Lernen. Dazu gehören auch die Planung von Gesprächen mit Freunden oder Experten, die Erprobung des Gelernten in Verwendungssituationen. Hilfreich ist eine kontinuierliche Lernberatung, die auf Literatur und Lernmaterialien aufmerksam macht, aber auch auf mögliche Irrwege und „Untiefen". Anregend ist es auch, Bekannte/Kollegen zu beobachten und zu befragen, wie sie ihren Lernprozess organisieren, welche Lerntechniken sie anwenden.

4.3   Metakognition gegen Informationsstress

Wir leben in einer Informationsgesellschaft. Rund um die Uhr werden wir mit – erwünschten oder unerwünschten – Informationen konfrontiert. Der Durchschnittsbürger verbringt immer mehr Zeit damit, Informationen zur Kenntnis zu nehmen.

Informations-
gesellschaft

„Die Informationsmedien sind allgegenwärtig, unser Alltag ist ‚getränkt' von Information. Radio, Zeitungen und Zeitschriften, Telefone und Handys, Fernsehen, Videorecorder und Satellitenschüssel, Internet und e-mail, Navigations- und Orientierungssysteme, Werbebotschaften und Plakate verbreiten unablässig ihre Nachrichten und Botschaften." (Ernst 1998, S. 7)

Hinzu kommt die Explosion des Berufswissens. Beispielsweise verdoppelt sich das verfügbare medizinische Wissen alle vier Jahre.

Explosion des
Berufswissens

Zum Beispiel: Was als Fortschritt für die Gesundheit interpretiert werden kann, verursacht bei dem überlasteten Allgemeinmediziner Stress. Einige versuchen, auf dem Laufenden zu bleiben, andere haben bereits resigniert, aber oft mit schlechtem Gewissen.

Der Chefredakteur des FOCUS wirbt im Fernsehen mit dem Slogan „Fakten, Fakten, Fakten". Doch mit der Vervielfachung der Fakten kann die Speicher- und Verarbeitungskapazität unseres Gehirns nicht Schritt halten. **Überinformation produziert Stress, gepaart mit der ständigen Angst, etwas Wichtiges zu versäumen.** Kopfschmerzen, Bluthochdruck, Verdauungsstörungen, Nervosität, Konzentrationsschwächen bis hin zu Magenbeschwerden sind häufig die Folge.

Überinformation
produziert Stress

„Die Nachrichtenagentur Reuter hat weltweit 1 300 Geschäftsleute aus unterschiedlichen Branchen und unterschiedlichen Alters über ihren Umgang mit Informationen befragt. Zwei Drittel aller Befragten klagen danach über ‚Infostress', weil sie täglich einem Übermaß an Informationen ausgesetzt sind. (…) Über vierzig Prozent geben an, dass ‚exzessive Informationen' wichtige Entscheidungen verzögern und die Entscheidungsfähigkeit ernsthaft beeinträchtigen." (Ernst 1998, S. 8)

Mit der Quantität der gespeicherten Informationen steigt keineswegs immer das Wissen oder gar die Urteilsfähigkeit. Zu viele Informationen irritieren und verwirren oft, sie verdecken den Blick für das Wesentliche, für Strukturen und Zusammenhänge. „Man sieht den Wald vor lauter Bäumen nicht." Menschen mit Informationen zu überschütten, kann – zum Beispiel in der Politik – eine gezielte Strategie der Desorientierung und Entmündigung sein. Mit der Informationsflut bleibt der „gesunde Menschenverstand" häufig auf der Strecke.

„Wer nicht weiß, was er wissen will oder wissen kann, erlebt die mediale Infoflut als ‚weißes Rauschen' – der Sinn von einzelnen Signalen und Zeichen verschwindet allmählich im Hintergrundgeräusch." (Ernst 1998, S. 7)

Reaktion durch „Ökologie" der Information

Angesichts dieses Dilemmas – zu viel und gleichzeitig zu wenig zu wissen – empfehlen einige Kommunikationswissenschaftler eine **Ökologie der Informationsgesellschaft**, um Gefährdungen durch Überinformation, Verunsicherung und Informationsmüll entgegenzuwirken. Informationsüberfluss kann zu einer modernen Variante der Umweltverschmutzung werden.

Was ist zu tun?

Einige Empfehlungen

- Einige Autoren plädieren für eine bewusste Askese, eine kluge **Selbstbeschränkung.** Dazu kann eine gezielte Veränderung unserer Fernsehgewohnheiten gehören, zum Beispiel das Gerät nur dann einzuschalten, wenn man eine Sendung tatsächlich sehen will. Oder einen erholsamen Urlaub ohne Handy und Fernsehen planen.
- Zu empfehlen sind auch sinnvolle **Entschleunigungs- und Konzentrationsübungen**. Konzentrationsstörungen und Aufmerksamkeitsdefizite werden zu Zivilisationskrankheiten. Wir müssen wieder lernen, uns auf einen Text – einen wissenschaftlichen Aufsatz, ein Gespräch, ein Gedicht – zu konzentrieren, langsam, also Satz für Satz, Wort für Wort zu lesen und zu verstehen versuchen.
  Viele von uns sind – notwendigerweise – Experten für „diagonales Lesen", für „Durchblättern" geworden. Wir sind dabei zu verlernen, eine Argumentation gedanklich nachzuvollziehen. Es gibt bereits Anzeichen für eine „Lähmung der Analysefähigkeit".
- Eine pädagogische Aufgabe ist es, einen bewussten Umgang mit Informationsfülle und Wissensdefiziten zu fördern. Der **„Blick für das Wesentliche" ist eine Schlüsselqualifikation**. Dieser „Blick" kann geübt werden – zum Beispiel durch die Verarbeitung von Texten und Nachrichten. Es kann gelernt werden zu unterscheiden: Wann muss ich etwas genau und mit Details wissen und wann lenken zu viele Einzelheiten vom Wesentlichen ab? Politische Fernsehdiskussionen sind ein ergiebiges Übungsfeld für diese

Analysefähigkeit. Der Blick für Schlüsselbegriffe, Schlüsselprobleme, Schlüsselperspektiven eines Fachgebiets kann geschärft werden. Gleichzeitig ist zu lernen, dass Informationen kontextabhängig sind. In bestimmten Situationen und für bestimmte Zwecke ist es wichtig, mehr oder weniger Informationen zu verarbeiten.

In vielen Fällen ist eine **Komplexitätsreduktion** erforderlich, um urteilen und handeln zu können. In anderen Fällen ist aber eine **Komplexitätssteigerung** notwendig, um nicht vorschnell zu urteilen und zu entscheiden. Es gilt, „Filter" im Kopf zu entwickeln für Wesentliches.

„Werden Sie Ihr eigener Redakteur: Lernen Sie sich auf das Wesentliche einer Information zu konzentrieren. Sortieren Sie alles aus, was Ihre kostbare Zeit auffrisst und nichts wirklich Neues oder Wichtiges enthält." (Ernst 1998, S. 10)

- Auch bei den Informationsmedien ist eine Kompetenz der Technikfolgenabschätzung wünschenswert. Vor der Anschaffung eines neues Geräts ist zu prüfen: Wie groß ist der Nutzen, wie viel Zeit nimmt das Gerät in Anspruch, welche Nebenfolgen sind denkbar?

Und noch ein sehr praktisches Beispiel:
In unserem Institut haben wir ein leicht zugängliches Kopiergerät wieder abgeschafft, und zwar nicht nur wegen des Papierverbrauchs und der Kosten. Es stellte sich heraus, dass mehr und mehr kopiert wurde anstatt zu lesen. Zeitschriftenaufsätze wurden kaum noch gelesen, um daraufhin zu entscheiden, was wissenswert und wichtig ist, sondern aufgrund des Titels oder Autors wurden Aufsätze gleichsam prophylaktisch kopiert, abgeheftet, dann vergessen und irgendwann ungelesen „entsorgt". Das Kopiergerät trug also dazu bei, dass wir uns immer weniger mit wissenschaftlicher Literatur auseinandersetzten.

4.4   Gibt es „gute Lehre"?

Niemand wird diese Frage verneinen. Wir alle erinnern uns an gute und schlechte Lehrer. Doch über welche „Gütemerkmale" verfügte der gute Lehrer? Vielleicht war er uns „nur" sympathisch. Aber was machte ihn sympathisch? Sicherlich empfinden viele von uns autoritäre Lehrer als unsympathisch. Doch sind antiautoritäre Lehrer deshalb „gute Lehrer"? Und ist die „Güte" der Lehre themenabhängig?

Ein Beispiel:
Ein Musikprofessor leitete seit Jahren einen Seminarkurs zur Musikgeschichte. Sein Lehrverhalten verstieß gegen nahezu alle Regeln didaktischer Kunst. Er dozierte ununterbrochen, reagierte unwillig auf Zwischenfragen, unterbrach Teilnehmerbeiträge, ließ andere Meinungen nicht gelten etc. Und doch war seine „Fangemeinde" begeistert und wies Kritik an seinem Lehrstil empört zurück.
Kann eine solche Zufriedenheit ausschließlicher Maßstab für die Qualität der Lehre sein? Andererseits: Auch unsere Meinung über gute Lehre ist nur ein Diskussionsbeitrag, eine Anregung.

10 Kriterien für eine gute Lehre

1. Eine gute Lehre sollte eine Balance zwischen Psychologik, Sachlogik und Handlungslogik herstellen.

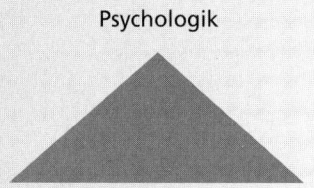

Psychologik

Sachlogik   Handlungslogik

Die **Psychologik** spiegelt die Subjektivität von Wirklichkeiten. Auch Lerninhalte sind Konstrukte und nicht lediglich Abbildungen von „Fächern".

Die **Sachlogik** ergibt sich aus der Struktur der (Wissenschafts-)Disziplin. Sachlogische Prinzipien und Gesetzmäßigkeiten müssen „begriffen" werden.

Die **Handlungslogik** verweist auf die Erfordernisse der Verwendungssituationen, die Logik erfolgreichen Handelns. Wer die Technik seines Autos genau kennt, muss deshalb kein guter Autofahrer sein.

2. Eine gute Lehre sollte die Wissensvermittlung auf das Notwendigste beschränken.

Der „Lerneffekt" des vermittelten Wissens wird meistens überschätzt. Wünschenswert ist eine planmäßige, „didaktische Reduktion" des Fachwissens auf wesentliche Schlüsselbegriffe, Grundeinsichten, Fragestellungen, exemplarische Beispiele, Kontroversen. Eine didaktische Kunst besteht in der Beschränkung und Zurückhaltung der Lehrenden. So neigen viele von uns dazu, Teilnehmerfragen zu schnell und ausführlich zu beantworten, anstatt Zeit zum Selberdenken zu lassen.

3. Eine gute Lehre ist teilnehmerorientiert.

Sie ermutigt die Teilnehmer/innen, ihre Interessen und Vorkenntnisse zur Sprache zu bringen, zu fragen, wenn etwas nicht verstanden wurde, Lösungen selber zu entdecken, Gedanken probeweise zu äußern, „Fehler" zu machen etc. Zur Teilnehmerorientierung gehört eine Haltung der Sympathie, ein Interesse für andere Weltbilder, eine Einstellung der Ermutigung und Unterstützung. Teilnehmerorientierung hat also eine ethische Grundlage.

4. Gute Lehre respektiert die „Driftzonen" (Edmund Kösel) der Teilnehmenden.

Driftzonen sind die kognitiven, semantischen, emotionalen „Bandbreiten", innerhalb derer neues Wissen, neue Perspektiven, neue Lernanforderungen „anschlussfähig" sind. Lernen erfolgt strukturdeterminiert, das heißt Wissensinhalte, die außerhalb dieser Strukturen angesiedelt sind, können nicht ohne weiteres verarbeitet werden.

5. Gute Lehre bietet Teilnehmerhilfen an.

Zwar ist der Transfer des Lerninhalts eine aktive Leistung eines jeden Einzelnen. Aber solche Übertragungen in die Praxis können im Seminar angeregt werden – durch Beispiele, praktische Übungen, Rollenspiele, Beobachtungsaufgaben etc.

6. Gute Lehre fördert die Lernfähigkeit.

Dazu gehören Phasen des reflexiven Lernens und der Metakognition, die Vermittlung von Lernstrategien und Lernhilfen, Hinweise auf weiterführende Literatur und Vertiefungen. Dabei geht es weniger um ein inhaltsneutrales Lern- und Gedächtnistraining, sondern um bereichsspezifische Lerntechniken.

7. Gute Lehre ist abwechslungsreich und humorvoll.

Nichts ist ermüdender als langweiliger, eintöniger Unterricht. Ein Seminar benötigt eine Dramaturgie, das heißt Höhepunkte, Verdichtungen, Spannungen, „entschleunigte" Phasen, Witz und Humor. Überraschungen – zum Beispiel durch „Querdenker" – sollten möglichst nicht als Störungen registriert werden, sondern in Anregungen umgewandelt werden.

8. Gute Lehre fördert Perspektivenvielfalt.

Zur Perspektivenvielfalt gehört dreierlei:
a) Perspektiven der Lernenden unterscheiden sich je nach lebensgeschichtlichen Erfahrungen, Interessen, sozialer Lage etc.
b) Komplexe (ökologische, politische, soziale) Aufgaben und Konflikte erfordern unterschiedliche Beobachtungsperspektiven und Deutungen.
c) Eine Fachdisziplin bietet nur eine Wirklichkeitsbeobachtung an, die meist weder die einzig Mögliche noch die einzig Brauchbare ist. Der populäre Vorwurf der Fachidiotie meint eine Blindheit für andere Sichtweisen.

9. Zur guten Lehre gehört Gelassenheit.

Gelassenheit, das heißt (auch) Zurückhaltung, die Bereitschaft und Fähigkeit zuzuhören, andere Deutungen zuzulassen, auf vorschnelle Antworten zu verzichten etc. Gelassenheit meint nicht laissez-faire, sondern Aufmerksamkeit. Gelassenheit erfordert Verantwortung für die eigene Lehre, nicht aber eine Zuständigkeit für alle und alles.

10. Gute Lehre erfordert Offenheit für Kritik.

Kritik an dem eigenen Lehrverhalten kann hilfreich und anregend sein. Wer zur Kritik auffordert, muss das Risiko von Kränkungen einkalkulieren. Nicht jede Kritik ist für den Kritisierten nachvollziehbar. Doch dann beleidigt zu sein, ist ein Zeichen für mangelnde professionelle Gelassenheit.

5   Schlüsselsituationen

5.1   Übergangssituationen

Schlüsselfunktion von Übergängen

Karlheinz Geißler hat sein Buch „Lernprozesse steuern" mit dem Untertitel versehen „Übergänge: zwischen Willkommen und Abschied". Übergänge im Leben sind „Schaltstellen", die besondere Aufmerksamkeit und Neuorientierungen verlangen. In diesen sensiblen Phasen entscheidet sich oft, wie die weitere Entwicklung verläuft. Übergänge sind „kritische Lebensereignisse", da hier Entscheidungen getroffen werden, die Weichenstellungen sind. Das gilt auch für die Erwachsenenbildung.

Übergang Seminarbeginn

Start: Unsicherheit bei den Teilnehmern

In der ersten Stunde eines neuen Seminars werden die Spielregeln für den Seminarverlauf geklärt. Vor allem in Seminaren, die keine Fortsetzungskurse sind, sondern die neu beginnen, in denen die meisten Teilnehmer/innen sich noch unbekannt sind, und auch die Lehrenden nicht kennen, ist die Unsicherheit groß.

Für alle Beteiligten ist noch unklar, wie die Gruppe strukturiert ist, welche Rolle sie in der Gruppe einnehmen, ob sie von anderen akzeptiert werden, wie man miteinander redet, was die anderen wissen und wie hoch ihr Anspruchsniveau ist, wie „streng" der Seminarleiter ist und was er erwartet, ob man zu den „Besseren" oder „Schwächeren" gehören wird.

Viele gewohnte Rollen und Verhaltensregeln – zum Beispiel als Familienvater, als Vorgesetzter im Betrieb, als Vereinsvorsitzender – sind außer Kraft gesetzt. Wie beim Start eines Hundert-Meter-Laufs befinden sich scheinbar alle in der gleichen Ausgangsposition.

Die Seminarleitung gibt das Startzeichen, sie erläutert die Spielregeln, sie setzt „Zeichen" – durch ihr „Outfit", ihr Auftreten, ihren Umgangston, ihre Begrüßung, etc. Angenommen, der Seminarleiter ist promoviert und der erste Teilnehmer redet ihn mit „Herr Doktor" an, so hat es eine Signalfunktion, ob er diese Anrede akzeptiert oder – freundlich – korrigiert.

Anwärmphase

Die Eingangsrituale und Kennenlernmethoden sollen hier nicht dargestellt werden. Es sollte genügend Zeit für die „Anwärmphase" sein, in der alle Beteiligten voneinander erfahren, was für eine gemeinsame, erfolgreiche Seminararbeit wichtig ist, in der auch organisatorische Vereinbarungen getroffen werden (zum Beispiel Anmeldeformalitäten, Teilnahmelisten, Literatur, Raucherpausen etc.). Es kann hilfreich sein, die Teilnehmer/innen vor Seminarbeginn persönlich anzuschreiben und um Angaben zur Person, zur Berufstätigkeit, zu thematischen Interessen und Ähnlichem zu bitten.

Anfangssituationen

Abendkurse: Alltag abstreifen

In Abendkursen ist jeder Kursabend ein Neubeginn. Die Teilnehmer/innen kommen „von der Arbeit" oder aus dem familiären Alltag. Wenn sie den Seminarraum betreten, haben sie noch Gedanken des Tages im Kopf, viele haben „den Kopf noch nicht frei" für das Seminarthema, sie sind mental noch nicht angekommen.

So empfiehlt sich zu Beginn eine Besinnungspause. Die Teilnehmer/innen werden gebeten, sich an das Thema der letzten Sitzung zu erinnern, ihre Notizen durchzulesen, gegebenenfalls offene Fragen zu formulieren, etc.

In jeder Seminarsitzung muss die „Anschlussfähigkeit" des neuen Lerninhalts vorbereitet werden. Die Zeit des Rückblicks und des Ausblicks auf das, was geplant ist, ist keine verlorene Zeit (zumal ohnehin die „Denkpausen" in den meisten Seminaren zu kurz kommen).

Übergänge der Arbeitsformen

Häufig werden Teilnehmer/innen orientierungslos in Kleingruppenarbeit „geschickt". Sie wissen oft nicht genau, warum jetzt Gruppenarbeit sinnvoll ist, was sie in den Gruppen diskutieren sollen, worüber sie anschließend berichten sollen. Die Arbeitsgruppenberichte im Plenum sind oft langweilig und unergiebig. Deshalb sind eindeutige Vorgaben wünschenswert, zum Beispiel:

Arbeitsaufträge klar erläutern

– *„Tragen Sie die Ergebnisse in höchstens fünf Thesen vor."*
– *„Formulieren Sie eine zentrale Frage aus Ihrer Diskussion."*
– *„Stellen Sie den Diskussionsverlauf auf einer Wandzeitung dar."*
– *„Erstellen Sie in der Gruppe eine gemeinsame ,kognitive Landkarte' zu dem Thema."*
– *„Benennen Sie die strittigen Punkte."*

Wenn innerhalb eines Seminars ein Gastreferent eingeladen, eine Exkursion durchgeführt, ein Film gezeigt wird, erfordern die Einleitungen besondere Aufmerksamkeit.

– Ist allen Teilnehmern klar, warum an dieser Stelle des Seminars ein Referent eingeladen wird?
– Was ist von dem Referenten zu erwarten, welche Position vertritt er?
– Welche Fragen lassen sich an den Referenten stellen, wofür ist er nicht zuständig?

Und andererseits: Ist der Referent ausreichend informiert über den Kenntnisstand und die Fragestellungen der Gruppe, über den bisherigen Seminarverlauf? Wie lässt sich eine Über- oder Unterforderung der Teilnehmer vermeiden? Wie können die Teilnehmer zur aktiven Mitarbeit ermuntert werden?

Übergang Metakommunikation

Metakommunikative Phasen unterbrechen den gewohnten Seminarverlauf. Die Gruppe zieht eine Zwischenbilanz, sie vergewissert sich der bisherigen Lernschritte, des Erreichten und des Nicht-Erreichten, der „Highlights", der Lernbarrieren und Störungen.

Sinn von Metakommunkation

Reflektiert wird auch die sozialemotionale Atmosphäre in der Gruppe: Arbeitet die Gruppe kooperativ oder kommt es zu unnötigen Reibungsverlusten und Positionsbehauptungen? Was sollte im weiteren Seminarverlauf geändert werden? Manche Seminarleiter führen regelmäßig metakommunikative Reflexionen durch, andere bei aktuellen Anlässen, zum Beispiel bei „Ermüdungserscheinungen" oder bei Konflikten und bei Unzufriedenheit.

Anlässe zu Metakommunkation

**Typische
Methoden**

Beliebte Methoden einer Metakommunikation sind

– **Blitzlicht** (Jeder teilt in einem Satz seine momentane Stimmung mit.)
– **Kartenabfrage** (Auf grüne Karten werden positive Rückmeldungen, auf rote Karten kritische Stichworte notiert.)
– **Stimmungsbarometer** (Zu den Kriterien „Lernfortschritt" und „Wohlbefinden" werden Punkte auf einer Skala vergeben.)
– **Satzergänzungsbefragung** („Mir hat bisher gefallen … /missfallen …".)

Ein solcher Wechsel von der Inhaltsebene zur reflexiven Metaebene dient dazu, kognitive und emotionale Störungen zu bereinigen und den weiteren Seminarverlauf zu optimieren. Dabei ist es wünschenswert, dass die Seminarleitung auch das eigene Verhalten kritisch reflektiert und dass Vereinbarungen für die nächsten Lernschritte getroffen werden. So fördern reflexive Phasen generell die Lernfähigkeit und die Sensibilität für soziales Lernen.

Übergang Seminarabschluss
Am Schluss eines Seminars wird häufig eine „Manöverkritik" durchgeführt. Allerdings lassen sich dann Verbesserungsvorschläge nicht mehr für das Seminar nutzen. Außerdem wird ein Seminar am Schluss meist freundlich-wohlwollend beurteilt.

**Funktionen
des Seminar-
rückblicks**

Neben dem Seminarrückblick und dem Feedback für die Seminarleitung hat die Schlussphase weitere Funktionen:

a) **Anregungen zur selbstständigen Fortsetzung des Lernprozesses**, zum Beispiel durch Literatur- und Medienhinweise, Hinweise auf weiterführende Seminare, unter Umständen Vereinbarung informeller Treffen der Seminarteilnehmer.
b) **Selbstevaluation**, das heißt Feststellung und Bewertung der eigenen Lernfortschritte und Horizonterweiterungen.
c) **Transfersicherung**, das heißt Vorschläge zur Anwendung des Gelernten in Praxissituationen, unter Umständen Vereinbarung von „Follow-up-Treffen", von Projekten und Arbeitsaufträgen.

5.2   Kritische Situationen

**Kritische
Situationen sind
Normalität**

Unerwartete „kritische Situationen" (critical incidents) gehören zur Normalität der Bildungsarbeit mit Erwachsenen. Solche Situationen erzählt man Freunden, an sie erinnert man sich später noch. Oft verändert sich die Wahrnehmung: Man schmunzelt rückblickend über etwas, das damals als ärgerlich empfunden wurde.
Generell ist „Störung" eine Deutung. Ein Teilnehmerverhalten, das von dem Kursleiter als störend registriert wird, ist für den Teilnehmer durchaus produktiv. Auch die Gruppe beurteilt den „Störfall" oft anders als die Kursleitung. So empfindet sich ein Seminarleiter selber kaum als „störend", was er aber aus Sicht von Teilnehmer(n)/innen häufig ist. „Störung" ist eine Interpretation, ein Konstrukt. Ein Verhalten, das der Kursleiter X als störend wahrnimmt, ist für Kursleiter Y kein Problem.

**Hinweise für
typische Fälle**

Trotz dieser Relativierungen seien einige typische „Fälle" skizziert, in denen die Seminarleitung handeln muss.

15 Anregungen für den Umgang mit Störungen

1. Eine Teilnehmerin beruft sich auf den Ankündigungstext.

Eine Einrichtung bietet ein Wochenendseminar an mit dem Titel *„Über den richtigen Umgang mit Geld" (Gebühr: 135,00 DM). In dem Text heißt es unter anderem: „Es werden auch Strategien zur Renditeoptimierung vorgestellt."* Die Teilnehmerinteressen konzentrieren sich mehrheitlich auf andere Fragen. Eine Teilnehmerin beschwert sich am Schluss, sie sei vor allem wegen der angekündigten Information über die Renditeoptimierung gekommen.

Was würden Sie tun?
- Der Einrichtung vorschlagen, der Teilnehmerin die Teilnehmergebühr zurückzuzahlen.
- Der Teilnehmerin ein zusätzliches Gespräch über ihr Thema anbieten.
- Darauf hinweisen, dass die Mehrheit der Gruppe entscheidet.

2. Ein Teilnehmer ist unerwünscht.

Angeboten wird ein Seminar „Shaolin Quan – Fitness für Körper und Geist". Im Text heißt es: *„Shaolin Quan eignet sich besonders für Frauen."* Es kommen vierzehn Frauen und ein Mann. Die Frauen sind der Meinung, dass der Mann fehl am Platz sei, zumal gemeinsame Körperübungen geplant seien. Der Mann weist darauf hin, dass das Seminar nicht als geschlossenes Frauenseminar angekündigt worden sei.

Was ist zu tun?
Juristisch ist der Mann im Recht. Beharrt er darauf, sollte es dennoch gelingen, ihn zu überzeugen, dass seine Teilnahme unpassend ist.

3. Ein Teilnehmer spielt nicht mit.

Eine Kursleiterin schlägt zu Beginn eines Seminars ein Kennenlernspiel vor: Alle sollen aufstehen, sich im Kreis bewegen. Ein Teilnehmer weigert sich. Er halte solche Spiele für albern und nicht erwachsenengemäß.

Was würden Sie tun?
- Die Weigerung kommentarlos akzeptieren.
- Dem Teilnehmer nahelegen, das Seminar zu verlassen.
- Mit der Gruppe über den Sinn von Kennenlernspielen diskutieren.

4. Ein Gastreferent verspätet sich oder kommt gar nicht.

Was ist zu tun?
- Die Anwesenden nach Hause schicken.
- Kleingruppen bilden, Fragen zum Thema an den Referenten formulieren. Falls er nicht kommt, Fragen auch selbst klären.
- Gemeinsam eine Zwischenbilanz zum bisherigen Seminarverlauf ziehen.

5.	Ein Teilnehmer ist überdurchschnittlich kompetent. Gelegentlich korrigiert er den Kursleiter.	Der Kurleiter gerät zunehmend unter Druck.

Was ist zu tun?
- Den „Experten" bitten, selber ein Referat zu übernehmen, gegebenenfalls ihn auch dafür zu honorieren.
- Den „Experten" zu einem Bier einladen und mit ihm die Situation besprechen.

6.	In einem Fremdsprachkurs ist ein Teilnehmer offensichtlich überfordert.	Er meldet sich aber immer wieder und nimmt viel Zeit in Anspruch. Die Gruppe wird zunehmend ungeduldig.

Was ist zu tun?
- Die Kursleiterin legt ihm in der Pause nahe, in einen Anfängerkurs zu wechseln.
- Sie weist seine Verständnisfragen zurück mit dem Hinweis, er solle das zu Hause in Ruhe nachlesen.
- Sie führt einen Leistungstest durch mit der Begründung, eine leistungshomogene Gruppe zu bilden.

7.	Ein Teilnehmer meldet sich häufig, redet lange, verklausuliert und für die Gruppe unverständlich.	**Was ist zu tun?**

- Der Kursleiter ignoriert seine Wortmeldungen.
- Er bittet ihn, sich kurz zu fassen.
- Er vereinbart Regeln für die Gruppe, z. B.: kein Beitrag länger als eine Minute; Anspruch auf gleiche Redeanteile etc.

8.	Ein Teilnehmer ist demonstrativ desinteressiert.	Er macht sich keine Notizen, ignoriert die verteilten Texte, blickt aus dem Fenster.

Was ist zu tun?
- Ihn ignorieren.
- Ihn bitten nicht mehr teilzunehmen.
- Allgemein über störende Verhaltensweisen sprechen.

9.	Ein Teilnehmer sieht ungepflegt aus und riecht „streng".	Niemand will neben ihm sitzen oder in einer Kleingruppe mit ihm zusammen arbeiten.

Was ist zu tun?
Wir wissen es auch nicht – dafür gibt es kein pauschales Rezept

10.	Die Gruppe ist passiv.	Nur wenige beteiligen sich. Die Mehrheit schweigt.

Was ist zu tun?
- Mehr selber referieren.
- Metakommunikation anregen: Blitzlicht, Vorschläge auf Metaplan-Karten, offene Plenumsdiskussion.
- Teilnehmer aufrufen.

11. **Der Drop-out (Kurs-abbruch) ist nach dem dritten Abend übermä-ßig hoch.**

Was ist zu tun?
- Die Teilnehmer/innen telefonisch nach den Gründen ihrer Abwesenheit befragen.
- Mit der Gruppe die mögliche Unzufriedenheit erörtern.
- Das Problem mit der Leitung der Einrichtung besprechen.

12. **Ein kleiner literarischer Arbeitskreis.
Eine Teilnehmerin kritisiert den ungemütli-chen Raum (Schulklas-senraum).**

Sie schlägt vor, sich in ihrer Wohnung zu treffen. Die anderen Teil-nehmerinnen begrüßen den Vorschlag.

Was ist zu berücksichtigen?
- Rechtliche Probleme, zum Beispiel Versicherung.
- Lenkt die private Atmosphäre von der Thematik ab?
- Ist das Seminar noch „öffentlich zugänglich"?

13. **Der Seminarleiter regt eine anonyme, schriftli-che Evaluation an. Eine Rückmeldung ist aus-schließlich negativ**

Der Seminarleiter habe die Bedürfnisse der Gruppe ignoriert. Der Seminarleiter empfindet diese Kritik als ungerechtfertigt und ist verärgert.

Welche Konsequenzen zieht er?
- Er wird beim nächsten Mal auf solche Befragungen verzichten.
- Nachdem der erste Ärger verflogen ist, überlegt er, was an die-ser Kritik berechtigt ist.
- Er fragt, wer diese Kritik geschrieben hat.

14. **Der Leiter der Bildungs-einrichtung ruft bei ei-nem Kursleiter an und teilt ihm mit, dass er am nächsten Seminarabend hospitieren möchte.**

Wie reagieren Sie als Kursleiter?
- Sie fragen, ob es einen konkreten Anlass dafür gibt, zum Bei-spiel eine Teilnehmerbeschwerde, oder ob solche Hospitatio-nen üblich sind.
- Sie geben zu bedenken, dass ein solcher Besuch die Teilnehmer/innen verunsichern würde.
- Sie freuen sich auf den Besuch, von dem Sie sich anregende Rückmeldungen erwarten.

15. **Die Gruppe verhält sich „schülerhaft".**

Eine junge Pädagogin leitet einen Altengesprächskreis zum The-ma „Alt und Jung im Wandel der Zeiten". Sie versucht, die Teilneh-mer/innen zur Mitgestaltung des Gesprächskreises zu motivieren, doch diese verhalten sich widerspenstig, sie erwarten Referate und eine straffe Seminarleitung.

Was ist zu tun?
- Die Pädagogin begründet ihr Verständnis von Teilnehmer-orientierung und bleibt bei ihrem Konzept.
- Sie passt sich den konventionellen Erwartungen der Seni-or(en)/innen an.
- Sie führt eine metakommunikative Diskussion.

**Resümee:
Gelassenheit
zwischen Gleich-
gültigkeit und
Perfektionismus**

Im Allgemeinen sollten sich Seminarleiter/innen um eine humorvolle Gelassenheit bemühen. Für eine befriedigende Bildungsarbeit ist weder eine Haltung der Gleichgültigkeit noch des Perfektionismus „viabel". Überraschende Situationen können nicht durch übertriebene Steuerung und Verlaufsplanung vermieden werden. Meist empfiehlt sich eine systemische Betrachtung und das heißt: die Nutzung der Selbstorganisation der Gruppe. Viele kritische Situationen lassen sich nicht für, sondern gemeinsam mit der Gruppe klären.

Es kann sinnvoll sein, zu Beginn eines Lehrgangs gemeinsam Vereinbarungen zu treffen über wünschenswerte Formen und Regeln des kommunikativen Umgangs, der Verständigung über Ziele, Inhalte, Lernschwierigkeiten, über den Umgang mit Kritik und Konflikten. In längerfristigen Kursen kann es sinnvoll sein, eine/n „Sprecher/in" wählen zu lassen oder einen „Meckerkasten" einzurichten. Jedenfalls sollten sich die Lehrkräfte in der Erwachsenenbildung darauf einstellen, dass erstens jede Lehre verbesserungsfähig ist und dass zweitens nie alle mit einem Lehrverhalten zufrieden sind.

Teil II

Didaktik und Methodik
des Erwachsenenlernens

Lernen erfolgt innerhalb und außerhalb von Bildungsveranstaltungen

In diesem Kapitel geht es um Didaktik, genauer gesagt um „Erwachsenen-didaktik". Der Begriff „Erwachsenendidaktik" mag zunächst überraschen – da man sich fragen kann, ob es nicht eigentlich „Erwachsenenbildungsdidaktik" heißen muss. Mit dieser Frage befinden wir uns bereits mitten in der neueren erwachsenenpädagogischen Diskussion, in der deutlich betont wird, dass Erwachsene keinesfalls nur in organisierten Bildungsveranstaltungen lernen.

Vielmehr ist das ganze Leben – und somit selbstverständlich auch das Erwachsenenleben – eine lernende Auseinandersetzung mit der eigenen Umwelt und sich selbst. Und für das Erwachsenenlernen gilt ebenso wie für jedes andere Lernen: Je „eingebetteter" dieses in die Lebens- und Arbeitssituation ist, desto wirksamer und nachhaltiger ist es.

Aus diesem Grunde ist es durchaus sinnvoll und notwendig, den didaktischen Blick auf das Erwachsenenlernen in institutionalisierten und nicht-institutionalisierten Lernformen zu richten, wie dies die Erwachsenendidaktik tut. Dadurch geraten auch die zunehmend wichtigeren Formen des sogenannten „lebenslangen Lernens" und des „selbstgesteuerten Lernens" in den Blick, welches zumeist ein Lernen außerhalb von Volkshochschulen, Seminaren oder anderen Möglichkeiten institutionalisierten Lernens ist. Hierzu schreibt Günther Dohmen:

„Für die zentrale bildungspolitische Frage, wie das ‚lebenslange Lernen für alle' sinnvoll praktisch umgesetzt werden kann und soll, ist es vor allem wichtig, die einseitige, unrealistische und dem Mündigwerden der Lerner/innen zuwiderlaufende Fixierung auf das planmäßige institutionalisierte ‚formelle' Lernen aufzubrechen und das weite Feld des des offenen, praxisnahen, nicht curricular festgelegten ‚informellen' Lernens in eine umfassendere Kompetenzentwicklungsstrategie einzubeziehen.

In diesem Zusammenhang wird immer wieder die kritische Frage gestellt, wieweit ein begrenztes ‚selbstgestricktes' informelles Lernen ohne professionelle Anleitung und systematische Planung zu der notwendigen Kompetenzentwicklung führen kann, d. h. wieweit das Lernen in einer komplizierten interdependenten Welt einfach dem Zufall und dem einzelnen Lerner bzw. einer selbstorganisierten Lerngruppe überlassen werden kann.

Wenn man aus diesen Zweifeln nicht die Kurzschluss-Konsequenz ziehen will, die Förderung des lebenslangen Lernens doch lieber ganz den bewährten und entsprechend auszubauenden Bildungsinstitutionen zuzuweisen – und damit die Vorzüge eines unmittelbarer erfahrungs- und praxisbezogenen ‚natürlichen' Lernens wieder zugunsten einer ‚Verschulung' aufzugeben, – dann richtet sich das Interesse auf die Möglichkeiten einer Unterstützung des informellen Lernens besonders durch die Entwicklung lernfördernder Umwelten, d. h. ‚lernender Unternehmen' und einer ‚Lerngesellschaft'" (Dohmen 1996, S.30f).

Weniger Lehren, mehr Schaffung von Lernmöglichkeiten

Damit ist bereits der Leitgedanke einer modernen Erwachsenendidaktik deutlich umrissen. Es geht heute weniger um „Lehren" i. S. von „Be-Lehren", als vielmehr um die Schaffung und Nutzung von Lernmöglichkeiten für das selbstgesteuerte und das selbstorganisierte Lernen von erwachsenen Lernern. Dabei ändert sich auch das Aufgabenprofil von Dozentinnen und Dozenten in der

Weiterbildung. Diese müssen zwar nach wie vor in „ihrem" Fach zuhause sein, doch dürfen sie ihr Fachwissen nicht mehr nur präsentieren. Es kommt vielmehr darauf an, dieses Fachwissen „erschließungsstrukturiert" zugänglich zu machen. Dies bedeutet, dass die Lehrenden in der Weiterbildung sich nicht mehr damit zufrieden geben können, fachliche Zusammenhänge und Einsichten für die Teilnehmerinnen und Teilnehmer – gewissermaßen „stellvertretend" – zu erschließen. Sie müssen vielmehr darum bemüht sein, die Selbsterschließung sowie die aktive Aneignung durch die Lerner selbst anzubahnen, anzuregen und zu unterstützen.

Fachwissen lernbezogen anbieten

Eine solche Erschließungsstrukturierung der Lehre verweist auf ein verändertes Verständnis von didaktisch professionellem Handeln. Denn ein Dozent oder eine Dozentin, die erschließungsstrukturiert handeln, folgen eher dem Gedanken der „Gestaltung" und „Ermöglichung" von Lerngelegenheiten als dem der „Erzeugung" von Lernergebnissen. Letztlich ist ein solcher Ansatz realistischer und erfolgversprechender:

- **„Realistischer"** ist er, weil Erwachsene in vielfältigen und unterschiedlichen Lebensbezügen stehen, die es mit sich bringen, dass sie mit unterschiedlichen Fragestellungen, Lerninteressen und Lernmotivationen an einen Lerngegenstand herantreten und deshalb auch bisweilen sehr unterschiedlich lernen. Es ist deshalb unrealistisch anzunehmen, es hänge allein oder in erster Linie von den Lehrenden ab, was gelernt werde.

  Heute gefordert:

  Lebensbezug und …

- **„Erfolgversprechender"** ist er, weil er den Kriterien für ein nachhaltiges Lernen, wie sie sich uns aus der Lehr-Lern-Forschung darstellen, stärker Rechnung trägt. Nach den Ergebnissen der Lehr-Lernforschung lernen Er-

  Nachhaltigkeit

Kriterien für nachhaltiges Erwachsenenlernen

aktiv	Lernen ist nur über die aktive Beteiligung des Lernenden möglich. Dazu gehört, dass der Lernende zum Lernen motiviert ist und dass er an dem, was er tut und wie er es tut, Interesse hat oder entwickelt.
selbstgesteuert	Bei jedem Lernen übernimmt der Lernende Steuerungs- und Kontrollprozesse. Wenn auch das Ausmaß eigener Steuerung und Kontrolle je nach Lernsituation variiert, so ist doch kein Lernen ohne jegliche Selbststeuerung denkbar.
konstruktiv	Lernen ist in jedem Fall konstruktiv: Ohne den individuellen Erfahrungs- und Wissenshintergrund und eigene Interpretationen finden im Prinzip keine kognitiven Prozesse statt.
situativ	Lernen erfolgt stets in spezifischen Kontexten, so dass jeder Lernprozess auch als situativ gelten kann.
sozial	Lernen ist schließlich immer auch ein sozialer Prozess: Zum einen sind der Lernende und all seine Aktivitäten stets soziokulturellen Einflüssen ausgesetzt, zum anderen ist jedes Lernen ein interaktives Geschehen.

Lernen und Lernfähigkeit Erwachsener auf der Basis des Konstruktivismus (nach: Reimann-Rothmeier/ Mandl 1996)

wachsene dann nachhaltig, wenn der Lernprozess selbst aktives, selbstgesteuertes und konstruktives Handeln ermöglicht sowie situativ und sozial eingebettet ist. Dies bedeutet, dass Dozentinnen und Dozenten in der Erwachsenenbildung systematisch darum bemüht sein müssen, „ihren Stoff" in einer Form zugänglich zu machen, dass solche lebendigen Formen des Lehren und Lernens möglich sind. In der neueren Erwachsenendidaktik spricht man in diesem Zusammenhang von Lernarrangements. Dozentinnen und Dozenten sind somit nicht „Vermittler", sondern „Arrangeure" von Lerngelegenheiten.

Ermöglichungsdidaktik an Stelle von Erzeugungsdidaktik

Erwachsenendidaktik ist – wenn sie realistisch und erfolgreich pädagogisches Handeln von Dozentinnen oder Erwachsenenpädagogen orientieren und anleiten möchte – nicht als Erzeugungsdidaktik, sondern als Ermöglichungsdidaktik zu konzipieren. Professionalität kann im Feld des Erwachsenenlernens nicht bedeuten „Erzeugen" von Lernergebnissen, sondern „Ermöglichen" von Selbstlernprozessen, denn: Lernen muss man immer selbst, weshalb der Begriff des „selbstgesteuerten Lernens" eigentlich ein Pleonasmus (wie „ein weißer Schimmel") ist. In diesem Sinne schreibt Peter F.E. Sloane:
„Pädagogische Kompetenz muss verstanden werden als Gestaltungskompetenz! – Dies verweist auf die Frage der Organisation von Lernsituationen. Lehren heißt v. a. dem Lerner Möglichkeiten zu schaffen. (…) Der Lerner wird zum Lehrer, und zwar indem er seinen eigenen Lernprozess steuert" (Sloane 1999, S. 50 und 54).

6   Welche Grundbegriffe zur Gestaltung von Lernprozessen gibt es?

Wie in jeder Wissenschaft gibt es auch in der Erwachsenendidaktik einige Grundbegriffe, mit deren Hilfe ihr Gegenstand bzw. einige Aspekte dieses Gegenstandes beschrieben werden können. Bezeichnet man als Gegenstand der Erwachsenendidaktik die Analyse, Beschreibung sowie Planung und Bewertung von Lernprozessen Erwachsener, so gewinnen – neben dem Begriff der Didaktik – folgende drei Begriffe eine besondere Bedeutung:

Grundbegriffe der Erwachsenendidaktik

- Lernziele,
- Lerninhalte,
- Curriculum.

Sie markieren den didaktischen Zusammenhang, der in der folgenden Übersicht (S. 77) grob veranschaulicht ist (grau unterlegt sind darin die curricularen Dimensionen innerhalb des erwachsenendidaktischen Zusammenhangs).
Die hier veranschaulichten Zusammenhänge sind für ein erwachsenendidaktisches Denken grundlegend. So „ergeben" sich die Lernziele und die Lerninhalte nicht einfach aus irgendwelchen Wissenschaftsdisziplinen, wie bisweilen vermutet. Vielmehr ist es für eine Bestimmung der Ziele und Inhalte der Erwachsenenbildung auch notwendig, nach den Ergebnissen von prognostischen Analysen zu fragen.

Konzeptioneller Rahmen (Kriterien, Kategorien)			
Kategoriale Situationsanalyse	Prognostische Qualifikationsanalyse	Analyse der Lernvoraussetzungen	Analyse der Wissenschaftsdisziplinen
Lernziele Lerninhalte			
Konsequenzen für das Lehrverhalten	Organisationsformen und Medien		Institutionelle Konsequenzen
	Lehr-Lernprozess		
	Evaluation		
	Revision		

Erwachsenendidaktischer Zusammenhang (nach: Siebert 1974, S.81)

Solche Analysen, wie sie z. B. vom Institut für Arbeitsmarkt und Berufsforschung (in Nürnberg) oder vom Bundesinstitut für Berufsbildung (in Berlin) in regelmäßigen Abständen durchgeführt werden, versuchen abzuschätzen, in welche Richtung sich die Qualifikationsanforderungen mittelfristig entwickeln werden. Auf dieser Grundlage versucht man anschließend, Aus- und Weiterbildungskonzepte (z. B. durch eine Neuordnung von Ausbildungsberufen) entsprechend „auszurichten". „Kategoriale Situationsanalysen" sind demgegenüber darauf gerichtet, in den Lebens- und Arbeitssituationen die „durchgängigen" und grundlegenden Anforderungen aufzuspüren, die in grundlegenden Aus- oder Weiterbildungsprozessen vermittelt werden können. Sowohl die berufliche Grundbildung, die auf Berufsfeldbreite einschlägige Qualifikationen vermittelt, als auch die Vermittlung von Schlüsselqualifikationen tragen den Ergebnissen solcher kategorialen Situationsanalysen Rechnung.

Ansatzpunkte:

Qualifikationsanforderungen

und

kategoriale Situationsanalyse

6.1 Was ist Didaktik?

„Didaktik" wird in der Pädagogik und insbesondere in der Erwachsenenpädagogik ganz unterschiedlich definiert. Dabei finden sich „enge" und „weite" Didaktikbegriffe.

Während die traditionelle – sogenannte – bildungstheoretische Didaktik den Lerninhalt (genauer eigentlich: den Lehrinhalt) in den Mittelpunkt ihrer Überlegungen stellte und nach dessen Vermittelbarkeit bzw. „Fasslichkeit" für den Lerner bzw. den Adressaten fragte, richten neuere Didaktikkonzeptionen das Augenmerk stärker auf das Zusammenwirken der unterschiedlichen Faktoren, die den Lehr-Lernprozess konstituieren. In diesem – erweiterten – Sinne lässt sich Didaktik wie folgt definieren:

neue Didaktik: Zusammenwirken von Faktoren

Lehren – Lernen

Erste Annäherung an eine Definition von Didaktik:
Didaktik „liefert" theoretische Beschreibungen des Zusammenhangs von Lehren und Lernen, wobei dieser Zusammenhang sowohl die Begründung (von Lernzielen und Lerninhalten) als auch das Design (Planung, Durchführung und Beurteilung) und die personellen sowie institutionellen Konsequenzen umfasst.

Dies bedeutet, dass didaktische und somit auch erwachsenendidaktische Theorien sowohl begründen, warum bestimmte Inhalte im Hinblick auf die Anforderungen oder die Teilnehmervoraussetzungen „wichtig" sind, als auch die Lernziele selbst möglichst detailliert und differenziert beschreiben. Und auch im Hinblick auf die Lernorganisation sowie die Lehr-Lernprozessgestaltung „liefern" didaktische Konzeptionen Hinweise, Strukturierungs- sowie Evaluierungsansätze. Gleichwohl kommt der Sache und dem Adressaten eine herausgehobene Bedeutung bei didaktischen Überlegungen zu. Dies wird in der folgenden Definition deutlich:

Sachlogik – Psychologik

Zweite Annäherung an eine Definition von Didaktik:
„Didaktik ist prinzipiell die Vermittlung zwischen der Sachlogik des Inhalts und der Psychologik des/der Lernenden. Zur Sachlogik gehört eine Kenntnis der Strukturen und Zusammenhänge der Thematik, zur Psychologik die Berücksichtigung der Lern- und Motivationsstrukturen der Adressaten/innen" (Siebert 1996, S.2).

Die Vermittlung zwischen der Sach- und der Psychologik geschieht bei der Planung des erwachsenenpädagogischen Handelns und in der Handlungssituation selbst. Erwachsenendidaktik ist somit eine Planungs- und Handlungstheorie für die Gestaltung von Lehr-Lernsituationen. In der Erwachsenenpädagogik unterscheidet man dabei verschiedene Ebenen und Dimensionen erwachsenenpädagogischen Planens und Handelns. So ist ein Volkshochschulleiter, der für die administrative Koordinierung der Abläufe sowie für das Gesamtprofil der Einrichtung verantwortlich ist, auf einer anderen Ebene didaktisch tätig als ein Abteilungsleiter oder gar die unmittelbar im Kursgeschehen stehende Kursleiterin eines Kurses „Französisch II". Horst Siebert schreibt hierzu:

Planen und Handeln auf drei Ebenen

Dritte Annäherung an eine Definition von Didaktik:
„Es lassen sich drei Dimensionen des didaktischen Planens unterscheiden:
a) eine curriculare, vorbereitende Planung als Auswahl von Lernzielen, Inhalten, Materialien, Methoden angesichts der (meist vorgegebenen) Lernzeiten, Lernorte, ggf. Prüfungsrichtlinien und Adressaten.
b) Die Überlegung möglicher Alternativen und Varianten im Hinblick auf die Vorkenntnisse, Lernstile, Verwendungssituationen, Heterogenität und Größe der Teilnehmergruppe (die vor Seminarbeginn oft unbekannt ist)
c) Eine mentale Einstellung der Lehrenden auf Überraschungen, d.h. auf ungewöhnliche Deutungen, auf unerwartete Zwischenfragen, auf Teilnehmervorschläge, die dem eigentlichen Konzept widersprechen, auf Teilnehmer, ‚die aus der Rolle fallen', auf Zwischenfälle (z.B. die vielzitierte defekte Birne des Overhead-Projektors" (Siebert 1996, S.2)

6.2   Lernziele

Am Beginn der Lernzielorientierung steht in der Pädagogik das Bemühen, Lehr-Lern-Prozesse transparent und nachvollziehbar zu planen, um nicht „ganz woanders anzukommen" – wie Robert F. Mager, der Lernzieltheoretiker, es in den 60er Jahren in der berühmten Seepferdchengeschichte formulierte.

Planen, richtig anzukommen – am Beispiel eines Märchens

„Es war einmal ein Seepferdchen, das eines Tages seine sieben Taler nahm und in die Ferne galoppierte, sein Glück zu suchen. Es war noch gar nicht weit gekommen, da traf es einen Aal, der zu ihm sagte: „Psst. Hallo Kumpel. Wo willst du hin?"

„Ich bin unterwegs, mein Glück zu suchen", antwortete das Seepferdchen stolz.

„Da hast du's ja gut getroffen," sagte der Aal, „für vier Taler kannst du diese schnelle Flosse haben, damit kannst du viel schneller vorwärts kommen."

„Ei, das ist ja prima", sagte das Seepferdchen, bezahlte, zog die Flosse an und glitt mit doppelter Geschwindigkeit von dannen. Bald kam es zu einem Schwamm, der es ansprach: „Psst. Hallo Kumpel. Wo willst du hin?"

„Ich bin unterwegs, mein Glück zu suchen", antwortete das Seepferdchen.

„Da hast du's ja gut getroffen," sagte der Schwamm, „für ein kleines Trinkgeld überlasse ich dir dieses Boot mit Düsenantrieb; damit könntest du viel schneller reisen."

Da kaufte das Seepferdchen das Boot mit seinem letzten Geld und sauste mit fünffacher Geschwindigkeit durch das Meer. Bald traf es einen Haifisch, der zu ihm sagte: „Psst. Hallo Kumpel. Wo willst du hin?"

„Ich bin unterwegs, mein Glück zu suchen", antwortete das Seepferdchen.

„Da hast du's ja gut getroffen. Wenn du diese kleine Abkürzung machen willst," sagte der Haifisch und zeigte auf seinen geöffneten Rachen, „sparst du eine Menge Zeit."

„Ei, vielen Dank", sagte das Seepferdchen und sauste in das Innere des Haifisches, um dort verschlungen zu werden.

Die Moral von der Geschichte: wenn man nicht genau weiß, wohin man will, landet man leicht da, wo man gar nicht hin wollte."

(Mager 1973, S.XVII).

Die Lernzielorientierung war getragen von der Annahme, dass auch im Bereich des menschlichen Lernens eine fast ingenieurhafte Exaktheit und Kontrollierbarkeit der Abläufe möglich ist. Als grundlegender Schritt der Planung von Lehr-Lernprozessen wurde deshalb die Bestimmung und auch die Formulierung der Lernziele angesehen. Als Lernziel wurde dabei definiert:

Lernziele sind die möglichst exakte Beschreibung des angestrebten Lernergebnisses. Es empfiehlt sich in jedem Fall, für Lernprozesse die Lernziele zu benennen und diese auch mit den Teilnehmerinnen und Teilnehmern zu besprechen.

Zielbeschreibungen: Lernziele

Lernzielebenen

Man unterscheidet in der Didaktik vier Lernzielebenen:
– Leitziel (allgemeiner Nenner),
– Richtziele (allgemeine Fachlernziele),
– Grobziele (spezifischere Fachlernziele) und
– Feinziele (Endverhaltensbeschreibung mit Beurteilungsmaßstab, der es ermöglicht festzustellen, ob das Lernziel erreicht wurde oder nicht).

Lernzielebenen		
Ebene	**Beispiel**	**Ihr Beispiel**
Leitziel (allgemeinster Nenner)	Der mündige Mensch	
Richtziel (hohes Abstraktionsniveau)	Auseinandersetzung mit Wahlprogrammen aller zur nächsten Bundestagswahl zugelassenen Parteien	
Grobziel (mittleres Abstraktionsniveau)	Die verschiedenen Programme der Parteien lesen, analysieren und diskutieren	
Feinziel (höchstmöglicher Präzisierungsgrad	Von 10 vorgegebenen Wahlaussagen mindestens 8 den „richtigen" Parteien zuordnen können	

Lernzielebenen (Brokmann-Nooren 1995, S.50)

Grob- und insbesondere Feinlernziele sollten operationalisiert werden, d. h. das angestrebte Lernergebnis des Lerners sollte so formuliert sein, dass es eine beobachtbare Verhaltensweise beschreibt. Darüber hinaus muss die Formulierung des Lernzieles die Bedingungen nennen, unter denen das Verhalten gezeigt werden muss, und es muss ein Bewertungsmaßstab angegeben werden, der es ermöglicht zu beurteilen, ob der Lernende das Ziel erreicht hat oder nicht.

Beispiel:
Die Lerner sollen „(…) *mit Hilfe vorgegebener schematischer Zeichnungen mindestens vier von fünf Walzstraßen benennen und mit Hilfe der Benennung von Walzstraßen die Funktionsweise einer halbkontinuierlichen Walzstraße herleiten und beschreiben"* (Mausolf/ Pätzold1987, S.58).

Lernziel-hierarchien

Lernziele lassen sich in einer Lernzielhierarchie hierarchisch ordnen, wobei die Lernziele verschiedenen Schwierigkeitsgraden und Komplexitätsniveaus zugeordnet werden. Solche Lernzielhierarchien gibt es für drei Dimensionen des Lernens:

1. Für das **kognitive Lernen:**
   Hier werden nach dem Gesichtspunkt der (zunehmenden) Komplexität des Lernens folgende Stufen unterschieden (in aufsteigender Reihenfolge): 1. Wissen, 2. Verstehen, 3. Anwendung, 4. Analyse, 5. Synthese, 6. Beurteilung. Diese Lernzieltaxonomie nach Bloom (1956) besagt demnach, dass Lernziele auf der bloßen Wissensebene weniger komplex sind als solche, die eine Beurteilung anstreben.
2. Für das **affektive Lernen:**
   Hier werden nach dem Gesichtspunkt der (zunehmenden) Verinnerlichung folgende Stufen unterschieden: 1. Beachtung (eines Wertes), 2. Reagieren (auf einen Wert), 3. Werten, 4. Wertordnung (Errichten eines Wertsystems), 5. Bestimmtsein durch Werte. Diese Lernzieltaxonomie wurde von Krathwohl/Bloom und Masia entwickelt (1964).
3. Für **psychomotorisches** (d. h. mit Bewegungsabläufen verbundenes) **Lernen:**
   Hier werden nach dem Gesichtspunkt der (zunehmenden) Koordination (von Bewegungsabläufen) insgesamt sieben Stufen unterschieden: Stufe 3 bezeichnet z. B. die Fähigkeit, psychomotorische Fertigkeiten in einem bestimmten Tempo auszuführen; Stufe 6 bezeichnet z. B. die Fähigkeit, zwei oder mehrere psychomotorische Fertigkeiten zugleich in richtiger Beziehung zueinander auszuführen.

Dimensionen des Lernens

Beispiel:
„Der Lernende kann in Gruppen und zu dritt innerhalb von zehn Minuten die schematische Darstellung einer kontinuierlichen Straße mit Hilfe angebotener Symbole anfertigen" (ebd.).

Die Anwendung des Lernzielkonzeptes ist in der Erwachsenenbildung nicht unumstritten. Besonders teilnehmerorientierte Erwachsenenbildnerinnen und Erwachsenenbildner befürchten häufig, dass mit dem Konzept der Lernzielorientierung die Gefahr einer Gängelung der Teilnehmer verbunden sein könnte. Manchmal begegnet man auch der Einschätzung *„Lernen bedeutet Verschulung. In der Erwachsenenbildung geht es nicht um Lernziele, sondern um Bildung"* (Siebert 1976, S.4).
Neuerdings wird auch verstärkt hinterfragt, ob Lernergebnisse überhaupt geplant und vorweggenommen werden können.
Beide Einwände sprechen gleichwohl nicht gegen das Prinzip der Lernzielorientierung. Denn zum einen hilft eine klare Lernzieldefinition den Teilnehmerinnen und Teilnehmern zu erkennen, ob der angestrebte Lernprozess sich mit ihren Zielen und Erwartungen tatsächlich „verträgt", ihnen wird dadurch auch gleichzeitig die Möglichkeit gegeben, eigene Ziele dagegen – oder hinzuzusetzen oder sich von dem Angebot zu distanzieren. Und zum anderen ist es so, dass Lernziele zwar Klarheit herstellen, doch insgesamt zu Beginn eines durchaus offenen Lernprozesses stehen können, der „eigenständige" Lernprozesse und Lernzielkorrekturen der Teilnehmerinnen und Teilnehmer zulässt.
Die Vorteile der Lernzielorientierung werden in der Übersicht auf der folgenden Seite deutlich:

Kritik am Lernzielkonzept

Vorteile des Lernzielkonzepts

Vorteile für den Lehrenden	Vorteile für den Lernenden
• Der Lehrende verfügt über einen Maßstab für den Erfolg seines Unterrichts • Er kann seine Prüfungen an den Lernzielen ausrichten • Er kann die Planung von Lernprozessen an den Lernzielen ausrichten • Er kann seine Methoden an den Lernzielen ausrichten • Er kann anderen (z.B. Kollegen, Betrieben) das Ziel des Unterrichts erläutern	• Der Lernende kann besser beurteilen, ob er auf dem richtigen Weg zu dem ist, was er erlernen will • Er kann genau erkennen, wo er noch Wissenslücken hat und dementsprechend seine Anstrengungen verstärken • Er gewinnt für die Planung erheblich an Sicherheit • Er erkennt das Ziel und kann dadurch auch Verantwortung für den Lernprozess mit übernehmen • Er kann mit dem Lehrenden unter Einbeziehung seiner persönlichen Lernziele über die Ziele des Lernprozesses diskutieren

Vorteile einer Lernzielorientierung
(nach: Arnold 1990, S.63)

6.3   Lerninhalte

Lehrinhalte sind nicht automatisch Lerninhalte!

Was der Lerninhalt in den Lernprozessen der Erwachsenenbildung ist, wird oft als evident angesehen: Der Lerninhalt ist das, was in der Ankündigung und im Programm als Gegenstand des Kurses angekündigt worden ist und was von den Lehrkräften selbst „zur Sprache gebracht" wird – so die verbreitete Vorstellung, die ja auch recht plausibel klingt. Gemeint ist dabei allerdings weniger der Lern- als vielmehr der Lehrinhalt. Lange Zeit wurde recht bereitwillig unterstellt, dass beide identisch seien, und dass es eigentlich in Lernprozessen darum gehe, aus den Lehrinhalten Lerninhalte „zu machen".

Erst durch die neueren konstruktivistischen Lerntheorien wurde wieder stärker in das Bewusstsein gerückt, dass der eigentliche Inhalt des Lernens von den Teilnehmerinnen und Teilnehmern selbst konstituiert ist. Er stellt sich dann als eine – bisweilen sehr eigenwillige – „Mischung" aus den vorgegebenen Lehrinhalten, eigenen Erfahrungen, Erfahrungen anderer Teilnehmer und eigenen gewonnenen Einsichten dar. In diesem Sinne stellt Horst Siebert fest:

„Der Konstruktivismus bestätigt die Subjektorientierung der Bildungsarbeit. Erwachsene lassen sich (in der Regel) nicht belehren oder aufklären, Wahrheiten lassen sich nicht linear vermitteln. Erwachsene haben ihren ‚eigenen Kopf', machen sich ihre ‚eigenen Gedanken', sie denken (aufgrund der Autopoiese ihres Nervensystems) eigensinnig und eigenwillig. Eine Argumentation ist für den einen plausibel und ‚viabel', für den anderen, z. B. aufgrund seiner andersgearteten lebensgeschichtlichen Erfahrungen, unverständlich oder indiskutabel. Auch Lernen ist ein selbstreferentieller, ‚rückbezüglicher' Prozess: Erfahrung baut auf früheren Erfahrungen auf, Wissen entsteht aus vorhandenem Wissen. Lernen erfolgt nach gelernten und ‚bewährten' Mustern. Lernen im Erwachsenenalter ist grundsätzlich ‚Anschlusslernen'. Gelernt wird nicht, was einem

‚gesagt' wird, sondern was als relevant, bedeutsam, integrierbar erlebt wird"
(Siebert 1996, S.19).

Aus diesen Überlegungen ergibt sich, dass Dozenten zwar für die Auswahl und
die didaktische Aufbereitung der Lehrinhalte zuständig sind, doch werden diese
erst durch die Aneignungsaktivitäten der Lernenden zu Lerninhalten. Diese Aneignung kann eine Dozentin oder ein Dozent allerdings dadurch unterstützen,
dass er sich bereits bei der Auswahl und der didaktischen Aufbereitung „seiner"
Inhalte auch auf die Zielgruppe bezieht. Diese Verbindung von „Sach-" und
„Psychologik" (ebd., S.2) ist Teil der sogenannten didaktischen Analyse, die
jeder Dozent bei seiner Vorbereitung zu leisten hat. Bei dieser didaktischen
Analyse (W.Klafki) muss sich jeder Dozent und jede Dozentin „fünf Grundfragen" stellen (vgl. Ott 1997, S.92).

**Notwendig:
die Aneignungs-
aktivität**

Beispiel:
Ein Dozent einer gewerkschaftlichen Bildungseinrichtung, der einen Kurs zum
Thema „Gestaltung des Arbeitsplatzes – Mitbestimmung konkret" halten möchte, wird zunächst versuchen, an den Erfahrungen der Teilnehmerinnen und Teilnehmer anzuknüpfen. Hier empfiehlt es sich, in einer Gesprächsrunde positive
und negative Erfahrungen zu sammeln, diese zu sichten und zu strukturieren.
Beispielsweise könnte versucht werden, „fördernde" und „hindernde Bedingungen" für Mitbestimmung am Arbeitsplatz zu sammeln. In ganz ähnlicher
Weise ließe sich auch die „Zukunftsbedeutung" des Themas aus den Erfahrungen der Lernenden konstituieren. Was die Sachstruktur anbelangt, so ließen sich
aus diesen Erfahrungen z.B. grundlegende Einsichten in die notwendige Kon-
flikthaftigkeit und Interessenunterschiedlichkeit von betrieblicher Kooperation
ableiten, man könnte aber auch zur Bestimmung grundlegender Kommunikationstechniken gelangen. Der Aspekt der „Zugänglichkeit" ist bereits durch den
erfahrungsbezogenen Ansatz gewährleistet, Ähnliches gilt für den Aspekt der
„Exemplarischen Bedeutung".

Grundfragen der didaktischen Analyse	Konkretisierung
Gegenwartsbedeutung	Welche Bedeutung hat dieser Inhalt bereits im Leben der erwachsenen Teilnehmerinnen und Teilnehmer?
Zukunftsbedeutung	Worin liegt die Bedeutung des Themas für ihre Zukunft?
Sachstruktur	Welche Struktur (übergreifender Zusammenhang) hat der durch die Gegenwarts- und Zukunftsbedeutung in die spezifisch pädagogische Sicht gerückte Inhalt?
Zugänglichkeit	Welche konkreten Fälle, Phänomene, Versuche usw. machen die Struktur des Inhalts „fragwürdig", interessant, begreiflich, anschaulich?
Exemplarische Bedeutung	Welchen allgemeinen Sachverhalt, welches allgemeine Problem erschließt der betreffende Inhalt?

Leitfragen der didaktischen Analyse nach Klafki

**Grundlegend:
Erfahrungsbezo-
genes Arbeiten**

Diese Überlegungen zeigen, dass erfahrungsbezogenes Arbeiten für die Erwachsenenbildung grundlegend ist und dass die Teilnehmerinnen und Teilnehmer gewissermaßen durch die Einbeziehung ihrer Erfahrungen den eigentlichen
Lerninhalt gewissermaßen mitkonstituieren (vgl. Gieseke/ Siebers 1996). Dozentinnen und Dozenten vermitteln demzufolge nicht einfach irgendwelches
Fachwissen, welches sie zuvor – nach Maßgabe der o. g. fünf Grundfragen –
didaktisch analysiert und legitimiert haben -, sie moderieren und arrangieren
vielmehr einen Prozess des erfahrungsverarbeitenden Lernens, in dem alte mit
neuen Einsichten reflektierend verknüpft werden können.

Damit Dozentinnen und Dozenten tatsächlich an den Bedingungen, den Erwar-
tungshaltungen und dem Vorwissen ihrer Zielgruppe anknüpfen können, ist es
sinnvoll und hilfreich, wenn sie der eigentlichen inhaltlichen Planung eine Bedingungsanalyse voranstellen und folgende „Schlüsselfragen" beantworten:

**Basis:
Bedingungs-
analyse**

Schlüsselfragen zur Bedingungsanalyse bei der Planung von Lernprozessen

1. Aus welchen Sozialmilieus und aus welchen Bildungskarrieren kommen die Teilnehmerinnen und Teilnehmer?

2. Welche Einstellungen, Sichtweisen und Deutungsmuster haben sie dort erworben? Wie sieht ihr persönlicher und beruflicher Erfahrungsbereich aus?

3. Wie ist die Adressatengruppe intern strukturiert (Geschlecht, Alter, be-ruflicher Position)?

4. Wie verlief die bisherige Bildungsgeschichte der Teilnehmerinnen und Teilnehmer? Welche Lehr- und Lernformen wurden kennengelernt?

5. Welche fachlichen und methodischen (z.B. Lernstrategien) Vorausset-zungen bringen die Teilnehmerinnen und Teilnehmer mit, um die Lern-ziele zu erreichen?

6. Welche Erwartungen haben die Teilnehmerinnen und Teilnehmer an den Gegenstand, an ihre Weiterbildung und an ihre zukünftige berufliche oder persönliche Entwicklung?

7. Mit welchen extremen Lernverhaltensweisen (Lernschwierigkeiten, Son-derbegabungen, mangelnde Belastbarkeit usw.) ist in der Adressaten-gruppe zu rechnen?

8. Wie sind die sozialen Beziehungen in der Lerngruppe strukturiert (Ein-zelgänger, Mitläufer usw.)?

9. Sind die erforderlichen Voraussetzungen (Lerninfrastruktur) gegeben, um zu gewährleisten, dass alle Teilnehmerinnen und Teilnehmer die Lernziele erreichen können?

10. Welche Lernhilfen wären erforderlich, um zu gewährleisten, dass die Lernziele erreicht werden können?

(nach: Arnold 1990, S. 46)

Die Bedingungsanalyse liefert gewissermaßen die Basis für die zu treffenden didaktischen Entscheidungen über die Lernziele, die Lerninhalte, die Medien und die Methoden des Erwachsenenlernens.

Nur, wenn Dozenten oder Dozentinnen tatsächlich die Vorbildungsstrukturen, das thematisch relevante Vorwissen sowie die Lernerfahrungen und Lernstrategien einer Zielgruppe kennen, sind sie auch in der Lage, ihr didaktisches Handeln „passend" zu gestalten.

Hans Tietgens führt in diesem Zusammenhang den schon fast technischen Begriff der **„Passung"** ein und stellt fest:

Prinzip der Passung

*„Insofern das zu Lernende ein mitbestimmender Faktor im Lernprozess ist, kann nicht übersehen werden, dass er sich nur in dem Maße vollzieht, wie die kognitiven Strukturen der Lernenden den kognitiven Anforderungen des zu Lernenden zu entsprechen vermögen. In diesem Sinne ist es üblich, von der **Passung** als einer zentralen Vermittlungsaufgabe zu sprechen (…).*

Danach geht es darum, Lernvoraussetzungen, Lernanforderungen und Lehrverhalten aufeinander abzustimmen. Dies ist aber leichter gesagt als getan, weil die Bedingungsfaktoren der Passung vielschichtig und nicht situationsabhängig definierbar sind. Damit ist nicht nur gemeint, dass die Voraussetzungen der Teilnehmer an einer Veranstaltung nicht voraussehbar sind. Die Situationsabhängigkeit gründet vielmehr in der Ausgangsthese von der Bedeutung der Situationsinterpretationen (…)

An dieser Stelle ist zu bedenken, dass die kognitiven Strukturen und kognitiven Stile und damit die Voraussetzungen und die Formen der Informationsverarbeitung als Faktoren der Passung nur indirekt identifizierbar sind (…). Sie kommen am ehesten in der sprachlichen Artikulationsweise zum Ausdruck. Auch von daher ist es begründet, wenn gesagt wurde, dass die Diskussion über die Sprachbarrieren erst dann ihren vollen Wert erhält, wenn sie weniger auf Schichtspezifika abhebt und mehr die Wechselwirkung von Sprachgebrauch, Informationsverarbeitung und Denkweise herausstellt. Denn sie bestimmt die Art des Umgangs mit Lernaufgaben" (Tietgens 1981, S.99).

Diese Überlegungen verdeutlichen, dass der Sprache bzw. den sprachlichen Möglichkeiten der Teilnehmerinnen und Teilnehmer eine grundlegende Bedeutung für die didaktische Gestaltung der Lehr-Lernprozesse zukommt. Da diese erst im unmittelbaren Kontakt mit den Lernern selbst wirklich eingeschätzt und beurteilt werden können, spielen die Erfahrung, die Offenheit sowie die Gelassenheit der Dozenten eine wichtige Rolle. Diese müssen zur situativ angemessenen An-Passung ihrer Didaktik an die sich ihnen darstellenden sprachlichen Möglichkeiten der Teilnehmerinnen und Teilnehmer in der Lage sein. Dies bedeutet: die Bedingungsanalyse ist zwar eine wichtige Voraussetzung für ein angepasstes erwachsenendidaktisches Handeln, sie kann aber situative didaktische Passungskompetenz nicht ersetzen.

Bedeutung von Sprache für die Didaktik

Eine andere, wesentlich komplexere Möglichkeit zur Ermittlung der Bedingungen des eigenen didaktischen Handeln und zur Lösung des „Passungsproblems" stellt die von H. Siebert entwickelte „Planungscheckliste" dar.

Diese bezieht sich auf die Ermittlung planungsrelevanter Daten sowie die Klärung planungsrelevanter Fragen zu den Bereichen: Einrichtung, Erwartungshaltung, Thema, Schlüsselqualifikation, Lehr-Lern-Methoden, Interaktion.

Planungs-

Einrichtung	• Verfügt die Einrichtung über ein bestimmtes Selbstverständnis, eine Tradition, eine eindeutige Zielsetzung?
	• Was verbindet mich als Lehrkraft mit dieser Einrichtung?
	• Was erwartet die Einrichtung von mir?
	• Ist in der Einrichtung jemand für mich als Berater/in zuständig?
	• Welches Image hat die Einrichtung in der Öffentlichkeit, welches Milieu spricht sie an?
Erwartungshaltung	• Für welche Adressaten/innen biete ich das Seminar an (was steht im Ankündigungstext?)
	• Welche Vorinformation habe ich über die Gruppe (z.B. durch Anmeldungen oder frühere ähnliche Seminare)?
	• Mit welchen Motivationslagen ist zu rechnen?
	• Wie groß sollte die Gruppe optimal sein, was mache ich, wenn sie größer/kleiner als geplant ist?
	• Wie homogen/ heterogen ist die Gruppe vermutlich (z.B. hinsichtlich des Anspruchsniveaus)?
	• Welchen Teilnehmertyp bevorzuge, welchen fürchte ich?
	• Was möchte ich von den Teilnehmern/innen lernen?
	• Wie gehe ich mit (für mich) „schwierigen" Teilnehmern/innen um?
	• Wie wirke ich (vermutlich) auf Teilnehmer/innen?
	• Mit welchen Sprachcodes ist zu rechnen?
Thema	• Wie wichtig ist mir das Thema?
	• Welche Lernerfahrungen habe ich mit der Thematik gemacht?
	• Was beherrsche ich gut, wo bin ich unsicher?
	• Was möchte ich noch zu dem Thema lernen?
	• Gibt es neue thematische Entwicklungen und Erkenntnisse, bin ich auf dem neuesten Stand?
	• Sind die vorliegenden Materialien/ Lehrbücher ausreichend und für die Gruppe geeignet?
	• Welche Fachtermini sind unverzichtbar?
	• Über welche Erfahrungen und welches Alltagswissen verfügen die Teilnehmenden vermutlich?
	• Welche Fähigkeiten sollen sie anhand des Lerngegenstandes erwerben?
	• Inwieweit können Wünsche der Teilnehmenden berücksichtigt werden?
	• Sind bestimmte Lernschwierigkeiten zu erwarten?

Checkliste

Schlüsselqualifikation

- Wie gliedere ich den Stoff, ist die Zeit ausreichend?
- Mit wem kann ich mein Konzept besprechen?
- Wie kann die selbstständige Auswahl und Aneignung des Stoffes unterstützt werden?
- Gibt es zentrale Schlüsselbegriffe, Schlüsselfragen für die Thematik?
- Erfordert die Thematik die Beherrschung bestimmter Methoden (z.B. Interpretation von Statistiken, Texten der Massenmedien, Theorie-Praxis-Transfer)?
- Können anhand dieser Thematik bestimmte formale Fähigkeiten geübt werden (z.B. abstrahierendes, begriffliches Denken, vernetztes Denken, kreatives Denken)?
- Können kommunikative Fähigkeiten gefördert werden (z.B. aktives Zuhören, Pro und Contra-Debatte)?
- Wie kann ich das selbstständige Weiterlernen unterstützen?

Lehr-Lernmethoden

- Gibt es bewährte Methoden für diese Thematik?
- Lässt sich vermuten, welche Methoden gerade für diese Gruppe geeignet sind?
- Mit welchen Methoden habe ich gute/ schlechte Erfahrungen gemacht?
- Für welche Methoden sind die Rahmenbedingungen passend/ ungünstig (Raum, Zeit, Medien ...)?
- Welche Methoden eignen sich insbesondere zur Aktivierung und Motivierung?

Interaktion

- Mit welchen Konflikten ist in dieser Gruppe und bei dieser Thematik zu rechnen?
- Wie kann ich auf mögliche Konkurrenzstrukturen und Cliquenbildungen reagieren?
- Wie gehe ich mit Schweigern und Vielrednern um?
- Wann sind welche Formen von Metakommunikation angebracht?
- Worauf reagiere ich gereizt/ ungeduldig/ aggressiv?
- Wieviel sozialemotionale Nähe oder Distanz wird vermutlich gewünscht und scheint mir angemessen?
- Welche Rolle nehme ich in der Gruppe ein (Moderator, Animateur, Experte ...)?

(nach: Siebert 1996, S. 297ff)

6.4   Curriculum

Lehrplan- im Vergleich zum Curriculumkonzept

Im Zuge der realistischen Wende, die mit der Vorstellung verbunden war, man könne auch Lehr-Lern-Prozesse zielorientiert und ergebnissicher planen und gestalten, rückte man auch in der Pädagogik von dem alten Lehrplankonzept ab. Die alte Lehrplantheorie suchte nach den Inhalten, in die jemand eingeführt werden muss, um (in unserem Kulturraum) als Gebildeter gelten zu können. Demgegenüber wandte man sich im Zuge der Curriculumforschung verstärkt der Frage zu: Über welche Kenntnisse, Fähigkeiten und Fertigkeiten muss jemand verfügen, um seine zukünftigen Rollen in Familie, Beruf, Gesellschaft und Freizeit ausfüllen zu können? (= „Qualifikationen zur Bewältigung von Lebenssituationen"). In seinem wegweisenden Buch von 1967 beschrieb Saul B. Robinsohn „Curriculum" als eine wesentlich präzisere Form dessen, „was mit Bildungskanon, Lehrgefüge, Lehrplan jeweils ungenau oder nur partiell erfasst ist" (Robinsohn 1967). Schule und Unterricht haben die Aufgaben, Bildung zu vermitteln, wobei Robinsohn unter ‚Bildung' eine „Ausstattung zum Verhalten in der Welt" versteht. Lernen, Unterricht und Bildung sollten zur „Bewältigung späterer Lebenssituationen" befähigen, womit Robinsohn sich deutlich von der – wie er sagte: „dezisionistischen" (gemeint: „willkürlich entscheidenden") – Form der Identifizierung und Kodifizierung des zu Lernenden verabschiedete.

Curriculumforschung

Urvertreter: Robinsohn

Es ging Robinsohn darum, „*Methoden zu finden und anzuwenden,*
– *durch welche diese Situationen (gemeint: die späteren Lebenssituationen) und die in ihnen geforderten Funktionen,*
– *die zu deren Bewältigung notwendigen Qualifikationen und die Bildungsinhalte und Gegenstände, durch welche diese Qualifizierung bewirkt werden soll, in optimaler Objektivierung identifiziert werden können"* (Robinsohn 1967, 45).

Zur Auswahl von Bildungsinhalten aus dem Gefüge der Wissenschaften werden drei Kriterien vorgeschlagen:
- die Bedeutung eines Gegenstandes im Gefüge der Wissenschaft,
- die Leistung eines Gegenstandes für Weltverstehen,
- die Funktion eines Gegenstandes in spezifischen Verwendungssituationen.

Vorgehen zur Auswahl von Bildungsinhalten

Zur Anwendung dieser curricularen Kriterien schlägt Robinsohn u. a. die Durchführung von Arbeitsplatzanalysen, Expertenbefragungen und sonstige empirische Überprüfungen vor. Auf der Basis der Ergebnisse dieser Analyse von Verwendungssituationen werden dann differenzierte Lehr-Lern-Pakete entwickelt. Als Curriculumentwicklung bezeichnet man den Prozess der „Herstellung" solcher geschlossenen Lehr-Lern-Pakete (Lernzielermittlung, Zuordnung von Curriculumelementen, bisweilen sogar Unterrichtsmaterialien und Tests). Der Prozess der Curriculumentwicklung besitzt eine zyklische Struktur, die dem Dreischritt „Planung", „Durchführung" und „Kontrolle" folgt: Der Curriculumkonstruktion folgt die -implementation, dieser die -evaluation und dieser die -revision. Entscheidend ist, dass dieser Prozess der Curriculumentwicklung auf der Basis induktiv-empirisch ermittelter Analysen und Begleituntersuchungen abläuft.

Zyklische Dreischrittigkeit

Unterscheidungen zwischen Lehrplan und Curriculumansatz		
	Lehrplantheorie	**Curriculumtheorie**
Auswahl	Deduktive Bestimmung der Fächer sowie ihrer Anteile im Fächerkanon	Induktiv-empirische Ermittlung der zukünftig erforderlichen Qualifikationen
Begründung	Ermöglichung eines geistigen Standortes in unserer Kultur	Ausstattung zur Bewältigung von Lebenssituationen
Anordnung	Dreischritt 1. Inhaltseinheiten 2. Bildung = Kompetenzen und Qualifikationen, die durch die Vermittlung dieser Inhalte erworben werden können 3. Lebenssituationen, die mit dem Besitz bewältigt werden können	Dreischritt 1. Prognostizierte Lebenssituationen 2. Notwendige Qualifikationen zur Bewältigung von Lebenssituationen 3. Inhalte, die den Qualifikationserwerb fördern
Kritik	„Schierer Dezisionismus" (Robinsohn)	Verstellung der Möglichkeiten zum selbstgesteuerten Lernen

Während die Lehrplantheorie von einer Inhaltsbestimmung ausgeht, ist diese bei der Curriculumtheorie gewissermaßen der letzte Schritt. Damit unterscheidet sich die Curriculumtheorie grundlegend von der Lehrplantheorie, die eher von gesetzten Inhalten ausgeht, die einem überlieferten Bildungskanon entspringen, und gewissermaßen „unterstellt", dass der „Besitz" dieser Bildungsgüter schon in irgendeiner Weise zum Bewältigen späterer Lebenssituationen befähigen würde, ohne dass dies empirisch auch tatsächlich „geklärt" und belegt werden kann. Die Curriculumtheorie der 70er Jahre war demgegenüber radikaler: Man glaubte, sämtliche Bildungsinhalte empirisch bzw. qualifikationsanalytisch neu begründen zu müssen, um so eine inhaltliche Bildungsreform als „Revision des Curriculum" wahrhaft gestalten zu können.

In der Erwachsenenbildung spielen Curricula nur im Bereich der beruflichen Weiterbildung sowie – mit Einschränkungen – im Bereich des Fremdsprachenlernens eine gewisse Rolle. So basieren die vom Bundesinstitut für Berufsbildung in Berlin vorbereiteten Fortbildungsordnungen – ganz so, wie auch die Ausbildungsordnungen – i. d. R. auf Arbeitsplatzanalysen und Betriebsuntersuchungen. Diese werden jedoch nur in den Fällen durchgeführt, in denen der Bund seine Ausgestaltungskompetenz wirklich wahrzunehmen gedenkt. Insgesamt gesehen hat sich der Bund bei der Wahrnehmung dieser Kompetenz sehr zurückgehalten: Den ca. 185 Fortbildungsregelungen des Bundes stehen 2.250 Fortbildungsregelungen der zuständigen Stelle gegenüber.

Erwachsenenbildung: vor allem berufbildende Curricula

Fazit: Worin unterscheiden sich Lehrplan und Curriculum?

1. Curricula kommen i.d.R. durch empirische, nachprüfbare Begründung (Analyse von zukünftigen Lebenssituationen) zustande, nicht durch dezisionistische Setzung.
2. Curricula beinhalten bisweilen mehr und anderes als die Lehrpläne (neben Lernzielen auch oft Themen oder gar Skizzen und Ausgestaltungen zu Unterrichtseinheiten, didaktisch-methodische Kommentare, Lernmaterialien, Medien usw.) (Lehr-Lernpakete)
3. Curricula werden von den Zielen und den diesen zuordenbaren Inhalten her entwickelt.
4. Curriculare Ansätze haben sich am stärksten in der beruflichen Weiterbildung erhalten bzw. durchgesetzt.

Exkurs: Fortbildungsordnungen in der beruflichen Weiterbildung

Staatliche Regelungskompetenz

Wann und wie der Bund seine Regelungskompetenz in der beruflichen Weiterbildung wahrnehmen soll, und wie diese Zuständigkeit gegenüber den Regelungskompetenzen der zuständigen Kammern abzugrenzen sei, wurde 1979 und 1983 in Empfehlungen und Grundsatzpapieren präzisiert, in die auch die Positionen der Spitzenverbände der Wirtschaft und der Gewerkschaften Eingang fanden.

Fortbildungs- und Regelungsbedarf

Demzufolge sollen Fortbildungsordnungen des Bundes nur dort in Betracht kommen, wo ein Fortbildungsbedarf und ein Regelungsbedarf bestehen. Beides wurde dabei sehr eng ausgelegt und letztlich bei solchen Fortbildungsmaßnahmen als gegeben angesehen, (…) „die Chancen für einen beruflichen Aufstieg eröffnen oder verbessern können". Dies bedeutet, dass der Erlass von Fortbildungsordnungen ausdrücklich auf den Bereich der Aufstiegsfortbildung beschränkt wurde.

Fortbildungsordnungen haben teilweise eine hohe Bedeutung für die berufliche Karriere des Einzelnen. Der erfolgreiche Abschluss einer geregelten Fortbildung kann einerseits für seine tarifliche Eingruppierung relevant sein, andererseits beinhaltet in einigen Fällen ein erfolgreicher Fortbildungsabschluss die Zugangsberechtigung für den Besuch weiterführender Bildungsangebote. Schließlich fällt die Absolvierung einer geregelten Fortbildung auch bei der Bemessung von Berufs- oder Erwerbsunfähigkeitsrenten ins Gewicht. Diese Bedeutungen von Fortbildungsregelungen für die Berufsbiographie sowie den gesellschaftlichen Status des Einzelnen kommt der Relevanz von Ausbildungsberufen sehr nahe. Deshalb erscheint es gerechtfertigt, analog zu Ausbildungsberufen auch von „Fortbildungsberufen" zu sprechen (Alt u.a. 1994, S.59).

Angesichts der zunehmenden Bedeutung der lebenslangen Weiterbildung für die berufliche Entwicklung der Erwerbstätigen forderte insbesondere die gewerkschaftliche Seite lange Zeit verstärkt eine bundeseinheitliche Regelung bei solchen Fortbildungen ein, die eine überregionale Bedeutung haben. Gleichzeitig forderte man eine Überprüfung der hohen Zahl der Kammerregelungen und ihre Ersetzung durch Rechtsverordnungen des Bundes, zumal die große Zahl von Kammerregelungen (ca. 2250) zur Zeit ca. 350 „Fortbildungsprofilen" zugeordnet werden kann (BMBFT 1997, S.163). Die zugrunde liegende Intention ist deutlich: Im Interesse der allgemeinen Mobilität von Arbeitnehmern und ihrer Unabhängigkeit von branchen- und regionalspezifischen Qualifikationsanforderungen sollen die zu erlassenden Fortbildungsregelungen möglichst eine flächendeckende Bedeutung haben und nicht nur zeitlich und regional begrenzten Bedarfen entsprechen.

Das uneinheitliche Bild bei den durch Rechtsvorschriften der zuständigen Stellen geregelten Fortbildungen und das Bedürfnis nach transparenten und bundeseinheitlich geregelten Fortbildungsprofilen wurden in einer neueren Vereinbarung zwischen den Sozialpartnern aufgegriffen. Darin empfehlen sie dem Bund, die dezentralen Kammerregelungen von Fortbildungsgängen durch eine bundeseinheitliche Rechtsverordnung abzulösen, wenn folgende Kriterien erfüllt sind:

Sozialpartner: Bundeseinheitlichkeit statt Kammerreglung

– *Inhaltlich liegt ein Aufstiegsberuf vor;*
– *Regelungen der zuständigen Stellen besehen seit mindestens fünf Jahren und in mindestens fünf Bundesländern;*
– *die durchschnittliche Zahl der Prüfungsteilnehmer in den letzten drei Jahren liegt bundesweit insgesamt über 500 oder*
– *im besonderen Fall (Einzelfall) liegt nach einvernehmlicher Auffassung der Vertragsparteien begründeter spezieller Verordnungsbedarf für Aufstiegsfortbildung z. B. auf der Grundlage eines gemeinsamen Vorschlags von Fachspitzenverbänden und Gewerkschaften vor* (ebd., S.164).

Kriterien zur Fortbildungsregelung

7   Wie plane ich eine Lerneinheit?

Erwachsenenlernen ist immer Selbstlernen. Die Erwachsenen müssen die Bedeutung des Lernangebotes für „ihre" Fragestellungen erkennen, und sie müssen Gelegenheit erhalten, das Neue mit ihren „mitgebrachten" Fragen und ihren bereits vorhandenen Einsichten, Erfahrungen und Vermutungen zu verknüpfen. Lernen hat in diesem Sinne immer etwas mit „Weiterentwicklung des Vorhandenen", aber auch mit „Neuem" zu tun. Dozentinnen und Dozenten müssen deshalb über ein Know-how verfügen, mit dessen Hilfe sie die Lernangebote entsprechend arrangieren können. Was sie dabei arrangieren können, ist das Zusammenwirken der unterschiedlichen Faktoren, die den Lehr-Lernprozess bestimmen. Diese Faktoren sind: Die Zielgruppe (mit ihren Erwartungen und Besonderheiten), das Thema (mit seinem Anregungsgehalt), die Ziele, die Methoden, die Rahmenbedingungen, die Medien, die Erfolgskontrollen usw. Diese Faktoren hängen eng miteinander zusammen. Wie in einem Mobile bestimmt die Entscheidung in dem einen Bereich die Notwendigkeiten und Möglichkeiten in den anderen Bereichen.

Faktoren, um Lernangebot zu arrangieren

Beispiel:
Eine Dozentin, die ein Frauenseminar zum Thema „Selbstsicherheit – Selbstbehauptung" plant, wird dieses Seminar inhaltlich und methodisch ganz anders gestalten können, wenn sie es als einen Wochenendblock in der Bildungsstätte eines

kirchlichen Trägers planen kann, als wenn sie es wöchentlich dienstags abends von 18.15 bis 19.45 Uhr in den Räumen der Volkshochschule durchführen muss.

Ziele und Inhalte implizieren Methoden

Doch so, wie die Rahmenbedingungen auf die anderen didaktischen Entscheidungsfaktoren rückwirken, so legen auch die Ziele und Inhalte einer Weiterbildung bestimmte Methoden sowie Rahmenbedingungen nahe und schließen andere aus.

Beispiel:
Ein Trainer, der in einer betrieblichen Arbeitsgruppe die Kommunikations- und Moderationskompetenzen der Beteiligten fördern möchte, wird dies nicht im Sinne eines Frontalunterrichts tun. Ebensowenig wird er hierfür ein zweitägiges Crash-Training vorsehen. Er wird vielmehr darum bemüht sein, Lern- und Anwendungsphasen so zu verteilen, dass die Teilnehmerinnen und Teilnehmer wirklich auch Gelegenheit haben, mit den gelernten Verfahren und Strategien Erfahrungen zu sammeln.

Gleichgewicht eines Mobiles

Dies bedeutet, es gibt keine Universal-Didaktik, vielmehr ist professionelles Erwachsenenbildungshandeln gerade dadurch gekennzeichnet, dass die Lehrenden um das labile Gleichgewicht des erwachsenenpädagogischen Mobiles wissen und in der Lage sind, dieses immer wieder neu und situationsangemessen zu balancieren. Hans Tietgens spricht in diesem Zusammenhang von dem „Relationsbewusstsein", über das Dozentinnen und Dozenten verfügen müssen: *„Zugleich ist zu bedenken, dass die fehlende direkte Koppelung von Ursachen und Wirkungen, Zwecken und Mitteln, von Aussagen und Handlungen eine Fähigkeit situationsbestimmten Zuhörens verlangt, ein Relationsbewusstsein, das es erlaubt, aus einem abstrahierten Wissensfundus je aufs Neue aufgabengerechte Konsequenzen zu ziehen"* (Tietgens 1981, S.170).

Im Vordergrund: Voraussetzungen für's Selbstlernen

„Lehren" heißt in der Erwachsenenbildung: Die Voraussetzungen schaffen für das Selbstlernen der Teilnehmerinnen und Teilnehmer. Dozentinnen und Dozenten haben entsprechende Lernsituationen zu arrangieren. Hierfür müssen sie über ein Relationsbewusstsein, d. h. ein Bewusstsein über das labile Gleichgewicht des erwachsenenpädagogischen Mobiles, verfügen.

Das „Mobile", das die Abhängigkeit aller Aspekte veranschaulicht, ist im Schema auf der folgenden Seite veranschaulicht.
Die Planung einer Lerneinheit basiert auf den Ergebnissen der didaktischen Analyse (s. Leitfragen S. 83) und der Bedingungsanalyse (s. Schlüsselfragen S. 84). Das heißt Dozentinnen und Dozenten müssen sich zunächst Klarheit über die Bedingungen der Teilnehmenden verschaffen und die Thematik didaktisch analysieren, ehe sie sich an die unmittelbar umsetzungsrelevanten didaktischen Entscheidungen machen können. Bei dieser Umsetzungsplanung steht die Frage nach dem Aufbau und der Gliederung, d. h. die Frage nach der Stufung und nach dem „Lerngerüst" im Vordergrund.

Konkrete Umsetzung: Lerngerüst

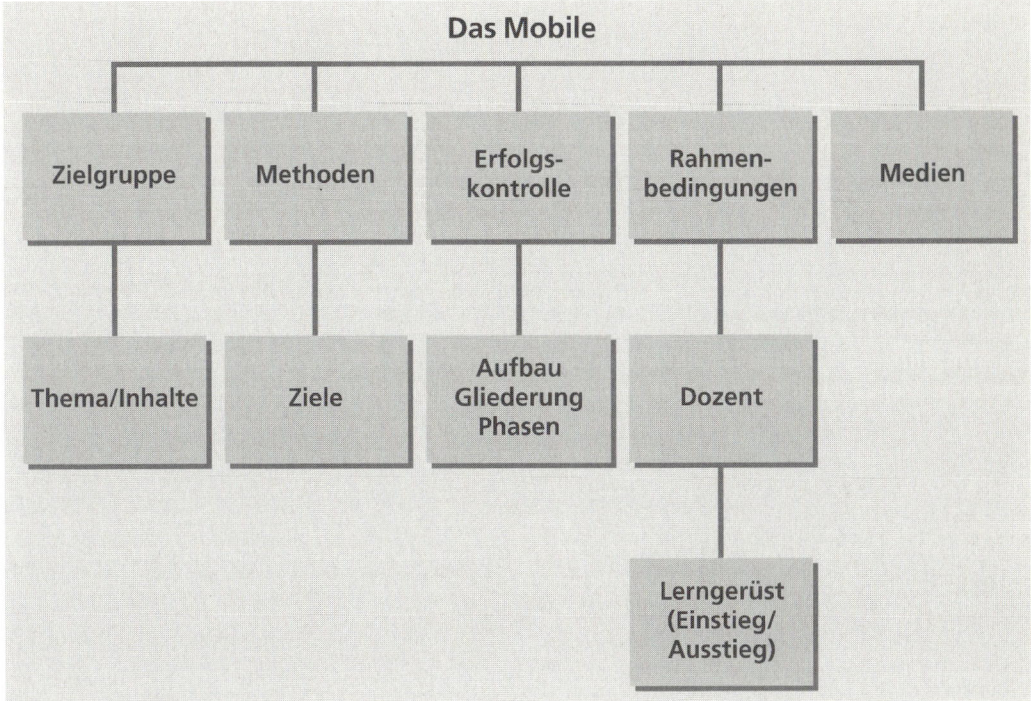

7.1 Aufbau und Gliederung

Eine klare Untergliederung in einzelne Lernschritte ist sowohl für die Lernenden als auch für die Dozentinnen und Dozenten selbst hilfreich. Eine solche Gliederung erleichtert den Beteiligten den Überblick und erlaubt es ihnen zu erkennen, an welcher Stelle des Prozesses man sich befindet und was man noch „vor sich hat". Dies gilt gleichwohl nur, wenn die Gliederung nicht als ein enges Korsett über die Lernenden „gestülpt" wird. Gerade in der Erwachsenenbildung ist es vielmehr unverzichtbar notwendig, dass die Lernenden auch eigene Lernschritte in die Planung einbringen und diese ergänzen oder verändern können müssen. Aus diesem Grunde empfiehlt es sich, die Planung einer Lerneinheit nicht zu kleinschrittig und zeitlich zu eng vorzunehmen. Für die Planung einer Lerneinheit gilt deshalb als erste Maxime:

Logische Untergliederung in Lernschritte

> **Untergliedere die geplante Lerneinheit in logische Lernschritte. Eine solche Untergliederung verhilft den Lehrenden und Lernenden gleichermaßen zu einem deutlichen Bewusstsein, „wo man steht" und „wo es hingeht".**
> **Plane diese Untergliederung allerdings nicht zu kleinschrittig und zeitlich zu eng. Berücksichtige vielmehr die für die Lernzielpartizipation und den Erfahrungsbezug des Erwachsenenlernens notwendigen inhaltlichen und zeitlichen Freiräume.**

Bei der Planung und didaktischen Gestaltung einer Lerneinheit sollten zudem noch weitere solcher Gesichtspunkte Berücksichtigung finden, die aus ganz praktischen Gründen zum Erfolg beitragen. In der folgenden Übesicht sind solche Aspekte zusammengestellt (nach: Arnold/ Krämer-Stürzl 1999, S.250).

Praxistipps für die Planung einer Lerneinheit

- Geben Sie zu Beginn einen Überblick über das, was auf die Lerner zukommt, damit die Zielsetzung deutlich und nachvollziehbar wird!

- Legen Sie besonderen Wert auf eine Interesse weckende Einleitung (an Erfahrungen anknüpfen)!

- Stellen Sie auf der Basis von Beispielen aus der Berufs- und Lebenspraxis der Lerner und mit Hilfe anschaulicher Bilder Verknüpfungen mit Vorkenntnissen und bereits Bekanntem her!

- Bieten Sie gelegentliche Auflockerungen (z. B. Phasen der Nachdenklichkeit, des Zuhörens einer Geschichte usw.)!

- Planen Sie Erholungspausen ein!

- Geben Sie nach Gliederungseinschnitten kurze prägnante Zusammenfassungen!

- Vergewissern Sie sich, dass niemand „auf der Strecke bleibt" und sie „den Draht" zu den Teilnehmerinnen und Teilnehmern nicht verlieren!

Konkreter Ablauf in Phasen

Jede Lerneinheit (z. B. Kurs- oder Unterrichtsstunde, aber auch Seminarwoche) lässt sich in einzelne Lehr-Lern-Abschnitte (Phasen) mit phasenspezifischen Zielen und Aufgabenschwerpunkten untergliedern. Diese Phasen werden in längerfristigen Lernprozessen mehrmals durchlaufen.

Es gibt keine zwangsläufige Einteilung in solche Phasen, aus unserer Sicht hat sich eine Aufgliederung bewährt, wie sie von Brassard vorgenommen wurde:
– *Einstieg*
– *Information*
– *Aufgabenstellung*
– *Planung*
– *Bewertung*
– *Ergebnissicherung*
– *Transfer*
– *Nachbereitung*

Phasen von Lerneinheiten

Phase	Merkmal	Kennzeichen
Einstieg (Einführung, Hinführung, Motivation)	• Beginn des Lernprozesses • Ziel: Interesse an der Aufgabe, dem Thema zu wecken sowie die Identifikation mit der Arbeit und den Arbeitsergebnissen zu fördern • Zielsetzung erläutern	Diese Phase kann z. B. beinhalten: • Die Hinführung zur Arbeit • Brainstorming zur Themenfindung • Die Angaben der Ziele und Aufgabenstellungen • Die Ausgabe der Arbeitsunterlagen • Die Motivation der Lerner (Praxis- und Erfahrungsbezug) • Die Sammlung (Aktivierung) von Vorkenntnissen zum Thema
Information	• Bereitstellung bez. Beschaffung der erforderlichen Informationen	Dies Phase kann z.B. beinhalten: • Erläuterungen durch den Dozenten • Erkundung von Arbeitsplätzen • Analyse von Realobjekten, Modellen, Filmen, Zeichnungen, Materiallisten, Katalogen etc. • Befragung von Experten • Bearbeitung von Aufgaben und Leittexten
Aufgabenstellung (Problemstellung)	• Aufgaben- und Problemstellung für die zu erledigenden Arbeiten festlegen	Diese Phase kann in die Einstiegsphase integriert sein und mehrfach vorkommen. Sie kann beinhalten: • Angabe von Aufgaben- oder Problemstellungen • Die Ausgabe von Arbeitsunterlagen • Hinweise zur Arbeitsausführung
Planung (Organisation)	• Planung und Organisation von Arbeitsschritten (Art und Reihenfolge), Arbeitsmitteln, Arbeitsdauer usw.	Diese Phase kann z. B. beinhalten: • Arbeitsplanung • Arbeitsorganisation • Arbeitsfreigabe
Durchführung (Aufgabenlösung, Problemlösung, Herstellung, Ausführung)	• Durchführung und Überprüfung der Arbeiten	Diese Phase kann beinhalten: • Erarbeiten von Bewertungskriterien • Durchführen der Arbeiten gemäß Arbeitsplan • Anfertigen von Berechnungen, Zeichnungen, Protokollen etc. • Erproben, Kontrollieren, Bewerten • Bericht erstatten

Phasen von Lerneinheiten (Fortsetzung)

Phase	Merkmal	Kennzeichen
Bewertung (Kontrolle)	• Erfolgskontrolle und Bewertung von Arbeitsergebnissen und -prozessen	Diese Phase kann beinhalten: • Überprüfen des Arbeitsergebnisses • Kontrollieren und Bewerten von Arbeitsergebnissen und -prozessen (Eigen- und/ oder Fremdkontrolle)
Ergebnissicherung (Übung, Vertiefung, Anwendung)	• Sicherung und Anwendung des Gelernten	Diese Phase kann beinhalten: • Das vertiefende Üben und Anwenden von früher Erlerntem bzw. neu Dazugelerntem
Transfer	• Übertragen und Anwenden von Gelerntem auf andere Sachverhalte und Situationen	Diese Phase kann sowohl integriert sein als auch als eigenständige Phase vorkommen: • Verdeutlichen eines exemplarischen (grundlegenden, typischen) Sachverhaltes • Übertragen des zu verdeutlichenden Sachverhaltes auf andere Situationen
Nachbetrachtung (Soll-Ist-Vergleich, Abschlussgespräch)	• Vergleich des Erreichten mit der gestellten Zielsetzung	Diese Phase kann z.B. beinhalten, die abschließende Besprechung: • Von Zielen und Aufgaben- bzw. Problemstellungen • Der Angemessenheit der geübten Vorgehensweise • der erreichten Ergebnisse • abzuleitender Erkenntnisse • entstandener Probleme • von Konsequenzen

Phasen einer Lerneinheit (nach: Brassard u. a. 1994)

7.2   Lerngerüst (Ein- und Ausstieg)

Als „Lerngerüst" kann man die Rahmung des Lehr-Lern-Prozesses bezeichnen. **Ein- und Aus-** Ein Dozent oder eine Dozentin entscheidet sich auch in einer erfahrungsbezo- **stiegsphase als** genen Ewachsenenbildung zunächst für einen Einstieg und einen Ausstieg. Dies **Klammern** bedeutet: Am Anfang steht immer die Frage: Wie steige ich in das Thema ein? Bei der Klärung dieser Frage können Lehrende in der Erwachsenenbildung an den Ergebnissen ihrer Bedingungsanalyse (vgl. Leitfragen zur didaktischen Analyse, S. 83) anknüpfen. Sie können sich überlegen:

- Was sagen mit die Ergebnisse zu meinen Schlüsselfragen der Bedingungs-
  analyse über die Haltung der Teilnehmenden gegenüber dem Thema? Welche
  Erwartungen, Deutungsmuster und Vorprägungen kann ich unterstellen?
- Wie kann ich das Thema möglichst interessant und anschaulich gestalten?
- Was muss zu Beginn alles abgeklärt, vereinbart und festgelegt werden, damit
  der Lehr-Lern-Prozess möglichst reibungslos „läuft"?
- Welche Veranschaulichungen, Praxisbeispiele und Arbeitsaufgaben sind für
  die Zielgruppe „naheliegend"?

Gerade der Einstieg ist wichtig für die Motivation und die Aktivitätsbereitschaft **Bedeutung des** der Lernenden. Insbesondere lernungewohnte bzw. lernentwöhnte Erwachsene **Einstiegs für die** müssen von dem Thema „angesprochen" und „gepackt" werden, damit sie die **Motivation und** innere Bereitschaft aufbringen, sich auf Verunsicherungen, Infragestellungen **das Gelingen** von Vertrautem (Wissen, Kompetenzen, Techniken und Fertigkeiten) sowie An- nahme von Neuem einzulassen.

Wie bereits erwähnt (vgl. Kapitel 1X) kommt neben der intrinsischen Motivati- on des Lernenden beim Erwachsenenlernen der extrinsischen Motivation eine große Bedeutung zu, wie folgende Ausführungen im Blick auf die betriebliche Weiterbildung zeigen:

„Im Erwachsenenlernen spielen naturgemäß extrinsische Motivationen, wie z. B. die rationale Einsicht der Notwendigkeit des Lernens in der Hoffnung auf (wirtschaftlichen) Erfolg, eine große Rolle. Dennoch erweist sich auch hier die intrinsische Motivation als die tragfähigere, denn die Effizienz eines intrinsisch motivierten Lernprozesses ist deutlich größer.

Für den Lernprozess gilt es also, die Motivation der Lernenden herzustellen, wenn sie nicht, wie in der Mehrzahl der Fälle, vorausgesetzt werden kann. Wenn der Auf- forderungsgehalt des Lerninhalts nicht so groß ist, dass der Lernprozess intrinsisch motiviert ausgelöst wird, so muss (…) der Lehrende den Lernenden motivieren. (…) Langfristig erhält die Motivation in der Beeinflussung der Motivstruktur (Wertge- füge) des Lernenden und der Erwartung zum Handlungsausgang besondere Be- deutung: Positive Anreize wie Belohnung, sozialer oder wirtschaftlicher Aufstieg nach einer Bildungsmaßnahme verändern die Motive eines Betriebsangehörigen positiv; er wird im Zweifelsfall eher zur Teilnahme an Ausbildungsmaßnahmen be- reit sein als jener Lernende, der stets zur Fortbildung ‚gezwungen' wird. Hier kommt auch die Komponente ‚Selbstbewertung' zum Tragen: Wer die Erfahrung gemacht hat, seinen Job nach einer Ausbildungsmaßnahme besser zu tun als vor- her, wird solchen Angeboten gerne folgen" (Götz/ Häfner 1994, S. 124).

Voraussetzungen um Motivation herzustellen

Was können Lehrende in der Erwachsenenbildung tun, um in diesem Sinne die Motivation der Lehrenden „herzustellen", wie es im Text heißt? Hierzu ist zweierlei festzustellen:

- Zunächst einmal gilt, dass Lehrende die Motivation überhaupt nicht „herstellen" können, sie können lediglich die vorhandenen intrinsischen Motivationen der Lernenden erkennen, diese aufgreifen und die Voraussetzungen dafür herstellen, dass sich die Lernenden selbst motivieren.
- Für die Selbstmotivation ist es notwendig, hilfsbereite Bedingungen für das Lernen zu schaffen, die „Sache" interessant und unterhaltsam zugänglich zu machen und extrinsische Motivationsgelegenheiten (Erfolgserlebnisse, Freude usw.) zu arrangieren.

Motivierende Einstiege in der Praxis

In der Praxis hat es sich als besonders motivierend erwiesen,
- mit aktuellen Problemen aus der Erfahrungswelt der Lernenden zu arbeiten
- Bilder, Folien, Filme, Dias oder Tonträger einzusetzen
- Gegenstände mit einem besonderen Aufforderungsgehalt einzubeziehen (neue technische Geräte, Computer usw.).
- Spielen (z.B. Knobelspiele oder Rollenspiele) und praktisches Hantieren zu ermöglichen.
- Methodenwechsel und Teilnehmeraktivierung „zuzulassen".

Ausstieg als erfolgssichernder Höhepunkt

Wichtig ist auch der „Ausstieg" aus einem Lernprozess. Dieser sichert den Lernerfolg ab. Dabei ist es wie bei einer guten Rede: Der Abschluss ist der Höhepunkt, und oftmals ist es nur der Abschluss, der in der Erinnerung bleibt. Aus diesem Grunde muss besonders über ihn nachgedacht werden. Er muss die Quintessenz nochmals zum Ausdruck bringen, er muss einen Ausblick geben und Anwendungsbezüge herstellen. Den Ausstieg eines Lernprozesses bildet meist:
- eine Zusammenfassung,
- eine Wiederholung,
- eine Lernerfolgssicherung oder
- ein „Schlusspunkt".

Offene Lernprozesse

Es gibt aber auch Lernprozesse, die **offen** sind und an deren Ende keine Problemlösung steht. In einem solchen Fall ist der „Schluss" die klare Formulierung des Problems oder der noch offenen Fragestellung. Mit diesem Ausstieg ist dann auch zugleich der Einstieg in anschließende Lernprozesse programmiert.

Neben der Dokumentation und der Sicherung des gemeinsamen Lernerfolges dient der Ausstieg aber auch der Reflexion des Lernprozesses. Dabei sollte sowohl die Produktivität der gemeinsamen Arbeit (Haben wir gut kooperiert? Haben wir die richtigen Methoden eingesetzt? usw.) reflektiert werden als auch die Prozesse auf der Beziehungsebene. Letzteres kann z.B. durch Fragestellungen eingeleitet werden, wie z.B.:
- Konnten sich alle gleichberechtigt beteiligen?
- Wie war das Kooperationsklima?
- Gab es sachlich unnötige Dominanzen oder Ausgrenzungen?

8 Wie reduziere ich den Lerninhalt?

Eine zentrale didaktische Aufgabe für Dozentinnen und Dozenten in der Erwachsenenbildung ist die didaktische Reduktion des Lehrstoffes. Ganz ähnlich wie im Wissenschaftsjournalismus geht es auch in Lernprozessen darum, die „Laien" nicht mit der Fülle des fachlichen Detailwissens zu erschlagen, sondern sie schrittweise in die Komplexität eines Gegenstandes einzuführen. Er „reduziert" den Gegenstand in seiner Komplexität, damit zunächst dessen Charakteristika und Besonderheiten möglichst deutlich zutage treten.

Reduktion lässt Charakteristika hervortreten

> **Grundlegend sind für die didaktische Reduktion die Kriterien der Gültigkeit und der Fasslichkeit.**
> **Ziel der didaktischen Reduktion ist es, einen fachlichen Tatbestand so zu vereinfachen, dass er einerseits wissenschaftlich wahr („gültig") bleibt, andererseits aber auch für die Lernenden „fasslich" (Gustav Grüner) bleibt.**

Lehren und Lernen stehen in einem gewissermaßen spiegelbildlichen Verhältnis zueinander, d.h. der Lernende muss die aus didaktischen Gründen zunächst vereinfachten Aussagen in seiner Kognition wieder zusammenführen und zu einer kognitiven Struktur fügen. Dabei folgen die komplexeren Einsichten den einfachen Grundstrukturen. So schichtet sich allmählich eine Wissensstruktur auf, wobei man davon ausgehen kann, dass die komplexeren Wissensbestandteile nur adäquat verarbeitet werden können, wenn die Grundstrukturen gut etabliert wurden. Die didaktische Reduktion liefert hierfür eine wesentliche Grundlage. Man unterscheidet zwei Ebenen der didaktischen Reduktion (Übersicht folgende Seite):

Lehren und Lernen im spiegelbildlichen Verhältnis

- Die Darstellungsreduktion (horizontale didaktische Reduktion) und
- die Inhaltsreduktion (vertikale didaktische Reduktion).

Zwei Ebenen der Reduktion

Beide Ebenen sind durch besondere Formen der didaktischen Reduzierung gekennzeichnet.

Bei der **horizontalen didaktischen Reduktion** bleibt der Gültigkeitsumfang der Aussage gleich.
Man formuliert sie nur konkreter, indem man Beispiele, Metaphern, Analogien zuhilfe nimmt oder auch mit Erläuterungen, Erklärungen und Veranschaulichungen arbeitet.

Gleicher Inhalt in konkreterer Darstellung ...

Beispiel:
Man veranschaulicht den Verkehrsfluss im Straßenverkehr mit den Adern und Blutbahnen des Menschen oder anderen „Flüssen". Der tatsächliche Sachverhalt wird dabei insofern „reduziert", als ein Verstehenseffekt nicht durch die detaillierte Analyse seiner komplexen Struktur, sondern durch Bezugnahme auf unmittelbar einleuchtende Bilder oder Parallelen erzielt wird.

Ebenen und Formen der didaktischen Reduktion

Zwei Reduktionsebenen

Horizontale didaktische Reduktion (Darstellungsreduktion)

Gültigkeitsumfang bleibt gleich, wird nur unter Zuhilfenahme von Beispielen, Metaphern, Erklärungen und Veranschaulichungen konkreter

Vertikale didaktische Reduktion (Inhaltsreduktion)

Qualitativ = **Schwierigkeitsreduzierung**		Quantitativ= **Umfangsreduzierung**
Generalisierung Verallgemeinerung	**Selektion** Ausgewählte Aussage	• elementarisch
• Gültigkeitserweiterung	• Gültigkeitseinschränkung	• fundamental
• merkmalsärmer	• merkmalsreicher	• exemplarisch

(nach:Brüning/ Müller/ Schüssler 1995, S. 34)

Formen quantitativer Reduktion

	Beschränkungs-kriterien	Didaktische Absicht	Bedeutung
Exemplarisches Lernen	Behandlung eines typischen, prägnanten, repräsentativen Falls	Vermittlung des Ganzen im Einzelnen	Lernziel enthält mehr als das Thema
Elementarisches Lernen	Herausarbeitung des Wesentlichen	Erschließung des Kerninhalts als Teil aus einem Ganzen	Thema enthält mehr als das Lernziel
Fundamentales Lernen	Wahl eines fachspezifi-schen Zuammenhangs	Lehren von „Fach"-Inhalten	Thema und Lernziel stehen unter *einem* Aspekt

(nach:Brüning/ Müller/ Schüßler 1995, S. 34)

Die **vertikale didaktische Reduktion** ist die „eigentliche" didaktische Reduktion. Sie tritt in zwei Varianten auf:

... reduzierter Inhalt:

* Die **Schwierigkeitsreduktion** (qualitative didaktische Reduktion) zielt darauf, komplizierte Sachverhalte so zu vereinfachen, dass der Lerner sie begreifen kann, allerdings ohne dass dabei der Wahrheitsgehalt beeinträchtigt wird. Hierbei wird der Gültigkeitsumfang einer wissenschaftlich korrekten Aussage von Stufe zu Stufe eingeengt. Ziel ist die Reduzierung auf die elementaren Gesichtspunkte, um den Gegenstand auf den Verstehenshorizont der Lernenden zu transformieren. Für den Dozenten und die Dozentin in der Erwachsenenbildung stellt sich dabei die didaktische Reduktion als eine ständige Gratwanderung zwischen „Gültigkeit" der Aussage einerseits und ihrer „Fasslichkeit" bzw. Verstehbarkeit andererseits dar.

  Beschränkung auf Elementares

* Die **Umfangsreduzierung** (quantivative didaktische)Reduktion zielt darauf, die Stoff-Fülle auf ein erträgliches Maß zu reduzieren, wobei es auch darum geht, den didaktischen „Mut zur Lücke" aufzubringen. Die Umfangsreduzierung kann prinzipiell in drei Varianten, denen unterschiedliche Begrenzungsabsichten und didaktische Absichten zugrunde liegen, erfolgen.

  Beschränkung auf Zentrales

Lehrende, die einen Lernprozess planen, sollten ihren Gegenstand nicht nur didaktisch analysieren, indem sie nach dessen Bedeutung und Rechtfertigung fragen (vgl. Abb. S. 83), sie müssen die Thematik des jeweiligen Lernprozesses vielmehr auch didaktisch reduziert vermitteln. Bei dieser didaktischen Reduktion können sich Dozenten und Dozentinnen der Erwachsenenbildung prinzipiell sechs Fragen zu stellen, in denen die verschiedenen Ebenen, Formen und Strategien der didaktischen Reduktion zusammengefasst sind (nach: Arnold 1990, S.60):

1. Durch welche Sachstruktur (Begriffe, Aspekte, Elemente) ist die Komplexität des Inhalts bestimmt? (= Sachanalyse)
2. Welche Strukturbestandteile sind von zentraler und welche von weniger zentraler Bedeutung, um die Struktur des Gegenstandes verstehen zu können? (= didaktische Struturierung)
3. Welche Strukturbestandteile können von den Adressaten verstanden werden, welche nicht? (= Restriktionsanalyse, d. h. Antizipation von Lernschwierigkeiten)
4. Kann die Verständlichkeit durch Beispiele, Analogien, Erläuterungen und Veranschaulichungen erhöht werden? (horizontale didaktische Reduktion)
5. Auf welche Bestandteile (zentrale, weniger zentrale) kann verzichtet werden, ohne den Gültigkeitsumfang der Grundaussagen einzuschränken? (vertikale didaktische Reduktion I)
6. Welche Einschränkungen des Gültigkeitsumfanges müssen in Kauf genommen werden und können verantwortet werden, um das Verständnis der elementaren Strukturaspekte des Gegenstandes zu gewährleisten? (= vertikale didaktische Reduktion II)

9   Wie setze ich unterschiedliche Methoden, Sozialformen und Medien sinnvoll ein?

9.1   Methoden und Sozialformen

Gleichgewicht von Sache, Persönlichem und Sozialem

Dozentinnen und Dozenten in der Erwachsenenbildung kommt die Aufgabe der „Gleichgewichtsführung" (Ruth Cohn) zu: **Sie müssen den Lernprozess so arrangieren, dass die sachlichen, die persönlichen sowie die sozialen Gesichtspunkte ständig angemessen berücksichtigt werden.** Hierfür müssen sie geeignete Lernwege aussuchen, vorschlagen und die Lernenden auf diesen Wegen bisweilen führen oder nur begleiten.

Das Erwachsenenlernen ist allerdings sehr darauf angewiesen, dass nicht nur die Lehrenden im Besitz der Methoden sind. Lebenslanges Lernen „funktioniert" vielmehr überhaupt nur, wenn die erwachsenen Lerner selbst über eine Methodenkompetenz verfügen, d. h. zunehmend in den Besitz der Lernmethoden gelangen. Nur wer über Methodenkompetenz verfügt, ist auch in der Lage, den zukünftigen Anforderungen an ein lebenslanges und selbstgesteuertes Lernen auf Dauer wirklich gerecht zu werden.

Lernende brauchen Methodenkompetenz

In einer neuen Veröffentlichung des Bundesministeriums für Bildung und Forschung lesen wir:

„Die Menschen müssen deshalb dazu motiviert werden und befähigt werden,

- *mehr als bisher auch aus eigener Initiative, selbstbestimmt und eigenverantwortlich zu lernen, d. h.*
- *als mündige Erwachsene ihre Lernprozesse zunehmend nach den eigenen Bedürfnissen und Möglichkeiten selbst zu steuern.*

‚Selbstgesteuertes Lernen' meint ein lernendes Verarbeiten von Informationen zu sinnvollem Wissen, bei dem die Lernenden die Ziele, Themen, Wege und Umstände ihres Lernens wesentlich selbst bestimmen bzw. maßgebend beeinflussen" (Dohmen 1999, S.15).

„Methode" ist ein Begriff, der ursprünglich aus dem Griechischen kommt und dort soviel bedeutet, wie „Weg". Als erste Definition kann man deshalb festhalten:

> **Methoden sind Wege des Lehrens und Lernens. Während herkömmlicherweise die Lehrenden im Methodenbesitz waren und darüber entschieden, welche Methoden „eingesetzt" werden, trägt man heute stärker der Tatsache Rechnung, dass lebenslanges Lernen ein selbstgesteuertes Lernen ist, welches auf Dauer nur stattfindet, wenn die Erwachsenen selbst im Besitz von Lernmethoden sind.**

Aus dieser Definition ergibt sich, dass die Methodenentscheidung in der Erwachsenenbildung keine einfache Entscheidung ist.

Bei der Methodenwahl müssen vielmehr zwei Entscheidungen gleichzeitig getroffen werden:

Zum einen geht es um die Auswahl einer „adäquaten" Methode (adäquat für die Gegenstandsbearbeitung, die Teilnehmenden usw.), zum anderen geht es aber auch um die Frage, ob die gewählte Methode die Lernenden auch zum selbstbestimmten Lernen befähigt oder sie gewissermaßen „an der Hand nimmt und zum Lernziel führt".

Zwei Entscheidungsfaktoren für Methoden

Ein wichtiger Gesichtspunkt ist in diesem Zusammenhang auch das kooperative Lernen. Erwachsene leben und lernen in ihrem Alltag zumeist in Gruppen, von anderen Menschen, im Austausch und im Dialog. Es ist deshalb wichtig, dass sie in Lernsituationen nicht künstlich separiert werden, obgleich es andererseits auch didaktisch sinnvoll und nötig sein kann, sie vorübergehend allein an Lernaufgaben arbeiten zu lassen. Alle diese Überlegungen beziehen sich auf die gewählte **Sozialform** des Lernens.

Kooperatives Lernen und Sozialform

> **Als Sozialform des Lernens bezeichnet man die Formen der sozialen Kooperation im Lernprozess. Diese müssen arrangiert werden, die Zahl der möglichen Kombinationen der Teilnehmer zu Lerneinheiten ist aber logisch begrenzt.**

Insgesamt unterscheidet man vier Sozialformen des Lernens:
- Die Einzelarbeit,
  die Partnerarbeit,
- die Gruppenarbeit und
- die Plenumsarbeit (Frontalunterricht).

Vier grundlegende Sozialformen

Übersicht über den Einsatz verschiedener Methoden

Methoden mit darbietendem Charakter	Stofforientierte Methoden	Kommunikativ orientierte Methoden	Gestalterisch orientierte Methoden	Meditativ orientierte Methoden	Spielerisch orientierte Methoden
– Vortrag/ Vorlesung/ Referat	– Textarbeit	– Diskussion/ Rundgespräch	– Arbeit mit Fotos/Bildern	– Metapher- Meditation	– Pantomime
– Podiums- diskussion	– Brainstorming	– Pro&Contra	– Thema bildne- risch gestalten	– Phantasiereise	– Rollenspiel
– Lehrgespräch	– Fallarbeit	– Graffiti	– Collage	– Suggesto- pädische	– Planspiel
– 4-Stufen- Methode	– Planspiel	– Aquarium	– Texte schreiben	Methoden	
	– Leittext				
	– Projektmethode				
	– Moderations– technik				
	– Teamteaching				
	– Gruppenarbeit				
	– Mind mapping				

(nach Knoll 1991)

Wirkung der Methoden

Nimmt man vor diesem Hintergrund die einzelnen Methoden, die in der Erwachsenenbildung Verwendung finden in den Blick, so kann man feststellen, dass diese in ganz unterschiedlicher Weise die Lernenden aktivieren oder zu kooperativem Lernen führen. So sprechen die **Methoden mit darbietendem Charakter** zumeist die Gesamtgruppe in einem Kurs an; sie gehen mit einer frontalunterrichtlichen Sozialform einher. Anders die **kommunikativ orientierten Methoden**: Hier steht der Austausch und die Teilnehmeraktivität im Vordergrund. Ähnliches gilt auch für die **gestalterisch, meditativ** oder **spielerisch orientierten Methoden**. Nimmt man die **stofforientierten Methoden** in den Blick, so fällt auf, dass Darbietung und Stofforientierung keineswegs identisch sind. „Brainstorming", „Projektmethode" usw. sind nämlich zwar stofforientierte, aber sehr teilnehmeraktivierende Methoden.

Fragen, die ein Dozent oder eine Dozentin sich bei der Auswahl von Methoden stellen sollten:

*   Welche Methode passt zu dem Thema?
    (Lehrgespräch, Informationssequenz, Demonstration/Vier-Stufen-Methode, Gruppenarbeit; allgemein: Informieren oder selbst erleben lassen)
*   Inwieweit möchte/kann/muss ich bei diesem Thema die Selbstständigkeit der Auszubildenden fördern?
*   Welche Methoden eignen sich besonders, um bestimmte Schlüsselqualifikationen (z. B. Selbstständigkeit, Kommunikation, Transferfähigkeit) zu fördern oder die Selbstlernkompetenz der Teilnehmenden zu stärken?
*   Welche Sozialform (Einzel-, Partner-, Gruppen- oder Plenumsarbeit) wähle ich?
*   Welches Ziel soll erreicht werden?
*   Habe ich die erforderliche Zeit zur Verfügung?
*   Habe ich die dafür erforderlichen Materialien und Medien?

(nach: Arnold/ Krämer-Stürzl 1999, S. 256)

9.2   Beschreibung und Beurteilung ausgewählter Methoden

Methoden auswählen können

Es gibt nicht die für alles geeignete Methode. Für unterschiedliche didaktische Absichten gibt es vielmehr ganz unterschiedliche methodische Realisierungsmöglichkeiten. Wichtig ist deshalb, dass Dozentinnen und Dozenten in der Erwachsenenbildung
*   eine Fülle von Methoden kennen,
*   abschätzen können, wofür diese geeignet sind und wofür nicht,
*   auf Tips zur erfolgreichen Verwendung der unterschiedlichen Methoden zurückgreifen können und
*   insbesondere die immer noch verbreitete Methode des Vortrags ergänzen, variieren und durch didaktisch sinnvollere Formen der Ermöglichung von Lernen ablösen können.

Bernd Weidenmann beschreibt die Situation der Lernenden in frontalunterrichtlichen Lernformen als die von Fließbandarbeitern, da sie auf „getaktetes" Verarbeiten von Informationsblöcken, die in gleicher Weise an alle herangetragen werden, reduziert sind. Er stellt dazu fest:

„Zuhören strengt an, wenn man Neues aufnehmen soll, weil man den Informationsfluss nicht beeinflussen kann. Die Wörter ziehen vorbei wie Montageteile am Fließband. Man passt einen Moment nicht auf, und schon ist der Anschluss verpasst. Das Verstehen reißt ab.

Der eine Zuhörer hat eine größere Erwartungstoleranz oder Verstehensspanne, der andere eine geringere. Erwartungstoleranz ist das Ausmaß an Geduld, das man aufbringt, wenn man etwas nicht sofort versteht. Je erwartungstoleranter, desto mehr Zuversicht, das werde sich im Laufe der weiteren Ausführungen schon noch klären. Sie ist gefordert bei langen, verschachtelten Sätzen oder bei weiten Gedankenbögen. Wenn die Erwartungstoleranz überschritten wird, gibt unser Gehirn zumindest vorübergehend auf. Es ist auf Schonung der Kapazität ausgerichtet. Ein Kontrollsystem schaltet auf ‚Stopp', wenn weitere Anstrengung erfolglos scheint" (Weidenmann 1995, S. 54).

Beschreibung ausgewählter Vorlagen			
	Beschreibung	**geeignet für …**	**Tipps**
Methoden mit darbietendem Charakter	*Vortrag, Vorlesung, Referat* Lehrender oder Teilnehmende referieren zu einem Thema in einer zusammenhängenden Form	• Darstellung eines Zusammenhangs, • Einführung in ein Thema, • Zusammenfassung	• langsam sprechen • Struktur, roten Faden (Gliederung) verdeutlichen (immer wieder darauf beziehen) • Aufbrechen des Vortrags in mehrere Impulse mit Zwischendiskussion • Ankern zentraler Aussagen (Visualisierung)
	Podiumsdiskussion Mehrere (bis max. 5) Personen diskutieren zu einem Thema und werden dabei moderiert (vom Kursleiter oder anderem Teilnehmenden)	• Einführung in ein Thema • Erarbeitung eines kontroversen Sachverhaltes • Präsentation von Ergebnissen (z. B. unterschiedlicher Arbeitsgruppen)	• Klare Fragestellungen durch den Moderator • Rücknahme des Leiters bzw. der Leiterin

	Lehrgespräch Eine Präsentationsform, die zugleich Vortrag und Gespräch ist: Der Vortrag wird mit den Beiträgen der Teilnehmer/innen entwickelt	• Einführung in ein neues Thema • Erarbeitung eines Themas	• anregende Fragen stellen (nicht rhetorische) • bei den Teilnehmerbeiträgen deren Wert aufzeigen („Ihre Idee hilft uns weiter, weil …“) • echtes Gespräch, keine Quiz-Situation erzeugen
	Vier-Stufen-Methode Teilnehmende lernen durch Beobachtung: Vormachen – Nachmachen – selbstständig Üben – Bewerten/Besprechen	• beim Erwerb von Fertigkeiten sinnvoll • deshalb in der Berufsbildung eine verbreitete Methode des Praxislernens	• erklären Sie, während sie das Verfahren (z. B. Bearbeitung eines Werkstückes) vormachen • lassen Sie Fragen zu • lassen sie die Lerner beim Nachmachen die einzelnen Handlungsschritte erläutern
Stofforientierte Methoden	*Textarbeit* Die Informations- bzw. Wissenvermittlung erfolgt durch Bearbeitung von ausgewählten Texten	• Erarbeitung und Vertiefung von Kenntnissen	• Es muss eine klare Aufgabenstellung der Bearbeitung zugrunde gelegt werden • Sinnvoll ist ein arbeitsteiliges Vorgehen (entweder unterschiedliche Fragen zu einem Text oder unterschiedliche Texte)
	Brainstorming Auf eine Schlüsselfrage werden Teilnehmerassoziationen gesammelt, gesichtet und strukturiert und so eine erste Struktur zu einem Thema erarbeitet	• Einstieg in ein Thema • Bei erfahrungsbezogenen und erfahrungsreflektierenden Lernprozessen	• klarer und präziser Anfangsimpuls mit deutlicher Fragestellung
	Moderationstechnik Ein Moderator dokumentiert Teilnehmeräußerungen zu einer Fragestellung auf Kärtchen an einer Pinnwand. Diese werden in weiteren Schritten geordnet	• Bei erfahrungsbezogenen und erfahrungsreflektierenden Lernprozessen • Bei Lernprozessen, die auf Problemlösung, Anwendung und Transfer von Wissen gerichtet sind	• Die Impulsfragen sorgfältig vorbereiten und erwägen • Nicht zu viele Kärtchen auf eine Frage zulassen (max. 5)

	Projektmethode Lerngegenstand ist die Bearbeitung einer komplexen Aufgabenstellung. Der Lernprozess umfasst die Planung, Durchführung und Ergebnisbewertung der Problemlösung	• Recherchieren eines Sachverhalts (z. B. Arbeitsplatzanalyse), um einen Kurs gemeinsam zu planen • Vertiefung und Anwendung von Gelerntem	• Projekte gemeinsam mit den Teilnehmenden definieren • Ausreichende Unterstützung organisieren (z. B. Zugang zu Institutionen)
Kommunikativ, gestalterisch oder spielerisch orientierte Methoden	*Thema bildnerisch gestalten, Collage* Teilnehmer drücken eine Thematik (z. B. „Die Situation in unserer Abteilung") bildnerisch aus und liefern damit Ansatzpunkte für Interpretationen, Austausch und Lernen	• als Vertiefungs- und Entspannungsphase in sachorientierten Lernprozessen • als Reflexionsanlass in verhaltensorientierten Lernprozessen (z. B. Führungstraining)	• Klare Aufgabenstellung • Materialien in ausreichender Form bereitstellen
	Phantasiereise Teilnehmende lauschen einer (z. B. mit Musik unterlegten) Geschichte (z. B. Reise zu einer einsamen Insel) und gestalten diese mit ihren eigenen inneren Bildern aus	• Einstimmung • Entspannungsphasen	• Auf ruhige, gleichmäßige Sprache achten (ggf. von einem Teilnehmenden vorlesen lassen)
	Rollenspiel Eine soziale Situation (Konflikt, Verhalten) wird im Rollenspiel dargestellt, von den anderen unter bestimmten Kriterien beobachtet; es folgt Auswertungsgespräch	• zum Erlernen und Proben neuer Verhaltensweisen (z. B. Kundenberatung) • zur Darstellung kontroverser Situationen	• klare Definition der Rollen und der Situation, die gespielt werden soll • klare Beobachtungsfragen an die übrigen Teilnehmenden im Kurs
	Planspiel Komplexe Fähigkeiten werden durch Handeln in Quasi-Ernstsituationen geübt (z. B. Spekulieren an der Börse, Verhalten und Steuerung in einem Entwicklungshilfeprojekt)	• Anwenden und Erproben komplexer Kompetenzen für spätere Ernstsituationen	• Geeignete Planspiele recherchieren (Eigenentwicklung zu aufwendig)

Welche Methoden können welchem Ziel dienen?

Ziel \ Methoden	4-Stufen-Methode	Lehr-gang	Leittext-Methode	Experi-ment	Erkun-dung	Brain-storming	Projekt-methode	Plan-spiel	Lehr-gespräch	Vortrag	Rollen-spiel
Informationen beschaffen	xx	x	xx	x	xx				xx	xx	xx
kreativ denken und handeln				x		xx	xx	xx	x	xx	
analytisch denken und handeln	x		x		xx		x	xx	xx	x	xx
synthetisch denken und handeln							x	xx	xx	x	
Planen förderndes Denken und Handeln	x	x	x	xx	xx	xx	xx	x	x	x	x
bewerten förderndes Denken und Handeln	x	x	xx	xx	xx	x	xx	xx	x	x	x
Entscheidungen treffen förderndes Denken und Handeln			x	x		xx	xx	xx	x	x	
Nach Anweisungen u. Vorgaben handeln	xx	xx	xx	x	x		xx	x	x	x	x
selbstständig arbeiten	x	x	xx	xx	x		x	x	x	x	
berichten und vortragen	x	x	x	x	x		x	x	xx	xx	x

xx = besonders gut geeignet   **x** = gut geeignet

(Brassard u. a. 1994, Beiheft o.S. (Auszug))

9.3   Medieneinsatz

Der Begriff der „Medien" bedeutet soviel wie „Mittler", womit die Vorstellung verbunden war, Medien würden lediglich zwischen einem Sachverhalt und dessen Verstehen „vermitteln", indem sie dessen Anschaulichkeit erhöhen. Heute, in der sogenannten Mediengesellschaft wurde jedoch längst erkannt, dass Medien auch eine Eigengesetzlichkeit haben. Sie lassen sich nicht mehr nur als „Mittler" benutzen, die Tatsache, dass wir Medien haben, diese Nutzen und unseren Alltag mehr und mehr bestimmen lassen, hat vielmehr Auswirkungen auf das Lernen selbst. Naheliegende Fragen der Erwachsenenpädagogik sind:

Medien haben Eigengesetzlichkeiten

– Wie lernen Menschen, die tagtäglich vor einem Computer sitzen?
– Ist es angezeigt, auch ihre Lernprozesse stärker multimedial zu organisieren?
– Oder fordert kritisch-reflektierendes Lernen gerade die Distanz vom Computer?
– Wieviel Medien und Visualisierung „verträgt" unsere Lernkultur, ohne dass der Erlebnis- und Unterhaltungseffekt das Selbstlernen erstickt?

Moderne Erwachsenenbildung ist ohne Mediennutzung nicht möglich. Da wir in einer Medienwelt leben, kann auch das Lernen mit Erwachsenen nicht vollständig davon absehen, dass unsere Informations- und Auseinandersetzungsgewohnheiten in starkem Maße durch die Arbeit mit Medien geprägt sind. Es kann deshalb nicht darum gehen, die Medien und insbesondere die neuen Medien zu „verteufeln". Gleichwohl müssen Medieneinsatz und Medienauswahl erwachsenendidaktisch „begründet" erfolgen. Man kann nicht einfach das eigene Denken und Strukturieren in Lernprozessen durch Folien und vorgefertigte Visualisierungen ersetzen. Wer ständig alles fertig entwickelt vorgesetzt bekommt, gibt irgendwann die eigenen Anstrengungen um die Entwicklung von Strukturen auf. Folgende fünf Leitfragen sollten sich Dozentinnen und Dozenten, die Medien auswählen, stellen.

Leitfragen zur Medienauswahl

1. Leitfrage: Ist aus der Zielvorstellung (den Konkretisierungen der Ziele) eine Affinität zu bestimmten Medien erkennbar? (= Zielaffinität)

2. Leitfrage: Erfordert die Auswahl eines bestimmten Unterrichtsgegenstandes (Inhaltes, Themas) die Verwendung bestimmter Medien? (= Gegenstandsaffinität)

3. Leitfrage: Ergibt sich aus der Vorauswahl bestimmter Methoden ein Hinweis auf notwendig einzusetzende Medien? (= Methodenaffinität)

4. Leitfrage: Verlangen bestimmte individuelle oder organisatorische Vorausetzungen die Verwendung bestimmter Medien? (= Begründungen)

5. Leitfrage: Ergeben sich aus der Absicht, ein bestimmtes Medium, eine bestimmte Medienkombination zu verwenden, Auswirkungen oder Rückwirkungen auf andere Unterrichtsfaktoren? (= didaktische Implikationen)

(Dichanz/Mohrmann, zit. Nach: Kunert 1977, S.91)

**Häufigst einge-
setzte Medien**

Die in der Erwachsenenbildung verbreitetsten Medien sind (vgl. Weidenmann 1995, S. 150 ff.)

- der Overheadprojektor und Folien
- die Flipchart
- die Pinnwand
- Tonkassetten
- Videos
- Computer und Multimedia

Die folgende Übersicht verdeutlicht die Einsatzmöglichkeiten der genannten Medien und gibt einige Hinweise bzw. „Tips", worauf bei ihrem Einsatz zu achten ist.

Einsatzmöglichkeiten unterschiedlicher Medien

	Einsatzmöglichkeiten	Tips
Overheadprojektor (Folien)	• Zur Visualisierung von Lernzielen, Gliederung, Seminarablauf • Zum Setzen eines Anfangs- oder Denkimpulses (z. B. Fotografie) • Zur Visualisierung von Strukturzusammenhängen (Grafiken u. Ä.) • Zur Visualisierung von Arbeitsgruppenergebnissen • Zur Erarbeitung von Gedankengängen und Strukturen während des Vortrages (Tafelbildfunktion)	• Ausreichende Schriftgröße wählen und die Folie von überflüssigen Details befreien! • Keine Folie ohne Titel bzw. treffende Überschrift! • Vermeide flüchtige Präsentation, d. h. zu kurzes Auflegen (Nach dem Auflegen 5 Sekunden Lesepause geben)! • Konzentriere Dich auf wenige, aussagestarke Folien und kommentiere diese ausreichend! • Nicht ins Projektionslicht stellen oder die Sicht versperren!
Flipchart	• Zur Unterstützung eines Vortrages durch Notizen • Zur Präsentation von vorbereiteten Texten • Zur (auch vorbereiteten Formulierung von Arbeitsaufträgen für die Gruppenarbeit) • Zur Dokumentation von Beiträgen und Fragen von Teilnehmenden • Zur Dokumentation von Arbeitsergebnissen von Kleingruppen • Dokumentation der Flipcharts an der Seminarwand (i. S. einer Wandzeitung), um den Seminarablauf für alle sichtbar zu dokumentieren	• Auf lesbare Schrift achten (in Druckschrift mit Groß- und Kleinschreibung) • Immer einheitlich schreiben (persönliches Zeichenrepertoir für Überschriften, Hervorhebungen usw.) • Die Position des Stiftes beim Schreiben nicht verändern • Bogen abreißen üben, weil oft attraktiv gestaltete Flipcharts bei Abreißen zerstört werden • Umweltschonende Stifte verwenden • Mit den Flipchartpapier sparsam umgehen

	Einsatzmöglichkeiten	Tips
Pinnwand	• Zur Sammlung, Sichtung und Strukturierung von Teilnehmerbeiträgen (3-S-Methode) • Zur Begleitung eines Vortrages (Anpinnen wichtigster Gedanken) • Zur Ermittlung eines Stimmungsbildes • Zur Erhebung und Dokumentation von Vorerfahrungen • Als Speicher (Problemspeicher) und Wandzeitung	• Pro Karte ein Gedanke oder 2 Zeilen in leserlicher (Druckbuchstaben) Schrift • Vorlesen der Karten und gemeinsames Entscheiden, welchem Cluster sie zugeordnet werden • Alle Karten werden berücksichtigt • Am Ende Betiteln der Cluster
Tonkassetten	• Zum Selbstlernen (Selbstlernaudios) z. B. im Fremdsprachenunterricht • Als Dokumentationen (z. B. Interviews, Hörbilder der Alltagswelt etc.) (dokumentarische Audios) • Zur Dokumentation von Seminarphasen, besonderen Interaktionssequenzen, Präsentationen etc. (ad-hoc-Audios)	• Teilnehmende können selber Audios mitbringen (z. B. Mitschnitt eines Eltern-Kind-Dialoges für ein Elternbildungsseminar) • Legen Sie sich eine eigene Audiothek zu (z. B. Pausenmusik, Musikunterlegung von bestimmten Selbstlern- oder Gruppenlernphasen)
Videos	• Zur Dokumentation von alltäglichen oder geschichtlichen Situationen • Zur Verständlichmachung schwieriger Zusammenhänge (z. B. komplizierter technischer Zusammenhänge) • Zur Ad-hoc-Dokumentation eigenen Verhaltens, um dieses analysieren und reflektieren zu können (z. B. Tennis-, Kommunikationstraining)	• Vermeide Edutainment (Unterhaltungsangebote), besser „kurze Eingreifvideos" mit max. 10 min. Dauer • Klare Beobachtungsaufgaben formulieren • Keine Zwischenstops, sondern ungestörtes Ansehen
Computer und Multimedia	• Zur selbstständigen Erarbeitung von Inhalten mit Hilfe von Lernprogrammen (CD-ROM) • Als interaktive Hypermedia • Zur Simulation komplexer Zusammenhänge	• Die Lernsoftware selbst vor dem Einsatz gründlich kennenlernen • I.d.R. geeignet für fortgeschrittenere Lerner • Multimediale Lernangebote immer um face-to-face-Situationen ergänzen

(vgl. Weidenmann 1995, S. 150 ff.)

Kriterium für Medieneinsatz: didaktische Begründung, optimale Zielerreichung

Ein „guter" Erwachsenenunterricht ist derjenige, der Medien didaktisch begründet einsetzt. „Didaktisch begründet" ist ein Medieneinsatz, wenn das gewählte Medium eine optimale Zielerreichung (z. B. Veranschaulichung komplexer Sachverhalte) verspricht. Dabei sind die Grenzen sicherlich fließend: So kann ein gutes medizinisches Fachbuch sicherlich Ähnliches leisten wie eine ausgefeilte Computersimulation. Darüber hinaus gibt es Lerner, die mit dem einen Medium (z. B. Buch) besser zurechtkommen als mit dem anderen (z. B. PC-Programm). Gleichwohl gilt es, wenig optimale Medienentscheidungen zu vermeiden. Medien sind nicht beliebig variierbar. So macht es z. B. weniger Sinn, komplexe Strukturen an einer Flipchart zu entwickeln, wenn es bereits gute Visualisierungen oder Simulationen gibt. Auch der Einsatz des PCs als Folien-Präsentator liefert oft kein didaktisch sinnvolleres Ergebnis als einfache Overhead-Folien.

10   Wie arbeite ich sinnvoll mit der Moderationsmethode?

Hauptmerkmal der Moderation: visualisierte Kommunikation

Die Moderationsmethode (häufig auch „Metaplan"-Methode genannt) ist eine Methode der visualisierten Kommunikation: Auf Kärtchen werden die Antworten, Sichtweisen, Kommentare usw. der Teilnehmenden gesammelt und für jeden sichtbar an einer oder mehreren Pinnwänden angeheftet. Der Moderator oder die Moderatorin entfaltet nicht selbst den Lerninhalt, vielmehr beschränkt sich ihre Funktion darauf, durch gezieltes Fragen (Leitfragen), die Lernenden selbst den Inhalt konstituieren zu lassen. Dies geschieht dadurch, dass alle ihre Überlegungen, Sichtweisen, Meinungen und Erfahrungen zu der gestellten Leitfrage auf Kärtchen schriftlich artikulieren (deshalb auch häufig: Kärtchenmethode).
Für die Arbeit mit den Kärtchen sind drei Gesichtspunkte hilfreich:
- die Teilnehmenden sollten pro Kärtchen nicht mehr als zwei Zeilen in gedruckten Groß- und Kleinbuchstaben aufschreiben (Lesbarkeit),
- man sollte die Zahl der maximal zu einem Aspekt auszufüllenden Kärtchen limitieren, da man sonst bei z. B. 15 Teilnehmenden sehr leicht in den Bereich einer dreistelligen Zahl von ausgefüllten Kärtchen gelangt, deren Besprechung sehr zeitaufwendig ist,
- man sollte bei der Verteilung der Kärtchen darauf achten, dass man durch die Verwendung unterschiedlicher Farben differenzieren kann (z. B. positive Erfahrungen = grün, negative Erfahrungen = orange)

Umsetzung: 3-S-Schrittfolge

Kennzeichnend für die Moderationsmethode ist die Drei-S-Schrittfolge „Sammeln-Sichten-Strukturieren", durch die auch die einzelnen Aufgaben für den Moderator bzw. die Moderatorin eindeutig festlegt sind.

Beispiel:
In einem Elternseminar „Erziehungsprobleme in Familie und Schule" beginnt die Kursleiterin nach Vorstellungsrunde und kurzer Einführung mit den beiden Leitfragen „Mit welchen Erziehungsproblemen sind Sie bei Ihren Kindern konfrontiert?" Und: „Mit welchen Erziehungsmaßnahmen haben Sie gute, mit

Die Schritte der 3-S-Moderation

Moderations-schritte	Aufgabe/ Rolle des Moderators bzw. der Moderatorin
Sammeln	• Der Moderator bzw. die Moderatorin leitet nach einer Hinführung mit einer zielorientierten und präzisen Fragestellung (nicht zu weit, nicht zu eng) die Sammlungsphase ein.
	• Die Lernenden schreiben ihre Beiträge stichwortartig auf kleine Kärtchen und pinnen diese an die Pinnwand.
Sichten	• Nachdem alle ihre Kärtchen angepinnt haben, werden sie abgenommen, vorgelesen und es wird darüber entschieden, ob sie verständlich sind (ggf. Rückfrage an den „Autor") und ob sie wirklich die Frage beantworten
	• Zuletzt werden Doppelungen (gleiche oder ähnliche Nennungen) aussortiert und es wird allmählich eine inhaltliche Struktur des Gegenstandes sichtbar.
Strukturieren	• Anzahl und thematische Eingrenzung der Cluster entstehen im Verlauf der Debatte, indem man sich gemeinsam darüber verständigt, ob ein Kärtchen unter die bereits vorhandenen Cluster subsumiert werden kann oder ein neuer Bereich „aufgemacht" werden soll.

welchen schlechte Erfahrungen gesammelt?" Sie lässt die Antworten auf unterschiedlich gefärbte Kärtchen schreiben und an zwei Pinnwände pinnen. Der weitere Prozess besteht darin, die Problembereiche auf Vollständigkeit zu überprüfen, zu ergänzen und zu systematisieren.

Mit dieser Methode hat sie mit den Teilnehmenden nicht nur eine „Bestandsaufnahme" zu den vorhandenen Erfahrungen, Sichtweisen und Lösungsansätzen erarbeitet, sie hat gleichzeitig eine Art Seminarplan (Sammlung von Erziehungsproblemen) bzw. Anregungen für den weiteren Ablauf des Seminars entwickelt. Ihre Rolle kann dabei im weiteren Verlauf durchaus darin bestehen, den einen oder anderen Input zu geben, doch ist der entscheidende Unterschied zu einem nur expositorischen (darstellenden) didaktischen Ansatz darin zu sehen, dass sie selbst die sinnvollen Themen für solche Inputs von den Teilnehmenden definiert erhält.

Dieses Verfahren ermöglicht es
– wirklich von den Erfahrungen der Teilnehmer auszugehen,
– jeden „zu Wort kommen" zu lassen
– jeden Einzelnen zu aktivieren, weil Visualisierung Aufmerksamkeit und Beteiligung erfordert
– die Verantwortung für den Lernprozess von Anfang an sichtbar auf die Einzelnen selbst zu übertragen
– den Lernerfolg durch Eigeninitiative und Visualisierung zu intensivieren
– eine produktive und zugleich arbeitsintensive Arbeitsatmospäre zu schaffen

Was die Moderation leistet

Allerdings ist die Moderationsmethode auch von bestimmten Voraussetzungen abhängig und mit bestimmten Nachteilen verbunden. So kann sie zeitaufwendig und mit einem hohen Materialaufwand verbunden sein. Außerdem ist sie nur dann richtig einsetzbar, wenn die Pinnwände sowie das Moderationsmaterial (Kärtchen, Nadeln, Klebepunkte, Stifte, Tesakrepp) in einer Bildungsstätte vorhanden sind.

11   Wodurch ist die Didaktik lebendigen, handlungsorientierten Lernens gekennzeichnet?

Vorausgesetzt:

... Ausbildung der Dozenten

... Selbstlernmaterialien

... fragen-/ problemorientierte Didaktisierung der Inhalte

... Rollenwandel der Dozenten

Lebendiges und handlungsorientiertes Lernen stellt insbesondere in der beruflichen Weiterbildung mittlerweile einen wichtigen didaktischen Ansatz dar. Dabei werden lebendig und handlungsorientiert gestaltete Lernprozesse als grundlegende Voraussetzung dafür angesehen, dass Lernende neben ihren fachlichen Kompetenzen auch Schlüsselqualifikationen erwerben können, wie z. B. Problemlösungsfähigkeit, Kommunikationsfähigkeit, Selbstständigkeit. Eine stärkere Verankerung handlungsorientierter Lernformen setzt allerdings auch voraus, dass die vielerorts noch vorherrschenden frontalunterrichtlichen Lehr- und Unterweisungsformen abgebaut werden können. Dies kann mit Erlassen und Statements alleine nicht erreicht werden, obgleich es erforderlich ist, dass diese für solche neuen Lernformen offen sind. Es kommt vielmehr darauf an, die Verantwortlichen für solche Lernprozesse zu befähigen, aktivitätsfördernde und handlungsorientierte Methoden anwenden zu können. Deshalb kommt bei der Einführung und Verbreitung handlungsorientierter Lernformen der didaktisch-methodischen Weiterbildung des Bildungspersonals (Dozentinnen und Dozenten, Referenten, Ausbilderinnen usw.) eine grundlegende Bedeutung zu. Weitere wichtige Voraussetzungen zur Förderung handlungsorientierten Lernens sind die Entwicklung von geeigneten Ausbildungs- und Lernmaterialien (Selbstlernmaterialien) sowie räumliche Gegebenheiten, die Gruppenarbeit und flexiblen Wechsel zwischen Einzel- und Gruppenarbeit ermöglichen.

Eine entscheidende Voraussetzung für handlungsorientierte Lernprozesse ist eine **fragen- und problemorientierte Didaktisierung der Ausbildungs- und Lerninhalte.** Diese werden nicht mehr nur in ihrer Sachstruktur präsentiert und im fragend-entwickelnden Gespräch erschlossen; es geht vielmehr darum, Fragen und Aufgabenstellungen zu definieren, bei deren Bearbeitung der Lernende notwendigerweise auch – und weitgehend selbstgesteuert – auf die Struktur des Inhalts stößt, gleichzeitig aber grundlegende formale Fähigkeiten und Erschließungskompetenzen entwickeln bzw. weiterentwickeln kann. Man kann in diesem Zusammenhang auch von der Notwendigkeit eines operativen Denkens und Planens in der Didaktik sprechen: Der Bildungsprozess wird nicht durch ein Denken von der Sachstruktur her geplant und gesteuert. Vielmehr wird selbstgesteuertes Lernen durch ein Denken in Problemlösungen und durch eigene Handlungen vorbereitet.

Selbstgesteuerte Handlungen der Auszubildenden müssen vom Dozenten bzw. der Dozentin ermöglicht, d. h. zugelassen werden. Hierzu muss die eigene Zuständigkeit überdacht und eine professionelle Haltung entwickelt werden. Die für das Lehren Verantwortlichen dürfen sich nicht länger als alleinige Verantwortliche des Geschehens verstehen, von deren Eingaben und Steuerung es letztlich abhängt, ob und inwieweit erfolgreich gelernt worden ist. Notwendig ist vielmehr eine bewusste Zurücknahme der eigenen Steuerungszuständigkeit. Der Lehrende muss in handlungsorientierter Ausbildung seine Führungsfunktion subsidiär wahrnehmen, d. h. nach Möglichkeit nur dann steuern, wenn der Lernende (noch) nicht in der Lage ist, seinen Lernprozess selbst zu steuern. Die subsidiäre Führung durch das Bildungspersonal ist demnach eine Führung zur bzw. Ermöglichung von Selbstführung.

In einer handlungsorientierten Weiterbildung wird u. a. mit sog. **Leittexten** gearbeitet. Als „Leittexte" bezeichnet man Ausbildungsunterlagen, mit denen Lernende sich relativ selbstständig Kenntnisse aneignen und Probleme bearbeiten können. Diese Materialien bestehen i. d. R. aus vier Teilen, die unterschiedlich gekennzeichnet werden. In einem industriellen Leittextsystem findet man z. B. die Bezeichnungen:

Konkrete Methode: Leittexte

- 1. Leitfragen,
- 2. Arbeitsplan,
- 3. Kontrollbogen und
- 4. Leitsatz.

Als „Leitsatz" wird die kurze Zusammenfassung der fachlichen Kenntnisse bezeichnet, die man zur Beantwortung der Leitfragen benötigt.

Mit diesen Unterlagen erarbeiten die Lernenden sich zunächst die notwendigen Informationen, indem sie z. B. klären, welche Funktion das Werkstück, das sie fertigen sollen, erfüllen muss, und welche Veränderungen am Rohteil entsprechend vorgenommen werden müssen. Weitere Schritte der Arbeit mit dem Leittext sind: Planen (z. B. Reihenfolge der notwendiger Arbeitsschritte), Entscheiden (besonders der Vorgehensweise), Ausführen (allein/arbeitsteilig), Kontrollieren (Arbeitsgüte usw.) und Bewerten (Fremdkontrolle) (vgl. Bokelbrink u. a. 1984). Der Ablauf erfolgt demnach im Wechsel zwischen Einzel-, Gruppen- bzw. Teamarbeit und im Gespräch mit dem Ausbilder gemäß folgender Übersicht:

Bearbeitung eines Arbeitsauftrages nach der Leittextmethode		
Schritt	**Ziel**	**Sozialform**
1. Deckblatt durchlesen	Aufgaben kennenlernen	allein, Partner- oder Teamarbeit
2. Leitfragen bearbeiten	Aufgaben einzeln und in Gruppen durchdenken und besprechen	im Team
3. Kenntnis-Checkliste bzw. Leitsätze durcharbeiten	Fachkenntnisse erwerben	im Team
4. Kenntnis-Checkliste bzw. Leitsätze durchsprechen	Gelerntes kontrollieren	mit Ausbilder
5. Bearbeitung des Arbeitsauftrages (Projektes)	Fertigkeiten anwenden und vertiefen	allein oder im Team
6. Ausgeführte Arbeiten kontrollieren und bewerten	angemessene Gütekriterien entwickeln und Selbstprüfung lernen	mit Ausbilder

Systematische Methodenein-ordnung

Nimmt man die „üblichen" Methoden der Weiterbildung in den Blick, so kann man feststellen, dass nicht alle gleichermaßen für ein lebendiges und handlungsorientiertes Lernen „geeignet" sind. Neben Methoden, die für ein eher **vermittelndes Lernen** stehen, d. h. für ein Lernen, bei dem die „Vermittlung" von Wissen durch Lehrende im Vordergrund steht, lassen sich auch Methoden unterscheiden, die in eher **handlungs-** oder gar **erfahrungsorientierten Lernprozessen** Verwendung finden, d. h. in Lernprozessen, die stärker von der Aktivität und den Erfahrungen der Lerner selbst getragen werden.

Im Einzelnen ergibt sich folgendes Bild:

Didaktische Valenz alter und neuer Methoden betrieblicher Bildungsarbeit

Didaktisch-methodische Gestaltung	Dimension der Handlungskompetenz	Fachkompetenz (Fachwissen, Fachkönnen)	Methodenkompetenz (Lern- und Arbeitstechniken)	Sozial- und Führungskompetenz (Teamarbeit, Kommunikationsmethoden)
eher vermitteltes Lernen	Vortrag/Rede	+	–	
	Unterrichtsgespräch	+	–	
	Einsatz von geschlossenen Medien	+	–	
	Superlearning (Suggestopädie)	+		
	Gesteuertes Projekt	+	+	–
	Planspiel	+	+	–
handlungsorientiertes Lernen	Selbstorganisiertes Projekt	+	+	+
	Leittextmethode	+	+	+
	Leitfragenorientierte Teamarbeit	+	+	+
	Leitfragenorientierte Einzelarbeit	+	+	
	Visualisierung des Lernprozesses (Metaplanmethode)	+	+	
	Künstlerische Übungen		+	+
eher erfahrungsorientiertes Lernen	Erlebnispädagogische Verfahren		–	+

+ bedeutsam für die Förderung dieser Kompetenz
– weniger bedeutsam für die Förderung dieser Kompetenz

Methodentableau (Arnold 1995, S. 296)

- **Vortrag/ Rede:** Nach wie vor ist diese frontalunterrichtliche Methode die wohl verbreitetste Form betrieblicher Weiterbildung, man findet sie aber auch noch in der Erstausbildung (Impulsvortrag, Erklärung des Ausbilders). Im Extremfall „funktioniert" diese Methode auch ohne eine Beteiligung des Lernenden, zumindest geht dessen Mitwirkung nicht über die des Zuhörens, Mitdenkens und Aufschreibens hinaus. Insbesondere in der betrieblichen Weiterbildung ist jedoch in den letzten Jahren verstärkt das Bemühen feststellbar, vom Vortragenden eine frei vorgetragene Moderation seiner Ausführungen zu erwarten, die auch auf Reaktionen von Lernenden Bezug nimmt.
- **Unterrichtsgespräch:** Diese auch aus der Schule bekannte, stark lehrergesteuerte Methode ist auch im betrieblichen Unterricht in der Erst- und Weiterbildung vorherrschend. Es handelt sich um eine abgeschwächte Form des Frontalunterrichts, die aber gleichermaßen nur darauf zielt, die vom Lehrenden anvisierten Inhalte (Fachwissen/ Fachkönnen) anzusprechen, wobei bisweilen ein ritualisierte Form anzutreffen ist, in der die Lernenden bemüht sind, herauszufinden, welche Antwort der Lehrer wohl auf seine Fragen erwarten dürfte.
- **Einsatz von geschlossenen Medien:** Es wird zu Recht als eine Verbesserung frontalunterrichtlicher Lehre angesehen, wenn sich der Lehrende um eine Visualisierung seiner Ausführungen bemüht, da dadurch – im oben beschriebenen Sinne – mehrere Sinne gleichzeitig aktiviert werden und die Nachhaltigkeit des Lernens deutlich verbessert wird. Gleichwohl darf nicht übersehen werden, dass bei der Präsentation von geschlossenen Medien, wie z.B. Folien, die Aktivität der Lernenden keine Rolle spielt. Diese werden vielmehr auf die Rolle der passiven Beobachter reduziert, die Vorgegebenes in sich aufnehmen und nachvollziehen müssen, ohne eigene Strukturierungen, Lösungsansätze oder Ergebnisse in die Präsentation und Dokumentation des Lernprozesses einbringen zu können. Aus dieser Überlegung lässt sich die Forderung ableiten, dass Medien in einer handlungsorientierten Berufsbildung „offen gestaltbar sein (müssen)": Dies bedeutet, dass sie nicht nur die Repräsentation eines Erkenntnisstandes im Sinne eines ‚Zustandes' möglich machen, sondern auch eine ‚prozessbegleitende Form der Visualisierung' der sich im Bewusstsein der Lerner nacheinander entwickelnden Sichtweisen und Erkenntnisstände im Prozess der Erschließung eines neueren Fachgebietes dokumentieren.
- **Superlearning:** Unter dieser Überschrift lassen sich alle die suggestopädischen Methoden zusammenfassen, die damit arbeiten, die Lernenden u.a. durch den Einsatz von Musik in Entspannungszustände zu versetzen, um den Effekt einer Lernerleichterung durch Mehrkanal-Lernen zu erzielen. Im Kontext einer ganzheitlichen und in ihrem Berufsbildungsverständnis „erweiterten" Berufsbildung spielen suggestopädische Methoden (Superlearning) m.E. jedoch nur eine geringe Rolle. Ihre qualifikatorische Valenz beschränkt sich nämlich auf die Vermittlung von Fachwissen und Fachkönnen, wobei sie zweifelsohne in der Lage sind, in diesem Bereich frappierende Erfolge zu erzielen, da sie offensichtlich die Leichtigkeit und auch die Sachhaltigkeit von

Lernprozessen zu optimieren vermögen. Dabei transportieren sie jedoch auch die Illusion, Lernen sei „im Schlaf" bzw. in Entspannungszuständen und ohne aktives Handeln möglich, wodurch sie von dem zentralen Aspekt der Teilnehmeraktivierung abstrahieren.

– **Gesteuertes Projekt:** In einem gesteuerten Projekt bearbeiten die Lernenden eine umfassende Aufgabenstellung, wobei sie im Rahmen dieser Vorgabe ihre Handlungen selbstständig planen, durchführen und kontrollieren können. Die Bearbeitung von Projekten ist zudem dadurch gekennzeichnet, dass man sie i. d. R. nicht (nur) am Schreibtisch bearbeiten kann; vielmehr handeln die Beteiligten mit ihren Köpfen, Händen, Füßen, etc. sowie mit ihren Emotionen: „Entscheidend dabei ist, dass sich die Lernenden ein Betätigungsgebiet vornehmen, sich darin über die geplanten Betätigungen verständigen, das Betätigungsgebiet entwickeln und die dann folgenden verstärkten Aktivitäten im Betätigungsgebiet zu einem sinnvollen Ende führen" (Frey 1991, S.13).

– **Planspiel:** Ähnlich wie die gesteuerten Projekte beinhalten auch die Planspiele eine komplexe Aufgabenstellung, die von den Lernenden ein selbstständiges und eigenaktives Handeln erfordern. Dazu werden betriebliche Problem- und Entscheidungssituationen simuliert (gespielt), sodass die Lernenden in betrieblichen Quasi-Ernstsituationen handeln können.

– **Selbstorganisiertes Projekt:** Die selbstorganisierten Projekte sind in ihrer Lernerzentrierung am weitestgehenden. Im Mittelpunkt stehen Projekte, deren Aufgabenstellung von den Lernenden soweit wie möglich selbst definiert worden ist. Doch auch die Realisierung dieser Vorhaben erfolgt weitestgehend selbstgesteuert, wobei dem Ausbilder oder Dozent die Rolle einer Ressource-Person bzw. eines „Beraters auf Abruf" zuwächst. Und auch am Ende beurteilen und bewerten die Lerner ihr Projekt selbst. Hierzu schreibt Carl Rogers: „Nur wenn der Einzelne die Verantwortung für die Entscheidungen übernehmen muss, welche Kriterien ihm wichtig sind, welche Ziele er zu erreichen versucht und bis zu welchem Grad er sie erreicht hat, lernt er wirklich, Verantwortung für sich und für die Richtungen zu übernehmen, in die er sich bewegt" (Rogers 1979, S.146f).

– **Leittextmethode/Leitfragenorientierte Teamarbeit:** Von diesen methodischen Neuansätzen ist vor allem die sogenannte „Leittextmethode" bekannt geworden. Hinter diesem Begriff verbirgt sich der Versuch, den Auszubildenden das für eine Problemlösung erforderliche Lösungswissen in der Form von Unterlagen und Texten zugänglich zu machen. Dabei werden diese Texte nicht additiv nebeneinander gestellt; vielmehr werden sie mit Lern- oder Erschließungsfragen versehen, die die Lernenden „auf die richtige Spur bringen" sollen. Sie müssen sich gleichwohl selbst und arbeitsteilig „auf den Weg machen", um am Ende schließlich gemeinsam zu einer Lösung zu gelangen. Die Erfahrung zeigt, dass Auszubildende oder Schüler die leitfadenorientierte Teamarbeit nicht „aus dem Stand heraus" beherrschen, sondern vielmehr durch ein „Methodentraining" auf den Umgang damit vorbereitet werden müssen.

– **Leitfragenorientierte Einzelarbeit:** Ähnlich wie die leitfragenorientierte Teamarbeit bzw. „Leittextmethode" bezieht sich auch die leitfadenorientierte Einzelarbeit darauf, den Auszubildenden nicht mit neuem Stoff zu konfrontieren, sondern ihn in die Lage zu versetzen, sich selbsttätig neuen Stoff aneignen bzw. erschließen zu können. Dabei kann der Einzelne sich Methoden der Texterschließung, der Dokumentation und Präsentation von neuem aneignen, die wesentliche Bestandteile einer Methodenkompetenz sind.

– **Visualisierung des Lernprozesses (Metaplanmethode):** Die Visualisierung von Lernprozessen lässt offen gestaltbare Medien entstehen. Dies bedeutet, dass die interagierende Lern- oder Arbeitsgruppe durch die Dokumentation ihres Diskussionsprozesses ihr Medium sozusagen selber herstellt. Der Vorzug dieser Methode liegt darin, dass hier die Lernenden selbst inhaltliche Aspekte zusammentragen und sie dabei „jeder von jedem bzw. durch die ergänzenden Sichtweisen der anderen" lernen: „Dabei wird eine Form teambezogenen Kooperierens eingeübt, die in der modernen Arbeitswelt von wachsender Bedeutung ist" (Arnold 1990, S.97).

– **Künstlerische Übungen:** Die künstlerischen Übungen wurden von Michael Brater u. a. (1988) als neue Methoden einer erweiterten Berufsbildung zuerst in die Praxis und dann auch in die didaktische Diskussion eingebracht. Grundlegend ist der Gedanke, dass Jugendliche und Erwachsene beim Aquarellmalen, beim Linolschnitt oder beim Holzschnitzen grundlegende, fachübergreifende Fähigkeiten erwerben, die auch für die spätere Berufspraxis von zentraler Bedeutung sind. Bei künstlerischen Übungen „macht" der Lernende die Erfahrung, dass kein Gemälde so misslingen kann, dass sich daraus nicht noch etwas Vernünftiges gestalten ließe: „Für die Berufswelt ergibt sich daraus die Erkenntnis, dass weder eine Aufgabe noch eine Situation so verfahren ist, dass nicht Ansatzpunkte zu einer Weiterentwicklung oder Lösungen gefunden werden könnten" (Bunk/ Zedler 1986, S. 44f).

– **Erlebnispädagogische Verfahren:** Ähnlich wie bei der Methode der künstlerischen Übungen ist es das Ziel erlebnispädagogischer Verfahren (Freizeit, Bergwandern, Kanufahrten etc.), die nichtfachlichen Dimensionen des Verhaltens bei den (zukünftigen) Mitarbeitern zu entwickeln. Aus diesem Grunde sind auch erlebnispädagogische Verfahren für die Vermittlung von Fachwissen und Fachkönnen kaum von Bedeutung (vgl. Müller 1989; Arnold 1995, S. 299 ff.).

12   Was ist guter und erwachsenengemäßer Unterricht?

Qualität durch

Ein zentrales Thema ist in der beruflichen Weiterbildung die Frage der **Qualitätssicherung.** Diese ist angesichts der Vielfalt der Anbieter aus Gründen des Verbraucher- bzw. Teilnehmerschutzes von grundlegender Bedeutung. Ei-

... Zertifizierung

nerseits haben sich in den letzten Jahren Zertifizierungsregelungen (z. B. nach ISO 9000ff) entwickelt, die darauf setzen, dass externe Instanzen (Zertifizierer) darüber befinden, ob ein Weiterbildungsanbieter ausreichende Vorkehrungen für die Sicherung der Qualität getroffen hat oder nicht, andererseits

... professionelle Selbstkontrolle

wird für die professionelle Selbstkontrolle des Weiterbildungspersonals plädiert. Dieses soll für die Qualitätssicherung „ihrer" Weiterbildungsangebote selbst zuständig sein und das Bemühen um Qualität zu einem kontinuierlichen Bestandteil ihrer Arbeit werden lassen. Darauf wird in Teil III noch mehrfach eingegangen werden. Unter dem Blickwinkel von Teil II – Didaktik und Methodik– ist zunächst festzuhalten: Von zentraler Bedeutung für den Erfolg

Hauptkriterium: Erwachsenengemäßheit

und die Qualität der beruflichen Weiterbildung ist die **„Erwachsenengemäßheit"** des Lehren und Lernens. Als „erwachsenengemäß" kann eine Weiterbildung angesehen werden, die folgende zehn „Kriterien erwachsenengemäßen Lernens" berücksichtigt:

1. Lernziele/-inhalte/-themen können von den Teilnehmern mitbestimmt werden,
2. eigene Lernprojekte können von ihnen eingebracht und weiter bearbeitet werden,
3. die Lernorganisation ist zeit- und methodenflexibel und lässt mehrere Lernwege offen,
4. es werden gezielt Lerner-, Aktivitäts- und Selbsterschließungsmethoden eingesetzt,
5. es wird gezielt/ möglichst an Lebenssituationen und/oder Berufserfahrungen angeknüpft,
6. die soziale und kommunikative Ebene des Lernprozesses wird absichtsvoll gefördert,
7. die Inhaltsauswahl ist curricular, didaktisch bzw. bildungstheoretisch begründet („Warum soll etwas gelernt werden?"),
8. angebotene Lerninhalte werden für die Teilnehmer „fassbar" reduziert,
9. angebotene Lerninhalte können selbsttätig erschlossen werden (Aktivitätsthese),
10. handlungsbezogene Problemstellungen sind explizit Thema

(Arnold 1996, S. 199).

Um diese Aspekte in der beruflichen Weiterbildung professionell berücksichtigen zu können, ist es notwendig, dass von Dozentinnen und Dozenten grundlegende Kenntnisse der Erwachsenenpädagogik sowie der Didaktik und Methodik des Erwachsenenunterrichts erworben werden bzw. – im Sinne einer Eignungsvoraussetzung – erworben werden müssen.

13 Wie gestalte ich Lernen am Arbeitsplatz?

Mit der zunehmenden Veralterungsrate des Wissens ist es zunehmend weniger möglich und sinnvoll, Erwachsenen das jeweils aktuelle Wissen nur in speziell inszenierten Weiterbildungssituationen „zugänglich" zu machen. Es wird notwendig, Lernmöglichkeiten unmittelbar in den Arbeitsplatz bzw. in den Arbeitsprozess zu integrieren, um so Lernen und Arbeiten mehr und mehr ineinander „aufzulösen". In der Weiterbildungsgesellschaft der Zukunft werden Menschen kontinuierlich und stärker selbstgesteuert lernen müssen, wobei sich Lernen am Arbeitsplatz zu der dominanten Form des lebenslangen Lernens entwickelt:

Lernen und Arbeiten verbinden sich zunehmend

- So hat 1994 bundesweit etwa jeder zweite Erwerbstätige eine andere Form beruflichen Kenntniserwerbs wahrgenommen als durch Lehrgänge oder Kurse.
- Dabei nennt etwa jeder dritte Erwerbstätige das Lesen von berufsbezogenen Fach- und Sachbüchern bzw. Fachzeitschriften, das damit an erster Stelle steht.
- Jeder vierte Erwerbstätige hat an Vorträgen oder Halbtagesseminaren teilgenommen.
- Ebenfalls jeder vierte Erwerbstätige nennt Selbstlernen und Beobachten sowie Ausprobieren am Arbeitsplatz oder in der Freizeit als in Anspruch genommene Form beruflicher Weiterbildung.
- Jeder siebte Erwerbstätige nahm an berufsbezogenen Fachmessen/Kongressen teil.
- Jeder zehnte Erwerbstätige lernte selbstgesteuert am Arbeitsplatz oder in der Freizeit mit Hilfe von Medien.
- Jeder zwölfte konnte sich über Fachbesuche, Arbeitseinsätze oder Austausch-Programme (mit anderen Abteilungen oder Firmen) beruflich weiterbilden.
- Nur 4% der Erwerbstätigen hatten die Gelegenheit, sich in Qualitätszirkeln oder Lernstätten beruflich weiterzubilden (nach: BMBF 1996, S. 109).

Diese Tendenzen zeigen deutlich, dass das Lernen im Prozess der Arbeit bzw. im Rahmen informeller beruflicher Weiterbildung eine in ihrer Bedeutung nicht zu unterschätzende Form beruflicher Kompetenzentwicklung ist. Diese Bedeutung ist zweifellos auf die besonders qualifizierenden Kräfte des Lernens am Arbeitsplatz zurückzuführen, welches immer ein Lernen „in der Ernstsituation" ist. Gleichzeitig kann man feststellen, dass die Bedeutung des Lernens im Arbeitsprozess zukünftig noch stark zunehmen dürfte:

Qualifizierende Kräfte des Arbeitsplatzes

Lernen in der Ernstsituation

„Dafür gibt es verschiedene Gründe. In der arbeitspsychologischen Forschung wurde nachgewiesen, dass Wissen zur Planung und Steuerung von Tätigkeiten einer tätigkeitsbezogenen internen Repräsentation bedarf. Begriffe wie tätigkeitsregulierende mentale Abbilder oder operative Abbildsysteme oder auch der neuerlich wieder viel gebrauchte Erfahrungsbegriff weisen darauf hin. Diese tätigkeitsbezogene Wissensorganisation wird in Bildungsphasen, deren Lehrmethodik einer Wissenschaftssystematik folgt, nicht vermittelt. Deshalb ist die Anwendung theoretischen Wissens immer von gravierenden Transferproblemen begleitet" (Bergmann 1996, S. 159).

Organisierte und informelle Formen

Man kann beim **Lernen am Arbeitsplatz** sowohl organisierte Formen feststellen als auch nicht-organisierte bzw. informelle Formen. Zu den organisierten Formen gehören u. a. **„Anlernen"** am Arbeitsplatz und **„Qualitätszirkel",** während **informelles Lernen** im Arbeitsprozess weitgehend selbstorganisiert abläuft. „Anlernen" geschieht in Unterweisungssequenzen, in denen eine neue Fachkraft die für einen Arbeitskontext notwendigen Kompetenzen gezielt erwirbt.

Die „Vorzüge" des Lernens am Arbeitsplatz werden insbesondere darin gesehen, dass hier das Lernen in der Ernstsituation geschieht und immer mit konkreten Aufgaben verbunden ist. Es entfällt weitgehend der Transfer des Gelernten in die praktische Anwendungssituation, da Lernen und Anwenden integriert sind. Dies ist auch für die Lernmotivation von überwiegend praktisch orientierten Lernern wesentlich. In den letzten Jahren hat das Lernen am Arbeitsplatz stark an Bedeutung gewonnen. Dabei sind neue Formen entwickelt worden, neben

Organisierte Hauptformen

„Qualitätszirkeln" die „Lernstatt" und die „Lerninsel" (vgl. Georg 1995):
- In den **Qualitätszirkeln** haben Mitarbeiter unterschiedlicher Hierarchiestufen die Gelegenheit, sich zur Erörterung beruflicher Probleme zusammenzusetzen und diese eigenverantwortlich zu lösen. In der Regel wird diese Zusammenkunft von einem als Moderator ausgebildeten Kollegen begleitet, der nicht mit dem Abteilungsleiter oder Vorgesetzten identisch ist.
- Ähnlich treffen sich in der **Lernstatt** Arbeitnehmer zur gelegentlichen Erörterung und zur selbstständigen Bearbeitung von Fragestellungen und Problemen aus ihrem beruflich-betrieblichen Alltag.
- Die **Lerninseln** stehen im Zusammenhang mit der Einführung von Gruppenarbeit in der Produktion: Wie auch in der Gruppenarbeit die Arbeit „im Team" erfolgt, so werden ebenfalls in der Lerninsel die notwendigen Kompetenzen dadurch „gelernt", dass die Mitarbeiter sich gegenseitig helfen und wechselseitig von ihren Erfahrungen profitieren.

Informelle Hauptformen

Wachsende Bedeutung kommt dem informellen und selbstständigen Lernen im Arbeitsprozess zu. Dieses Lernen ereignet sich zwar kontinuierlich („Learning by doing"), bleibt in seinen Erfolgen aber oft zufällig. Durch eine gezielte Förderung der Selbstlern- bzw. **Methodenkompetenzen** der Mitarbeiter einerseits und die Nutzung von **computerunterstützten Lernformen** sowie eine Verbesserung der Lernintensität der Arbeitsumgebung andererseits kann dieses Lernen aber wesentlich effektiver gestaltet werden.

Zwar wächst die Bedeutung des Lernens im Arbeitsprozess (vgl. Dehnbostel 1995), doch zeigt sich auch, dass das „selbstständige Lernen im Arbeitsprozess" deutlich verbreiteter ist als das „unterstützte Lernen im Arbeitsprozess". In Zukunft dürften sich deshalb die Bemühungen darauf konzentrieren, einerseits die Nutzung geplanter und organisierter Formen des Lernens am Arbeitsplatz, wie Qualitätszirkel, Lernstatt oder Lerninsel, zu intensivieren, andererseits kann aber auch das informelle individuelle Lernen vielfältig unterstützt und effektiver gestaltet werden, indem z. B. Zugang zur Nutzung von Printmaterialien, Videos, Teachware und Simulationsprogrammen gewährt wird. Auch die systematische Förderung der Lernstrategien und die Vermittlung arbeitsmethodischer Optimierungstechniken (z. B. Problemlösungsverfahren, Kreativitätstechniken) dienen der Verbesserung des individuell-informellen Lernens.

Geplante und organisierte Formen des Lernens am Arbeitsplatz

Lernformen	Kurz-Beschreibung
Qualitätszirkel	Ziel ist, dass Mitarbeiter in Problemlösungs- /Entscheidungsprozesse einbezogen werden; Kleingruppen treffen sich regelmäßig für kurze Zeit (1– 3 Std.), um über ausgewählte oder aktuelle Themen, Probleme, Aufgaben des Arbeitsbereiches zu sprechen und Lösungen zu suchen; ein Moderator unterstützt diese Arbeit; QZ sind also auf Dauer angelegte Kleingruppen, die regelmäßig Problemlösungsvorschläge erarbeiten und sich gegenseitig über Wissensinhalte informieren.
Lernstatt-- Konzepte	Zeitlich befristete Kleingruppe mit einem gemeinsamen Bezugspunkt (z. B. Produkt, Material, Verfahren, Zusammenarbeit), die Teilnehmer treffen sich freiwillig regelmäßig während der Arbeitszeit in einem Raum in der Nähe des Arbeitsplatzes mit dem Vorgesetzten und besprechen bzw. bearbeiten Probleme ihrer Arbeit; Sach- und Mitarbeiterorientierung werden als gleichrangig gesehen / Förderung der Fach- und Sozialkompetenz groß geschrieben.
Lerninseln	Nebeneinander von Arbeits- und Lernplätzen; ausgewählte Produktionsschritte werden aus der Ablauforganisation der Produktion an besondere Arbeitsplätze (Lerninseln) ausgegliedert; die Arbeitstätigkeiten werden unter Anleitung erlernt und ausgeführt und/oder selbstständig geplant, ausgeführt und kontrolliert.
Erkundungen	Ziele: Orientierung, Vermittlung fachlicher Inhalte, Verbesserung der Zusammenarbeit, Transparenz der Abteilungen, Verstehen betrieblicher Zusammenhänge; planmäßige und angeleitete Erkundungen, die durch Leitfragen der Lernenden vorbereitet werden.
Job-Rotation- Programme	Systematischer Arbeitsplatz-/Aufgabenwechsel; befristete und angeleitete Ausübung verschiedener, meist fachverwandter Funktionen; ermöglicht gleichzeitig zusätzliche, fachlich vertiefte Kenntnisse zu erwerben, bereichsübergreifende Zusammenhänge kennenzulernen und Sozialkompetenzen zu fördern.
Betriebliche Einarbeitungs- programme	Systematisches Heranführen der Beschäftigten an Anforderungen von für sie neuen Arbeitsplätzen/-aufgaben; zur Einarbeitung gehören Vorbereitung, Einführung, Anpassung oder Vertrautmachen eines Mitarbeiters in eine neue Arbeitstätigkeit sowie die Erläuterung des Umfeldes der Arbeitssituation / des Arbeitsplatzes; findet fast immer am Arbeitsplatz statt; Weiterbildungsinhalte verbinden sich mit betrieblichen Anweisungen und der Förderung sozialer Kompetenzen; Ziele: fachliche und persönliche Eingliederung in den Arbeitsprozess.
Training am Arbeitsplatz Einarbeitungs- Coaching	Vermittlung von Qualifikationen durch unmittelbare Aufgabe am Arbeitsplatz mit dem Ziel „Selbstläufer" zu werden Systematisches Beratungs- und Handlungskonzept; in einem zielorientierten Beratungsprozess wird die persönliche Entwicklung, Leistungsfähigkeit und Funktion des Systems verbessert; Anlässe: Umstrukturierungen, Konflikte, Nachbereitung von Führungstrainings.
Selbstlernen	Alle Maßnahmen, bei denen die Lernenden weitgehend selbstmotiviert und -gesteuert lernen, z.B. Leittexte, CBT-Programme, Fernstudium; Selbstverstärkungs- und Selbstregulations-Prozess steht im Vordergrund; Unterscheidung zwischen individueller und kollektiver oder kooperativer Selbstqualifizierung.

(Quelle: Krämer-Stürzl 1997; vgl. u.a. Meier 1995; Mentzel 1985; Severing 1994)

Die qualifizierende Kraft des Arbeitsplatzes

Die qualifizierende Kraft des Arbeitsplatzes resultiert vor allem aus folgenden Gegebenheiten:

Begründung der Tendenz

– Das Lernen geschieht in der Ernstsituation. Es ist nicht Selbstzweck, sondern Mittel zur konkreten Aufgabenbewältigung.

– Die Transferstrecke (vom Lernen zur Anwendung) ist sehr kurz, zum Teil gleich null, weil Lernen und Anwenden integriert sind.

– Das Lernen in der Ernstsituation und die daraus resultierende ständige Belohnung des Lernens durch konkrete Lernerfolge (Arbeitsergebnisse) stellen starke Motivationsfaktoren dar.

– Handeln kann letztlich nur durch Handeln gelernt werden. Insofern ist der Arbeitsplatz besonders geeignet, Sozialkompetenz und Methodenkompetenz und damit Handlungskompetenz zu entwickeln.

Voraussetzungen

Diese qualifizierende Kraft vermag der Arbeitsplatz allerdings nur unter bestimmten Voraussetzungen zu entfalten. Zum Beispiel erfüllen Arbeitsplätze in einer durch starke Arbeitsteilung und Arbeitszerlegung bestimmten Arbeitsorganisation diese Voraussetzungen nicht. Ihre Ermöglichungsbedingungen für Lernen sind eng und einseitig, stellen keine Lernherausforderungen für den Auszubildenden dar und wirken mit ihrer Armut an Anforderungen demotivierend. Wichtig sind Anforderungsreichtum und Abwechslungsreichtum der Arbeitsprozesse und Arbeitsaufgaben. Sofern diese im Team bewältigt werden, kommt als zusätzliche Ermöglichungsbedingung die kooperative Selbstqualifikation, Mitarbeiter lernen voneinander, hinzu. Wenn das Lernen am Arbeitsplatz wieder zunehmende Bedeutung erhält, so auch deshalb, weil sich aufgrund neuer arbeitsorganisatorischer Konzepte im Sinne ganzheitlichen und selbstverantwortlichen Arbeitens und aufgrund der neuen Informations- und Steuerungstechnologien zunehmend eine Reintegration enger Einzelarbeitsaufgaben vollzieht" (Arnold/Münch 1995, S.96).

14 Wie verändert sich die Rolle und Aufgabe des „Lehrenden"?

Umsetzung der neuen Ansätze erfordert verändertes Denken

Um auch in der Weiterbildung die heute notwendigen übergreifenden Kompetenzen (Selbstlernfähigkeit, Schlüsselqualifikationen usw.) zu gewährleisten, ist es notwendig, dass auch bei den Beteiligten einige vertraute Denkvoraussetzungen überprüft werden. Diese Denkvoraussetzungen betreffen zum einen das Menschenbild, das sich die Institution vom Lernenden macht, und andererseits die Vorstellung der Lehrenden über effektives Lernen und die eigene Rolle des Lehrenden. Zu überwinden ist u. a. die fragwürdige Hypothese, dass die Präsentation von Informationen bereits automatisch zum Lernen führt (= Lehr-Lern-Kurzschluss). Überwunden werden muss allerdings auch die Steigerung dieser Hypothese, dass die Präsentation von noch mehr Informationen zu noch mehr Lernen führt.

Eine Konzeption lebendiger und handlungsorientierter Weiterbildung geht vielmehr davon aus, dass relevantes Lernen stets die Veränderung der eigenen Person des Lernenden mit einschließt und wirkliches Lernen oft exemplarisches Lernen ist. Den Lernenden muss eine Verantwortung für den Lernprozess zugestanden werden, es muss anerkannt werden, dass sie – wie alle Menschen – ein natürliches Potenzial zum Lernen besitzen, das durch eine bessere Ausbildungsorganisation gefördert und entfaltet werden kann. Diese Hypothese einer humanistischen Psychologie löst gewissermaßen die negative Anthropologie des fremdorganisierten Lernens ab, das die Lernenden als manipulierbare Objekte und nicht als Personen verstand und u. a. zu der Einschätzung führte, dass Prüfungen ein geeignetes Mittel sind, um herauszufinden, welche beruflichen Qualifikationen Studenten erworben haben. Demgegenüber ist davon auszugehen, dass ein Lernen, das auf Eigeninitiative beruht, die eindringlichste Form von Lernen ist und den am längsten anhaltenden Lerneffekt zufolge hat. Nachhaltiges und signifikantes Lernen findet – so wissen wir aus der Lehr-Lernforschung – dann statt, wenn der Lerninhalt vom Lernenden als für seine eigenen Zwecke relevant wahrgenommen wird. Auch die Weiterbildung muss demzufolge dafür sorgen, dass die Lerninhalte von den Lernenden als für ihre eigenen Zwecke relevant wahrgenommen werden können. Dies ist nicht nur eine Frage der Inhaltsauswahl und ihrer Exemplifizierung, sondern auch die Frage eines stärker handlungsorientierten didaktischen Arrangements.

Lernen als Persönlichkeitentwicklung

Begründungen nach der Lehr-Lern-Forschung

Totes Lernen	Lebendiges Lernen
Die bloße Präsentation von Information durch den Lehrenden führt automatisch zum Lernen.	Relevantes Lernen schließt stets die Veränderung der eigenen Person mit ein. Wirkliches Lernen ist oft exemplarisches Lernen.
Den Lernenden kann keine Verantwortung für ihren eigenen Lernprozess anvertraut werden.	Lernende besitzen – wie alle Menschen – ein natürliches Potenzial zum Lernen, das durch eine bessere Ausbildungsorganisation gefördert und entfaltet werden kann.
Lernende betrachtet man am besten als manipulierbare Objekte und nicht als Person.	Lernen, das auf Eigeninitiative beruht, mit Beteiligung der ganzen Person – Gefühl wie Intellekt –, ist das eindringlichste und hat den am längsten anhaltenden Lerneffekt zur Folge.
Prüfungen sind ein geeignetes Mittel, um herauszufinden, welche beruflichen Qualifikationen Lernende erworben haben.	Nachhaltiges und signifikantes Lernen findet statt, wenn der Lerninhalt vom Lernenden als für seine Zwecke relevant wahrgenommen wird.

Vom toten zum lebendigen Lernen (nach: C. Rogers) (aus: Arnold/ Schüssler 1998, S.73)

Rollenverständnis der Dozenten

Um ein lebendiges und handlungsorientiertes Lernen in der Weiterbildung inszenieren zu können, muss sich jedoch auch die Rolle der Lehrenden ändern. Früher war der Lehrende Unterweiser, der seine Lehre u. a. nach den Prinzipien des Vormachens und Nachmachens bzw. des Vordenkens strukturierte. Heute wird er mehr zum Lernberater, der den Lernenden Aufgabenstellungen (sog. Arbeitsaufträge) übergibt und sie zum selbstständigen Durchdenken und Durcharbeiten dieser Aufgabenstellungen motiviert. Früher hat der Lehrende nahezu alle Informationen vorgegeben und die Lernenden Schritt für Schritt angeleitet, während er heute viele der notwendigen Informationen selbst beschaffen lässt, sich zurückhält und den Lernprozess beobachtet, für Rückfragen zur Verfügung steht und abwartet, ob und wann er wirklich eingreifen muss. Früher hat der Lehrende dazu verholfen, dass die richtige Lösung nachvollzogen werden konnte. Heute lässt er eigene Erfahrungen und Lösungen zu, und versucht den Lernenden durch Fragen selbst einen richtigen Weg finden zu lassen.

Teil III

Organisation und Management
in der Weiterbildung

**Erweiterter
Blickwinkel:
Management
der WB**

Teil III dieses Buches beschäftigt sich mit den Aufgaben, die im Bereich Management auf Verantwortliche im Bildungsbereich zukommen bzw. zugekommen sind. Dies sind neben Leitern von Bildungsabteilungen auch z. B. Dozenten und Trainer, die ihren Blick weiten möchten, Aufgaben aus dem Bereich Management übernehmen oder selbstständig sind.

Die hier beschriebenen Inhalte beziehen sich in erster Linie auf betriebliche Erwachsenenbildung bzw. Weiterbildung, mit dem Ziel, einen ersten Einblick in den Stand der Diskussion und die zur Debatte stehenden Erkenntnisse und Fragen des Weiterbildungsmanagements zu geben. Es werden an dieser Stelle aus diesem sehr umfangreichen Thema spezifische Aspekte und Diskussionspunkte herausgegriffen. In diesem Fall werden insbesondere die Bereiche Bildung als Managementaufgabe, Zielsetzung und Planung, Bildungsmarketing, Bildungsbedarfsanalyse sowie Erfolgssicherung und darüberhinaus Transfer sowie das Gestalten von Informations- und Kommunikationsprozessen betrachtet.

Sie orientieren sich dabei an den folgenden Leitfragen:
* Ist Weiterbildung eine Managementaufgabe?
* Welche Trends zeichnen sich in der Bildungsarbeit ab?
* Welche Management-Instrumente finden Berücksichtigung?
* Wie kann ein Zielsetzungs- und Planungsprozess verlaufen?
* Wie kann eine Bildungsbedarfsanalyse durchgeführt werden?
* Was sollte bei der Weiterbildungsberatung beachtet werden?
* Was sollte bei der Budgetierung von Bildungsmaßnahmen beachtet werden?
* Wie kann die Erfolgssicherung durchgeführt werden?
* Wie sollte die Information und Kommunikation gestaltet sein?
* Welche Aufgaben hat das Weiterbildungsmanagement heute und zukünftig?

Es versteht sich von selbst, dass eine solche Ausarbeitung kein Rezept „für alle Fälle sein" kann, sondern das sie allgemeine Regeln und Grundsätze weitergibt, die je nach Rahmenbedingungen und Situation der individuellen Reflexion und Übertragung auf die jeweilige berufliche bzw. betriebliche Situation bedarf.

15   Worum geht es im Einzelnen?

**Aspekte jenseits
der Didaktik im
Umfeld der
Bildungsarbeit**

Das erfolgreiche Gestalten und Steuern von didaktisch-methodischen Prozessen ist eine Seite der Medaille in der Bildungsarbeit. Die zweite Seite betrifft die Gestaltung des gesellschaftlichen, ökonomischen und sachlichen Umfeldes. Finanzielle, organisatorische und planerische Aufgaben nehmen einen immer breiteren Raum in der Bildungsarbeit ein und werden (mit) zu zentralen Aufgaben von Leitern, Fachbereichsleitern, Dozenten, sprich: von für Bildungsmaßnahmen Verantwortlichen.

Weiterbildung sowie Erwachsenenbildung nehmen eine Schlüsselfunktion bei der Erhaltung und Erweiterung der Wettbewerbsfähigkeit ein. Nur flexibel, schnell und transferfähiges Wissen und Können schafft Vorsprünge. Es genügt nicht (mehr), Qualifikation „nachzureichen", sondern immer wichtiger wird es vorausschauend zu denken, zu handeln und zu qualifizieren. In diesem Sinne entwickeln sich Weiterbildung sowie Erwachsenenbildung zu einem Bildungsmanagement. Management bedeutet letztlich das Gestalten und Steuern von Prozessen, anders ausgedrückt: es geht darum, alles Nötige veranlassen, damit in der Organisation bestimmte Ziele bzw. Ergebnisse erreicht werden können. Dies kann sich u. a. auf Lern- oder Arbeitsprozesse beziehen als auch auf Organisationsprozesse oder persönliche Entwicklungsmaßnahmen von Mitarbeitern. Managementgrundsätze und –instrumente ergänzen bzw. durchdringen dabei immer stärker die Planung und Durchführung von Lehr- und Lernprozessen.

Management als erfolgreiche Steuerung von Prozessen

Weiterbildungsmanagement versteht sich als interaktiver Prozess, der sowohl den Bedürfnissen des Einzelnen als auch der Unternehmen bzw. Organisationen und der Gesellschaft verpflichtet ist, sie entwickelt und koordiniert. Es wird „als professionelles Handeln zur Erreichung einer innovativen und effizienten Dienstleistung, die dem Lehren und Lernen der Erwachsenen dient, definiert" (Merk 1992, S. 335). Weiterbildung entwickelt sich zu einer Dienstleistung, die dabei unterstützt, Problemlösungen zu entwickeln und neue Sichtweisen zu eröffnen. Sie befindet sich damit in unmittelbarer Nähe zur Personal- und Organisationsentwicklung und entwickelt sich als integrativer Bestandteil zu einem Markt bzw. marktwirtschaftlichen Geschehen, bei dem Angebot und Nachfrage abgestimmt werden. In diesem Sinne gelangt Weiterbildung immer näher an die unternehmensprägenden Entscheidungen heran. Sie wird zunehmend als eine der die Entwicklung tragenden Säulen anerkannt. Die Begleitung dieser systematischen und strategischen Prozesse kann nur durch professionelle Mitarbeiter geleistet werden. Ein komplexes, sich ständig veränderndes offenes Weiter-Lern-System braucht ein Bildungsmanagement und Bildungsmanager, die – neben der aktiven Beratung und vor dem Hintergrund strategischer, innovationsorientierter Überlegungen – u. a. in der Lage sind:

Weiterbildung:
– Dienstleistung
– Problemlösung

- Die Lernveränderungen bzw. den Bildungsbedarf abzuschätzen,
- Das vorhandene Bildungspotential zu fördern und zu entwickeln,
- Neue Weiterbildungskonzepte,- formen, -methoden zu entwickeln,
- Die notwendigen Bildungsmittel zu kalkulieren und zu budgetieren,
- Lehr-Lern-Prozesse effektiv, zielorientiert und strategisch zu gestalten.

16 Welche Trends zeichnen sich in der Weiterbildung ab?

In der Weiterbildungslandschaft lassen sich derzeit eine Reihe von Trends erkennen, die hier in Stichworten zusammengefasst werden. Die im engeren Sinn auf das Erwachsenenlernen bezogenen sind ebenso wie die Entwicklungen zum Lernen am Arbeitsplatz im jeweiligen Kontext der Teile I und II dieses Buches schon angesprochen worden. Hier geht der Blick nun mehr vom bzw. von dem Mitarbeiter als Lernenden und vom Qualifikationsbegriff aus.

Ausgangspunkt: Qualifikation

Trend 1:   Systematisierung und Institutionalisierung
- Weiterbildung (in Form von Beratung, Qualitätszirkeln, Seminaren, Workshops etc.) als „Kompetenzförderung"
- Verstärken der Vor- und Nachbereitung (z. B. durch gezielte Bedarfsanalysen; Gespräche; Transferhilfen)
- Förderung individueller, selbstgesteuerter Formen des Lernens (z. B. Selbstlernzentren, Coaching-Angebote) und in Gruppen (z. B. Werkstattgruppen, Qualitätszirkel, Lerngruppen)
- Systematisierung von Arbeitsprozessen, konsequente Kundenorientierung und Qualitätsmanagement
- Entwicklung von Controlling-Instrumenten; gestiegenes Kosten- und Erfolgsbewusstsein als selbstverständlicher Bestandteil der Weiterbildungsprozesse
- Human Resource Management und Personalentwicklung als explizite Führungsaufgabe

Trend 2:   Neue Auffassung vom Lehren und Lernen
- Der rasante Wandel erfordert ständiges Lernen („lebenslanges Lernen").
- Aufgaben- und projektbezogene Arbeiten erfordern Lernarrangements und selbstorganisierte Lernprozesse; erwachsenengerechte Lernformen; Ermöglichen eigener Lernprozesse (Selbsterschließung der Inhalte; Ermöglichungsdidaktik; Entwickeln von Lernarrangements).
- Im Mittelpunkt der Betrachtung stehen (verstärkt) die Potenziale und Ressourcen der Mitarbeiter (potenzialorientierte Weiterbildung); Fähigkeiten und Kompetenzen stehen im Mittelpunkt, nicht Defizite.
- Reflexive Wissensformen (Fach-, Methoden-, Reflexions- und Persönlichkeitswissen) gewinnen an Bedeutung.
- Förderung der Eigenverantwortung der Mitarbeiter.
- Führungskräfte sind für die Qualifikation und Entwicklung ihrer Mitarbeiter verantwortlich.
- Förderung umfassender Handlungskompetenz.
- Reflexives Lernen, indem sich die Lernenden ihrer eigenen Lerninteressen, -bedürfnisse, Lernstärken und -schwächen sowie Lernstile und -gewohnheiten und der damit verbundenen eigenen Lernwiderstände bewusst werden.

Trend 3:   Reale Arbeitszusammenhänge bzw. Problemorientierung
- Problemorientierter und projektbezogener Ausbau von Kompetenzen statt „Lernen auf Vorrat"; Zusammenhang zwischen realer Arbeitssituation und Lernen ist unmittelbar(er).
- Entwicklung von „maßgeschneiderten" Lösungen, die auf den konkreten Bedarf und Problemstellungen ausgerichtet sind.
- Ziel der Weiterbildung: Einführung, Begleitung und Umsetzung geplanter Veränderungen im Unternehmen: Sie hat damit (auch) organisationsverändernde Funktion (früher ausschließlich Sicherung der Arbeitsfähigkeit)
- Mitarbeiter werden in die Arbeits- und Lernprozesse eingebunden, um sinnvolle Lösungen zu erarbeiten.

Trend 4: Dezentralisierung

- Dezentralisierung von Verantwortung; Förderung des Engagements der Mitarbeiter; Weiterbildung ist Aufgabe jedes Einzelnen, jedes Teams, jeder Abteilung, jeder Führungskraft; Bildungsprozesse und ihre Erfolge transparent machen.
- Dezentralisierung der Weiterbildungsplanung; Bildungsbudgets in den Abteilungen, bei Führungskräften, Projekt- bzw. Prozessverantwortlichen ansiedeln; Bildungsbedarf erheben, Bildungsziele vereinbaren; Führungsverantwortliche für ihre Weiterbildungs- bzw. Personalentwicklungsaufgabe vorbereiten und in dieser unterstützen; Bildungscontrolling i. S. der Steuerung von Bildungsaktivitäten einführen.
- Interne Dienstleistung in Sachen Bildung organisieren; Dienstleistungen für dezentral gesteuerte Bildungsprozesse vorhalten (z. B. Informationen über interne/externe Beratungsangebote, interne/externe Weiterbildungsangebote, Lehr- und Informationsmaterialien, Moderatorendienste, Checklisten, Handreichungen); Zentrales Bildungs- und Informationssystem als Steuerungsinstrument organisieren (Beratung und Unterstützung; „Werbung für Weiterbildung"; langfristige Nachwuchsförderung, übergreifende Bildungsaufgaben).

Trend 5: Weiterbildung als Dienstleistung

Es ist immer bedeutsamer, Weiterbildungsmaßnahmen zu entwickeln, die an den jeweiligen Bedingungen und Bedarfen ausgerichtet sind. Das Weiterbildungsspektrum, das (intern oder extern; oder: intern und /oder extern) den „Kunden" angeboten werden muss, erweitert sich auf stärker individualisierte Dienstleistungen. Beispiele für Dienstleistungen in der Weiterbildung sind u. a.:

- Planen und Durchführen von Seminaren, Moderation und Workshops
- Beratung und Weiterbildung des internen Weiterbildungspersonals
- Beratung und Weiterbildung der Führungskräfte, die Verantwortung für Weiterbildung/Personalentwicklung übernehmen werden
- Erstellen von Selbstlernmaterialien, Handreichungen und Checklisten
- Coaching, individuelle Unterstützung der Fach- und Führungskräfte
- Planung und Betreuung von Projekten
- Unterstützung bei der Entwicklung eines Weiterbildungskonzepts
- „Offene" Seminare
- Individuelle Inhalte und Methoden („Maßgeschneiderte Seminare")
- Einsatz von handlungsorientierten Methoden (Projektarbeiten, neue Medien, arbeitsplatznahes Arbeiten und Lernen)
- Im Bildungsprozess vor- und nachgelagerte Dienstleistungen (Bedarfsermittlung, Evaluation)
- Weiterbildungsberatung; Lernberatung
- Betreuung von Weiterbildungsprojekten
- Betreuung selbstgesteuerter Lernprozesse
- Qualifizierung von Personalentwicklungs- und Weiterbildungspersonal.

Trend 6:   **Verändertes Führungsverständnis**

Die Analyse der Tätigkeiten von Bildungsmanagern bringt ein Verständnis für das Zusammenwirken der Aufgaben in der Praxis, dem Handlungsvollzug. Zwei Funktionsebenen sind von besonderer Bedeutung:

1. Die Dispositionsfunktion bezieht sich auf die Leitung, Organisation, Planung, Beratung und Auswertung
2. Die Lehrfunktion hat fachlich-pädagogischen Kriterien zu folgen.

Zu den leitenden Tätigkeiten gehören z. B.:
- Visionen weitergeben
- Ziele vereinbaren und gemeinsam kontrollieren
- Kultur prägen; Vorbild geben
- Rückmeldungen geben
- Strategien verfolgen
- Kompetenzen fördern
- Zielgerichtet informieren; Transparenz herstellen
- Ziele des Unternehmens repräsentieren
- Konflikte wahrnehmen und die Problemlösung steuern
- Festlegen der Unternehmensziele und -politik
- Gewährleisten des Betriebserfolgs (fachlich, finanziell)
- Koordination der betrieblichen Organisation
- Konzeptionelle Ausrichtung des Bildungsprogramms
- Personalentwicklung und Besetzung der Führungspositionen
- Effektivieren der Marketingstrategie
- Öffentlichkeitsarbeit und Imagepflege.

Zu den lehrenden und planenden Tätigkeiten zählen z. B.:
- Planen, Vorbereiten und Durchführen von Angeboten
- Ermitteln des potenziellen und realen Bildungsbedarfs
- Konzipieren maßgeschneiderter Veranstaltungen
- Auswahl von Trainern und Dozenten
- Gewährleisten der Organisation der Veranstaltungen
- Weiterbildungsberatung (Teilnehmer, Betriebe)
- Evaluieren der Lehr- und Lernsituationen.

Trend 7:   **Zusammenspiel von strategischem, operativem und funktionalem Weiterbildungsmanagement**

Weiterbildungsmanagement umfasst die Analyse, Organisation und Planung, die Entscheidung und Durchführung sowie die Wirkungskontrolle der Veranstaltungen. Es handelt in einem Gesamtzusammenhang, der von Merk (1992, S. 62f.) auf drei Ebenen beschrieben wird: Strategisches Management, Operatives Management, Funktionales Management. In diesen drei unterschiedlichen Funktionsebenen unterscheidet man verschiedene Weiterbildungsaufgaben, die im folgenden kurz wiedergegeben werden.

Weiterbildungseinrichtungen sind Organisationen mit Leistungszielen, die im Bereich des Lehrens und Lernens liegen. Das **strategische Management** zielt auf eine lebensfähige Beziehung zwischen Organisation und Umwelt. In diesem Sinne macht sich strategisches Bildungsmanagement Vorstellungen über zukünftige Herausforderungen, systematisiert diese und leitet aus dem Vergleich Maßnahmen für eine optimale Gestaltung der Lern- und Arbeitsprozesse ab. Übergeordnete Bedingungen, die diese Vorstellungen (mit-)prägen, sind u. a.:

Ziele strategischen Bildungsmanagements

* Welche zukünftigen Anforderungen werden an die Mitarbeiter, die Teilnehmer („Kunden"), die Organisation, den Betrieb gestellt?
* Welche Ziele haben die Organisation, der Betrieb, die Mitarbeiter, die Teilnehmer?
* Wie verändert sich die Umwelt- und Marktsituation?
* Welche ökonomischen, personellen, räumlichen Ressourcen stehen zur Verfügung?
* Welche spezifischen Fähigkeiten hat die Organisation, die sich (noch) weiter ausbauen lassen?

Indem strategisches Bildungsmanagement auf zukünftige Entwicklungen reagiert, hat es vorausschauende Aufgaben. Es soll möglichst früh Bildungs- und Entwicklungsmaßnahmen aus sich verändernden Umweltgebenheiten ableiten, auf neue Ziele der Organisation in Form der Bereitstellung der Qualifikationen antworten, entsprechende, zielorientierte Problemlösungen, Konzepte und Qualifikationen bereitstellen und die entsprechenden Umsetzungsprozesse an- bzw. einleiten.

Reaktion auf Zukünftiges

Bildungsmanagement

= vorausschauende, zukunftsbezogene Umfeldanalyse und Planung der Aufgabenbereiche Sachgestaltung, Personenbezogene Entwicklung, Prozessgestaltung und -steuerung

Aufgabenbereiche	Beschreibung	Kriterien u. a.
Sachgestaltung	• Lerngestaltung (z.B. Erstellen einer Weiterbildungskonzeption) • betriebswirtschaftliche (z.B. Kalkulation, Finanzierung) • organisatorische Gestaltung.	• Planen, Organisieren • Finanzieren; Budgetieren • Marketing • Controlling
Personenbezogene Entwicklung	• den Führungsprozess, das Beraten, Begleiten der Lernenden und Mitarbeiter.	• Initiieren v. Lernprozessen • Beraten • Fördern, unterstützen
Prozessgestaltung und -steuerung	• alle Aufgaben d. Steuerung von Prozessen, Organisationsentwicklung, Information und Kommunikation	• Kommunizieren und Informieren • Team-, Gruppenarbeit • Beteiligung

Strategische Programmplanung der Bildungsmaßnahmen (nach Decker 1995)

Durchführung der konkreten Bildungsmaßnahmen

Im Mittelpunkt des **operativen Managements** steht das Bildungsgeschäft selbst: Veranstaltungen werden konzipiert, organisiert, durchgeführt. Das, was aus Sicht des Gesamtunternehmens die Richtung ausmacht, muss in konkrete Bildungsmaßnahmen umgesetzt werden. Vor Ort müssen Auftraggeber akquiriert und Teilnehmer gewonnen werden. Im operativen Bereich werden die Maßnahmen durchgeführt. Während strategisches Management sein Augenmerk auf die Unternehmens- und Organisationsziele richtet, erfolgt im operativen Feld die Umsetzung.

Das Kursgeschehen ist vorzubereiten und durchzuführen; der Mitarbeitereinsatz darauf abzustimmen; die Lehr- und Ausbildungspläne sind einzuhalten; mit neuen Auftraggebern und Teilnehmern ist zu beraten und verhandeln. Finanz- und Personalpläne müssen erarbeitet werden, der betriebswirtschaftliche Erfolg ist sicherzustellen. So sind z. B. die Weiterentwicklung von Lehrgangsangeboten und der Soll-Ist-Vergleich des Betriebsergebnisses notwendige Verfahren, um die Qualität des Angebots zu gewährleisten.

Passung von strategischem und operativem Management

Strategisches und operatives Management müssen zusammenwirken, um eine möglichst exakte „Passung" zu finden. Je erfolgreicher das Alltagsgeschäft ist, umso konstruktiver kann die strategische Planung wirken; und umgekehrt muss das strategische Management Perspektiven aufzeigen, damit Marktpotenziale operativ erschlossen werden können.

Fragen, die sich hinter der Planung des operativen Managements stehen, lauten z. B.:

- Wie werden Bildungsveranstaltungen – auf der Basis unserer Unternehmensziele und „Philosophie" – konkret geplant und organisiert?
- Welche Stärken wollen wir weiter ausbauen? Welche Schwächen vermindern bzw. abstellen?
- Gehen wir bei der Durchführung von Bildungsmaßnahmen konsequent nach strategischen Überlegungen vor?
- Wie kontrollieren wir den Lern- bzw. Transfererfolg?
- Welche Konsequenzen ziehen wir aus erzielten Ergebnissen?

Prinzipien für optimierte Aufgabenerfüllung

Das **funktionale Management** vollzieht sich in erster Linie als integraler Bestandteil der Aufgabenerledigung. Es werden die Prinzipien entwickelt und betrachtet, die für die Aufgabenerfüllung effektiv sein können. Dabei spielt z. B. die Zusammenarbeit und das Umgehen der Mitarbeiter untereinander eine große Rolle. Sind z. B. die Mitarbeiter ein „eingespieltes Team", die Kommunikations- und Informationswege transparent und die Ziele klar, wird der Handlungsvollzug zwischen allen Beteiligten abgesprochen. Wie konkret gehandelt wird, muss abgestimmt und vereinbart sowie ständig reflektiert werden. Unter funktionalen Aspekten sind Entscheidungs-, Kommunikations-, Motivations-, Planungs- und Organisationstätigkeiten optimal zu gestalten. Fragen, die sich hinter der Planung des funktionalen Managements stehen, lauten z. B.:

- Wie „leben" wir unsere Unternehmens„philsophie"?
- Wie informieren wir uns?
- Wie kommunizieren wir miteinander?
- Wie werden unsere Entscheidungen getroffen?
- Wie effektiv ist unser Planungs- und Organisationsmanagement?

Für das Weiterbildungsmanagement ist die „Passung" dieser drei Ebenen/ Aspekte von wesentlicher Bedeutung. Wie spielen sie ineinander? Sind sie aufeinander abgestimmt? Ist das Konzept nach innen und außen glaubwürdig? Wie werden die Aspekte weiterentwickelt, hinterfragt, reflektiert, an Neuerungen angepasst?

Noch vor einigen Jahren war Stabilität ein Normalzustand in den Unternehmen, der durch kurze und abgeschlossene Phasen des Wandels jeweils in einen neuen Stabilitätszustand überführt werden konnte. Heute vollzieht sich der Wandel immer schneller, manchmal auch radikaler. Die erfahrenen Veränderungen sind zunehmend komplex. Sie verlaufen als offener Prozess und können häufig nicht in klare, eindeutige Veränderungsschritte aufgelöst werden. Die Vorstellung einer langfristigen Planung gehört damit der Vergangenheit an. Gestiegene Komplexität und Dynamik erhöhen die Unsicherheit in der Planung und stellen daher Anforderungen, die nicht durch eine noch bessere Planung erfüllt werden können. Die Illusion der Planbarkeit wird aus diesem Grunde „abgelöst" von einer strategischen und potenzialorientierten Sichtweise. Operative Aufgaben werden unter diesem Fokus beleuchtet.

Rascher Wandel zwingt zur Ablösung klassischer Planung

Für die Weiterbildung bedeutet dies: Potenziale bilden und Kompetenzen aufbauen. Enge und definierte Ziele, die sich aus geplanten Projekten ableiten, werden zunehmend ergänzt durch übergreifende Ziele, wie z. B. Innovationsfähigkeit, Konfliktstärke, Kommunikationsfähigkeit.

Neu: Potenziale bilden

Aus den Trends ergeben sich Chancen für neue Aufgabenfelder in der Weiterbildung, denn die Umsetzung moderner Unternehmenskonzepte (z. B. Lernende Organisation, Lean Management, Business Reegeneering) lassen sich ohne Weiterbildung und damit gezielte, umfassende und kontinuierliche Qualifizierung nicht realisieren.

17 Bildung als Managementaufgabe?

Wie bereits auf den vorhergehenden Seiten beschrieben, beantwortet Management letztlich die Frage: Wie kann das vorhandene Wissen gemeinsam und effektiv auf das Erzielen von Ergebnissen angewendet werden?

Dabei wird zunehmend erkannt, dass Persönlichkeit, Lernen, soziale Beziehungen und Wissen die wichtigsten Ressourcen bilden, die es zu entwickeln, zu gestalten und zu steuern gilt. Management trägt zur Gestaltung der Veränderung, zur Selbstentwicklung von Menschen und Organisationen bei. Es bedeutet, die Ressource Mensch in die Kriterien Selbstkompetenz, Prozess- und Entwicklungsfähigkeit, Motivation und Wertschöpfungsverantwortung so zu entfalten, dass sie den Anforderungen im Hinblick auf Innovation, Qualität, Effektivität, Produktivität entsprechen.

Ressourcen entfalten

Seit langem ist es ist unumstritten, dass zur erfolgreichen Unternehmensführung die Umsetzung und Verwirklichung konkreter Erfolgsfaktoren gehört. Dazu zählen u. a. neben klaren, längerfristigen Strategien, flexibler Organisation,

Erfolgsfaktoren

effizientem Informationssystem und Kundenorientierung das Nutzen der Mitarbeiterpotenziale und der Aufbau eines wirkungsvollen Managementsystems. Die Ressourcen der Mitarbeiter tragen entscheidend zu dem Unternehmenserfolg bei. Insofern wird die Weiterbildung zu dem Schlüsselfaktor für erfolgreiches Handeln. Sie unterstützt die Mitarbeiter, die Führungskräfte, das Unternehmen als Ganzes auf deren Weg zur lernenden Organisation (vgl. Krämer-Stürzl 1998b).

Lehren und Führen wachsen zusammen

Bildung, Lehren und Lernen sowie Management und Führen wachsen zusammen. Lernen wird zu einem Instrument der Führung und des Managements. Wenn Führungskräfte ihre Organisationen den Markt-, Nachfrage- und Wettbewerbsbedingungen anpassen wollen, müssen sie z. B. lernen, wie man lehrt, wie man das Lernen lehrt, Ziele vereinbart, Visionen entwickelt, mit Neuerungen, Problemen und evtl. entstehenden Konflikten umgeht (siehe auch Kap. Trends in der Weiterbildung, 6: Verändertes Führungsverständnis).

Management wird oft als Regelkreis abgebildet, um alle Management-Instrumente zu erfassen und in einen Zusammenhang zu stellen.

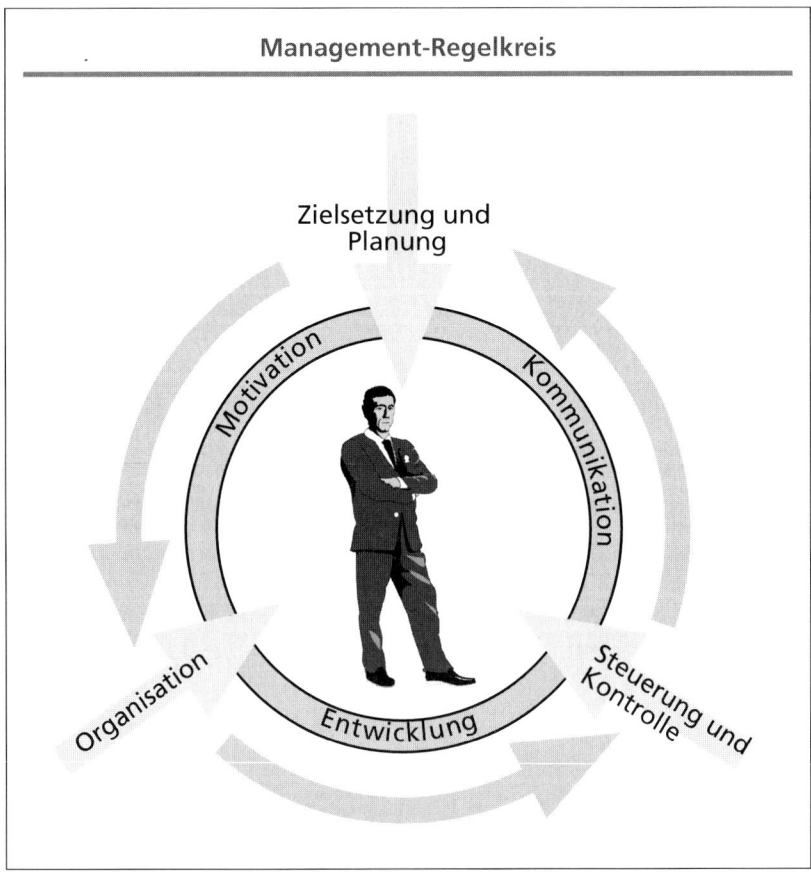

Die Organisationsstruktur (Ergebnisveranwortung, Entscheidungsbefugnisse) muss zielkonform sein. Der Steuerrahmen ergibt sich einerseits aus der Organisationsstruktur und Zielsetzung und führt andererseits zu effektiverer Zielerreichung, weil durch Steuerung leistungshemmende Umwege vermieden werden.

Durch kontinuierliche Kontrollen wird festgestellt, ob Ziele erreicht wurden bzw. das Aufstellen neuer Ziele erforderlich ist. Als Management-Instrumente wirken Zielsetzung und Planung, Organisation sowie Steuerung und Kontrolle auf das Unternehmen bzw. auf dessen Mitarbeiter.

Diese Management-Instrumente sollen mit dem Mitarbeiter / der Mitarbeiterin vereinbart bzw. transparent gemacht werden (Kommunikation), er/sie muss zu Leistung angeregt werden (Motivation) und es sollten Hilfen zur Leistungserstellung zur Verfügung stehen (Mitarbeiterentwicklung).

In der Regelkreis-Abbildung wird deutlich, dass Management immer als eine Einheit zu verstehen ist. Werden z. B. Ziele vereinbart, hat dies Einfluss auf die Motivation und Kommunikation.

In diesen übergeordneten Management-Regelkreis passt sich der **Weiterbildungs-Regelkreis** ein. Die Phasen des Weiterbildungsmanagements bzw. Grundfunktionen der Weiterbildung, die zu einer konkreten, zielgerichteten Maßnahme führen, werden in der Regel wie folgt beschrieben werden:

Einbettung von Weiterbildung in Management

– *„Den Bildungsbedarf zu analysieren,*
– *aus übergeordneten Zielsetzungen Ziele ableiten und – bezogen auf einzelne Bildungsaktivitäten – Lernziele zu formulieren,*
– *Bildungsmaßnahmen organisatorisch sowie methodisch-didaktisch zu planen,*
– *Bildungsmaßnahmen zu realisieren sowie*
– *den Erfolg der Bildungsmaßnahme zu kontrollieren und Transferunterstützung zu leisten"* (Hölterhoff/Becker 1986, S. 78).

Dabei geht es nicht darum, die einzelnen Phasen nacheinander „abzuarbeiten", sondern eine „prozessorientierte Sichtweise" einzunehmen.

Im Zusammenhang z. B. mit der Kontrolle wird offensichtlich, dass es zweckmäßiger ist, wenn sie frühzeitig und prozessorientiert erfolgt, und nicht erst am Ende des Weiterbildungsmanagement-Zyklusses.

Weiterbildung in diesem Sinne stellt einen „permanenten Kreislauf" dar, eine dauerhaft und kontinuierlich laufende Aktivität ohne Anfang und Ende sowie die ständige Verbesserung durch permanente Rückkopplung, und spiegelt die dynamische Komponente betrieblicher Weiterbildungsarbeit wider: Bewährtes ausbauen, Neuerungen anwenden, erprobte Bildungsansätze und Methoden umsetzen. In diesem Sinne lässt sich der Weiterbildungsprozess im Unternehmen auch als Kreislauf darstellen:

Weiterbildung als permanenter Kreislauf

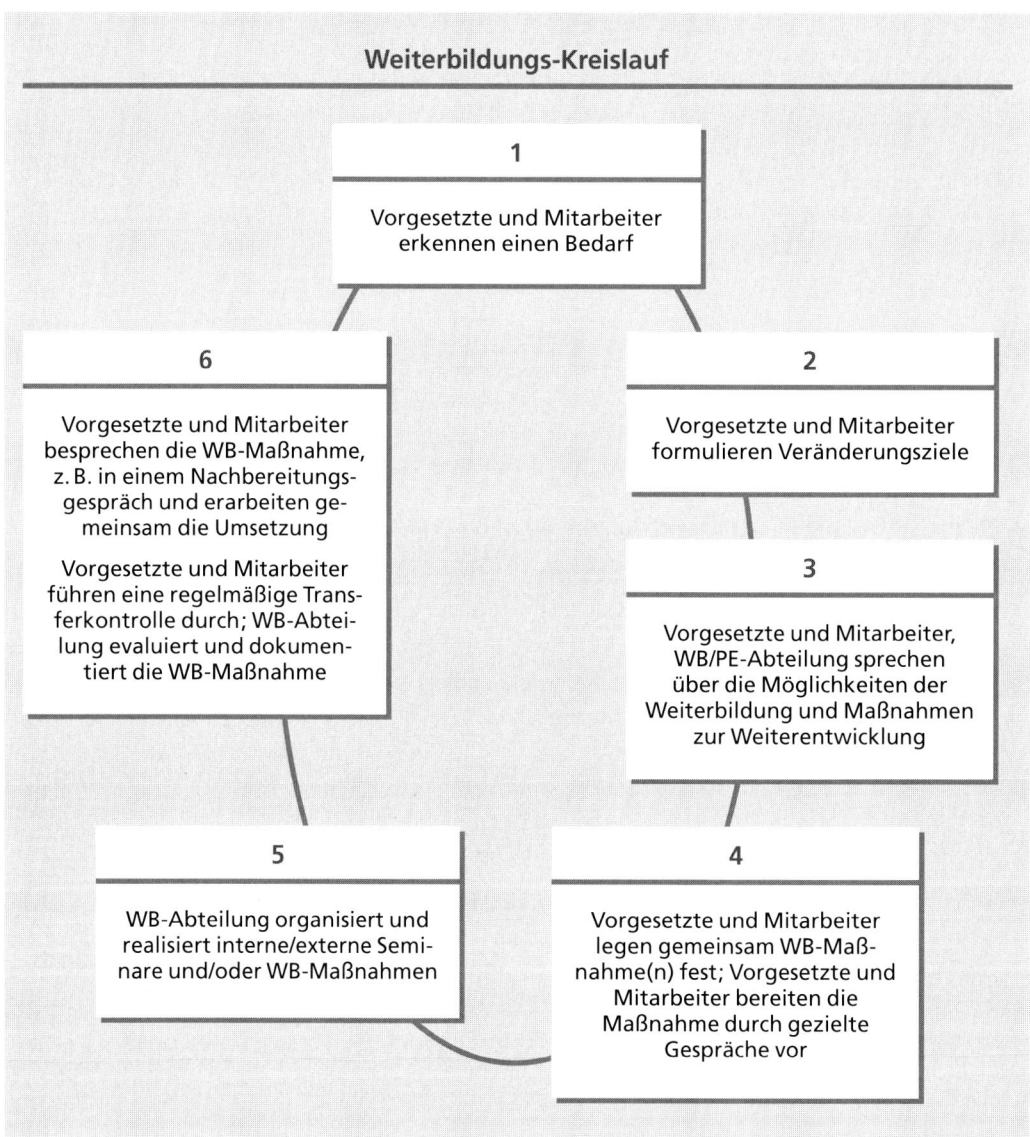

Weiterbildungs-Kreislauf

1

Vorgesetzte und Mitarbeiter erkennen einen Bedarf

6

Vorgesetzte und Mitarbeiter besprechen die WB-Maßnahme, z. B. in einem Nachbereitungsgespräch und erarbeiten gemeinsam die Umsetzung

Vorgesetzte und Mitarbeiter führen eine regelmäßige Transferkontrolle durch; WB-Abteilung evaluiert und dokumentiert die WB-Maßnahme

2

Vorgesetzte und Mitarbeiter formulieren Veränderungsziele

3

Vorgesetzte und Mitarbeiter, WB/PE-Abteilung sprechen über die Möglichkeiten der Weiterbildung und Maßnahmen zur Weiterentwicklung

5

WB-Abteilung organisiert und realisiert interne/externe Seminare und/oder WB-Maßnahmen

4

Vorgesetzte und Mitarbeiter legen gemeinsam WB-Maßnahme(n) fest; Vorgesetzte und Mitarbeiter bereiten die Maßnahme durch gezielte Gespräche vor

Klären Sie Ihren persönlichen Standort

- Welche Aufgaben nehmen Sie in Ihrem Bereich zur Zeit wahr?
- Welche Aufgaben halten Sie für die Zukunft Ihrer Bildungseinrichtung und für Ihr persönliches Fortkommen für unbedingt ausbaubar?
- Welche Kompetenzen haben Sie bereits, um diese Aufgaben zu erfüllen?
- Welche Kompetenzen benötigen Sie dafür noch? Wie werden Sie sich diese „beschaffen"?

18   Einzelne Management-Instrumente

18.1   Zielsetzung und Planung – Wie kann ein Analyseprozess systematisch angegangen werden?

Zielsetzung und Planung als Management-Instrument heißt, in einem formellen Entscheidungsprozess festzulegen:

1. Wo stehen wir? (Bestandsanalyse)
2. Wohin wollen wir? (Zielsetzung)
3. Wie kommen wir dorthin? (Festlegen der Vorgehensweise)

Zielsetzung und Planung bezieht sich dabei auf zukünftige Auswirkungen von Entscheidungen heute. Daher ist eine Aufstellung eines „Idealzustandes" (Soll-Zustandes), an dem die Ist-Entwicklung gemessen werden kann, erforderlich.

Zielsetzung und Planung im Ist-Soll-Stand

Beispiel:

Interessant für Zielsetzung und Planung war das Apollo-Projekt der Amerikaner. Bemerkenswert war u. a. die Reihenfolge der einzelnen Schritte: Im Vorfeld bestanden bestimmte Wertvorstellungen (kreative Kräfte der Nation neu entfalten, neue Technologien entwickeln). Im 1. Planungsschritt wurde eine Bestandsanalyse durchgeführt: Entwicklungsstand der Raumfahrt der Sowjetunion ermitteln, finanzielle Möglichkeiten überprüfen, Technologie analysieren, Entwicklungsstand der Elektronik und Raketentechnik überprüfen etc. Als 2. Schritt wurde ein Ziel formuliert, nämlich: Vor Ablauf des Jahrzehnts soll der erste Amerikaner seinen Fuß auf den Mond setzen und wieder gesund zurückkommen. Dann wurde als 3. Schritt die Vorgehensweise bestimmt und die Frage gestellt: Was müssen wir unternehmen, um dieses Ziel zu erreichen? Ausgangspunkt war also das End-Ziel, in dessen Folge Einzelziele aufgestellt wurden.

> **Unternehmensplanung zählt zu den wichtigsten Management-Instrumenten. Aus diesem Grund ist sie eine nicht-delegierbare Managementaufgabe und sollte als kontinuierliche Routinetätigkeit verstanden werden.**

Modell für den Zielsetzung- und Planungsprozess

Wo stehen wir?	Wo wollen wir hin?
Unternehmenswertvorstellungen	Annahmen
Unternehmenszweck	Ziele
Umfeldanalyse	
Stärken- und Schwächen-Analyse	**Wie kommen wir dorthin?**
Ertragspotenzial	Richtlinien
	Budgets

Diese einzelnen Aspekte des Zielsetzungs- und Planungsprozesses werden im Folgenden stichwortartig mit Fragestellungen unterlegt. Sie dienen als eine Art Checkliste für die Reflexion der eigenen Bildungsarbeit:

Wo stehen wir?

Aspekt	Fragestellungen u. a.
Unternehmenswertvorstellungen ... auf Normen und Ideale gerichtete Absichtserklärungen, die von der Unternehmensleitung festgelegt werden und für die Unternehmenstätigkeit bestimmend sind	• Wie ist unsere Organisationsstruktur? (Organisationskonzept, Entscheidungsbefugnisse) • Was sind unsere Qualitätsstandards? • Welchen gesellschaftlichen Beitrag leistet unser Unternehmen? • Welchen Anteil des Umsatzes investieren wir in Forschung und Entwicklung?
Unternehmenszweck ... ist der allgemeine Betätigungsrahmen des Unternehmens	• Was ist unser Kerngeschäft? • Warum machen wir das und nicht auch ...? • Welche Art der Produkte bzw. Dienstleistungen vertreten wir? • In welchem Markt bewegen wir uns?
Umfeldanalyse Klärung und Bewertung der wichtigsten, außerhalb des Unternehmens liegenden Einflussfaktoren	Absatzmarkt: • Wer sind unsere Kunden? • Unsere Marktanteile? • Haben unsere heutigen Vertriebswege Zukunft? • Welchen Nutzen ziehen die Kunden aus unseren Produkten/Dienstleistungen? Wettbewerb: • Wer sind unsere Mitbewerber? • Was hat sich in letzter Zeit bei ihnen verändert? Substitution: • Wodurch ließen sich unsere derzeitigen Produkte/Dienstleistungen ersetzen, so dass wir vom Markt verdrängt werden? Umwelteinflüsse: • Welche Umfeldfaktoren beeinflussen uns am stärksten? • Welche Faktoren hindern uns, unsere Marktanteile auszubauen? • Welchen Einfluss hat die Kaufkraftentwicklung?
Stärken- und Schwächenanalyse Vorteile oder Nachteile eines Unternehmens gegenüber anderen Unternehmen	• Was machen wir besser als unsere Mitbewerber? • Was machen unsere Mitbewerber besser als wir? • Welche Erfolge und Misserfolge hatte das Unternehmen in der Vergangenheit? • Welche Stärken ergeben sich daraus?
Ertragspotenzial ... ist ein Geschäftsbereich, in dem das Unternehmen Chancen sieht, Erfolge zu erzielen und Erträge zu erwirtschaften.	Ertragspotenziale: • Wie gut ist der Markt? Wie stark wächst er? • Wie gut ist unsere Position am Markt? Welchen Wettbewerbsvorsprung haben wir? • Welche neuen Produkte/Dienstleistungen haben wir in Planung? • Was sind die Produktrenner von morgen? ... von gestern?

Wo wollen wir hin?

Aspekt	Fragestellungen u. a.
Annahmen … ist die auf einen bestimmten Zeitpunkt bezogene Abschätzung eines außerhalb des eigenen Einflussbereichs liegenden Entwicklungstrends •	• Wirtschaft: Situation der Wirtschaft? Arbeitslosigkeit? • Bevölkerungsentwicklung: wesentliche Trends? • Unternehmensführung: Internationalisierung? Unternehmensorganisation? Motivation? Generationswechsel? • Arbeitswelt: Arbeitszeitflexibilisierung? Arbeitsorganisation? • Marketing: Produktlebenszyklen? Absatzwege? • Verbraucherverhalten: Informationsbedürfnis? Nachfrage? • Neue Technologien: Wesentliche Auswirkungen?
Ziele … ist eine Willenserklärung, ein erstrebenswertes zukünftiges Ergebnis, dass zu einem bestimmten Zeitpunkt erreicht werden soll	• Welche Ziele haben wir? • Bewegen sich die Ziele innerhalb des Unternehmenszwecks und stützen sich auf unsere Annahmen? • Sind unsere Ziele messbar (kontrollierbar), erreichbar formuliert? • Sind unsere Ziele für alle transparent und wurden sie vereinbart? • Sind unsere Ziele herausfordernd? • Sind unsere Ziele mit den einzelnen Unternehmensbereichen koordiniert, abgestimmt?

Wie kommen wir dorthin?

Aspekt	Fragestellungen u. a.
Richtlinien … sind Rahmenbedingungen, die die Unternehmenspolitik widerspiegelt, und einzelnen Mitarbeitern Richtschnur für Ergebnisverantwortung und Entscheidungsbefugnis sein sollen	• Welche Richtlinien haben wir? • Sind sie transparent? • Sind sie messbar ausgedrückt? • Präzisieren sie die Unternehmensvorstellungen und den Unternehmenszweck für die einzelnen Funktionsbereiche? • Steuern sie die Zielerreichung?
Budget … die in Geld ausgedrückten, auf einer Zeitachse aufgetragenen und mit Zuständigkeiten versehenen Ziele und Maßnahmen	• Basiert die Budgetaufstellung auf dem vorher gegangenen Zielsetzungsprozess? • Wer entwickelt und „verwaltet" das Budget? • Sind die Budgets organisationskompatibel? • Wie werden die Budgets überwacht?

Systematischer Analyseprozess

Zunehmende Konkretisierung	Die Vision ist Leitfaden für alle Maßnahmen und Aktivitäten.	**Wo wollen wir hin?** **Wer wollen wir sein?**
	Jede Einheit entwickelt, daraus abgeleitet, eine Strategie, auf welche Art und Weise die Vision zu realisieren ist.	**Wie kommen wir dahin?**
	Ausgehend von der Strategie können dann konkrete Ziele formuliert werden.	**Was muss wer bis wann erreicht haben?**
	Hier muss sich die Frage anschließen, ob es im Hinblick auf die Ziele Qualifizierungsbedarf gibt. Es erfolgt also eine Bildungsbedarfsanalyse.	**Gibt es dazu Qualifizierungsbedarf?**
	Aus den Zielen lassen sich Projekte und Weiterbildungsmaßnahmen ableiten, die in einem vorgegebenen Zeitrahmen durchzuführen sind und damit eine fristgerechte Zielerreichung gewährleisten.	**Was muss dafür getan werden?**

(Kolmerer/Kuhn-Krainick 1998, S. 141)

Eine alternative Form des systematischen Analyseprozesses, die in der Praxis häufig Anwendung findet, ist in obigem Schema dargestellt. Die Fragen in der rechten Spalte werden z. B. in Workshops gemeinsam bearbeitet.

Aktives Zielmanagement wird z. B. in regelmäßigen Zielvereinbarungsgesprächen angewendet. In mehreren Schritten werden dabei z. B. folgende Leitfragen beantwortet.

Nutzen Sie die Checklisten zur Klärung Ihrer Situation

- Finden Sie Antworten auf die Fragen in der Checkliste „Zielsetzung und Planung" bzw. „systematischer Analyseprozess".
- Entwickeln Sie bei Bedarf weitere Fragen, die für Ihre berufliche Situation relevant sind und die Sie in diesem Zusammenhang klären möchten?

Leitfragen für aktives Zielmanagement

1. Schritt:
Leitfragen:

Arbeitsergebnisse der zurückliegenden Zeit
- Was ist erreicht worden? Was ist noch nicht abgeschlossen?
- Was ist besonders gut? Wo müssen wir noch „nacharbeiten"?
- Was hat die Ergebnisse gefördert bzw. behindert?

2. Schritt:
Leitfragen:

Zukünftige Aufgaben
- Wie können heutige und zukünftige Aufgaben noch besser gelöst werden? Welche Unterstützung ist dazu wichtig?
- Welche neuen Aufgaben stehen an? Sind die Ziele, die dahinterstehen, allen klar?
- Welche Tätigkeiten könnten selbstständiger als bisher erledigt werden? Welche (zusätzlichen) Kompetenzen sind dafür erforderlich?

3. Schritt:
Leitfragen:

Zwischenbilanz der Zusammenarbeit
- Fließen die Informationen, die gebraucht werden? Wird in Entscheidungen miteinbezogen?
- Wie groß ist der Gestaltungs- und Handlungsspielraum bei der Arbeit?
- Wie verläuft die Zusammenarbeit? Wo ist sie gut? Wo gibt es Verbesserungsmöglichkeiten?

4. Schritt:
Leitfragen:

Einsatz und Entwicklung am Arbeitsplatz
- Welche Kenntnisse, Fähigkeiten, Fertigkeiten können auf dem derzeitigen Arbeitsplatz zielgerichtet eingesetzt werden?
- Welche Potenziale liegen vor und haben bisher keine Berücksichtigung finden können?
- Welche Tätigkeitsbereiche sollten ausgebaut werden?
- Wie wird die Entwicklung an dem Arbeitsplatz aussehen? Welche Kompetenzen bzw. Potentiale hat der Mitarbeiter? Welche braucht er noch?

5. Schritt:
Leitfragen:

Gemeinsame Vereinbarungen
- Was ist als gemeinsame Vereinbarung festzuhalten?
- Welche Ziele werden angestrebt?
- Welche Qualifikationen braucht der Mitarbeiter dafür? Wie erreicht er sie?
- Wer ist für was verantwortlich? Bis wann werden die Ziele erreicht?

6. Schritt:
Leitfragen:

(in einem neuen Zielvereinbarungsgespräch): Kontrolle der erreichten Ziele
- Welche der vereinbarten Ziele wurden erreicht? Welche konnten nicht erreicht werden?
- Was ist zu tun, damit diese Ziele (auch noch) erreicht werden können?
- Haben sich in der Bearbeitung der vereinbarten Ziele neue Bedarfe oder Ziele ergeben?

18.1.1 Wie werden Ziele gesetzt? Wie werden Ziele formuliert?

Um die Ziele konkret, zielgerichtet und verbindlich zu formulieren, denn es geht ja um konkrete Vereinbarungen, die zu treffen und zu kontrollieren sind, ist es wichtig, sich über die Formulierung der Ziele zu verständigen. Denn Ziele sind Aussagen darüber, was mit den zukünftigen Lösungen bzw. Vorhaben erreicht bzw. vermieden werden soll.

Ziele sind nicht Maßnahmen oder Lösungen!

Ziel	**Maßnahmen**
• Wohin will ich? • Was will ich erreichen? Was vermeiden? • Welchen Endzustand strebe ich an? • Wann will ich es erreicht haben? • Welche Randbedingungen muss ich bedenken?	• Wie komme ich dahin? • Welche Unterstützung/Mittel brauche ich dazu? • Was muss ich tun, um das Ziel zu erreichen?

Grundsätze der Zielformulierung

Eine Zielformulierung ist damit Grundlage für die Erarbeitung von Lösungsprinzipien und Grobkonzepten. Sie muss daher alle notwendigen Angaben enthalten, die für die weitere Arbeit wichtig sind. Generell gelten für die Zielformulierung folgende Grundsätze:
- Ziele sollten möglichst „lösungsneutral" formuliert werden, um nicht Lösungen vorwegzunehmen.
- Ziele sollten alle Kriterien beinhalten, nach welchen eine Lösung später beurteilt werden soll.
- Die Zielformulierung soll sowohl gewünschte Kriterien (Was wollen wir erreichen?) als auch negative Kriterien (Was ist zu vermeiden?) enthalten.
- Ziele sollen möglichst operational formuliert werden, d. h. verständlich, klar, eindeutig beurteilbar.
- Ziele sollen realistisch sein.

Als Gedankenstütze für die Grundregeln der Zielformulierung werden alternativ u. a. folgende herangezogen:

1. OPAL		2. SMART	
O =	Operational (Erreichbarkeit eindeutig nachweisbar)	**S** =	Spezifisch
P =	Phasengerecht	**M** =	Messbar
A =	Anspruchsvoll, herausfordernd	**A** =	Ausführbar
L =	Lösungsneutral	**R** =	Relevant
		T =	Terminiert

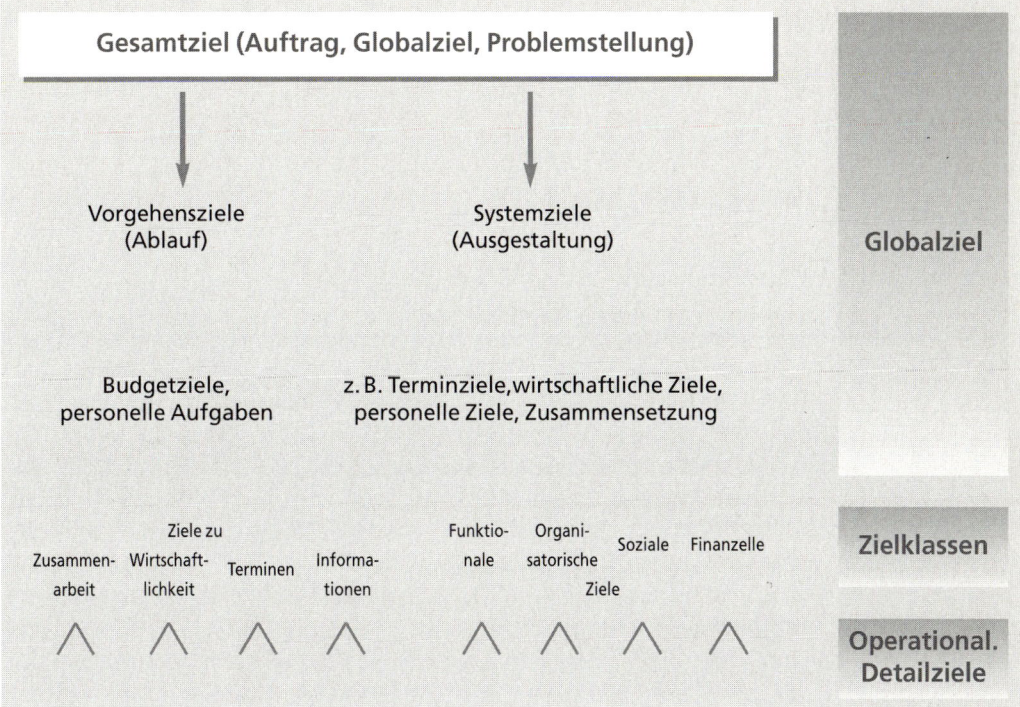

Da eine Zielformulierung meist zu einer längeren Liste von Detailzielen führt, sollte eine solche Liste zur besseren Übersicht sinnvoll strukturiert werden. Eine Gliederungsmöglichkeit ist die Unterteilung in Systemziele und Vorgehensziele, so wie dies im Schema oben gezeigt wird.

Das **Globalziel** beinhaltet eine prägnante Aussage zu:
– WAS? Was soll erreicht werden?
– WER? Durch wen (welche Person, Personengruppe)?
– WANN? (zeitliche Begrenzung)

Systemziele sind dabei die Beurteilungskriterien für die Lösung (z. B. Leistungsziele, Qualitätsziele, wirtschaftliche Ziele).
Vorgehensziele umfassen alle Angaben, die während des Ablaufs bzw. der Problemlösungssuche zu erfüllen sind (z. B. festgelegte Meilensteine, Berücksichtigung bestimmter Personen, Auflagen).
Systemziele und Vorgehensziele können noch einmal in sogenannte **Zielklassen** untergliedert werden. Diese wiederum in (operationalisierte) **Detailziele,** die die konkreten Anforderungen darstellen.

Auch wenn Detailziele in der Regel sehr genau formuliert sind, bestehen Unsicherheiten in der Interpretation, da z. B. die Formulierung „es soll … erreicht werden" nicht eindeutig festlegt, wie dringlich dieses Ziel erreicht werden soll.

Daher hat sich die Unterteilung der Detailziele in zwei Kategorien durchgesetzt:
1. Mussziele: Bedingungen bzw. Restriktionen sind zwingend einzuhalten, auch wenn es mehr kostet oder länger dauert
2. Wunschziele: sind zu beachten; ihre Einhaltung ist erwünscht.

An dem Beispiel einer Zielformulierung für das Projekt „Interne Post" wird dies deutlich (Witschi 1996, S. 3.8):

Vereinfachtes Beispiel einer Zielformulierung
Projekt „Interne Post"

Nr.	Detailziele	Zielkategorie		
		Muss	Wunsch	Gewichtung
1	Leistungs-Ziele und betriebliche Ziele	X		...
1.1	Verteilorte: gemäss seperatem Verteilplan (Beilage 1)	X	...	
1.2	Zustellzeiten zwischen 2 Orten: unter 2 Stunden			
1.3	Dimensionen der Einzelsendung: Max. A4 x 5 cm Dicke Rollen: max. 5 cm Ø x 30 cm			
1.4	Gewicht der Einzelsendung: max. 1 kg	X		...
1.5	Verteilhäufigkeit pro Station: min. 2 pro Tag	X		...
	Verteilhäufigkeit pro Station: bis 6 pro Tag		X	8
1.6	Verteilnetz erweiterungsbedürftig um 50 %		X	50
1.7	Geringer Platzbedarf		X	5
1.8	Geräuscharm in Büroräumen und Gängen		X	10
2	Finanzielle und Kosten-Ziele			
2.1	Minimale jährliche Kosten (incl. Abschreibungen)		X	20
2.2	Investition (nach extern): max XX Fr.		X	2
3	Termin-Ziel			
3.1	Interne Post betriebsbereit in 1 Jahr		X	5
				(100)

(Witschi 1996, S. 3.8)

Reflexionsfragen / Checkliste eigener Ziele

Nehmen Sie bitte ein Blatt und definieren Sie Ihre zur Zeit wichtigsten Arbeitsziele und deren Teilziele

Meine wichtigsten Ziele z. Z.:   Meine Teilziele:

_____

_____

_____

_____

_____

_____

Definieren Sie möglichst genau die Ziele für ein Projekt, das Sie in naher Zukunft angehen möchten.

Jahresziele: _____   Datum: _____

Ziele/ Teilziele	Verantwortlich	Termin	Bemerkungen

18.1.2 Wie kann eine Ablauf- und Terminplanung gestaltet bzw. vorgenommen werden?

Über die strategische Planung gab bereits die Einführung (Seite 32 f.) einen Einblick. Eine Planung verweist auf die Tätigkeiten, die bei Festlegung verschiedener Teilprojekte notwendig sind. Die Gesamtaufgabe, der Problemkomplex, wird in Teilprojekte untergliedert oder strukturiert, diese wiederum in einzelne Fachaufgaben. Eine Teilaufgabe ist z. B. die Ablauf- und Terminplanung, eine andere die Bugetierung der Weiterbildungsmaßnahmen.

Ableitung von Teilprojekten und Fachaufgaben

Projektplanung – Ausgangspunkt Alltagsbeispiel
Stellen Sie sich vor, Sie möchten z. B. ein Haus bauen. Zu Ihrem persönlichen Auftrag sind Ihnen bis jetzt nur folgende Punkte bekannt: Einfamilienhaus, Garage; Grundstück ist vorhanden.
Zählen Sie die Punkte auf, die Sie bei der Planung dieses Projekts (noch) berücksichtigen müssen und beschreiben Sie, was zu tun ist.
- In welcher Reihenfolge sind die Aufgaben zu bearbeiten?
- Wann müssen von wem die Arbeitsergebnisse vorliegen?
- Wieviel Personal und Betriebsmittel (Maschinen, Anlagen) werden benötigt?
- Wieviel Geld ist wann und für was bereitzustellen?

Grundsätze der Ablauf- und Terminplanung

Ziele der **Ablaufplanung** sind das Erkennen und Koordinieren von Tätigkeiten und ihren Abhängigkeiten sowie das Schaffen von Transparenz im Ablauf. Grundsätze bei der Ablauf- und Terminplanung:

- Mit dem Ablaufplan wird ein chronologischer Ablauf festgelegt, welcher die Grundlage für die Planung aller beteiligten Mitarbeiter bildet.
- Vor dem Aufbau der Termin- und Ablaufplanung ist Klarheit darüber zu schaffen, was für wen in der Planung erfasst werden soll (Tätigkeitsliste).
- Bei starken Abhängigkeiten der Aktivitäten müssen vernetzte Ablauf- und Terminpläne erstellt werden.
- Der Umfang und der Aufbau der Termin- und Ablaufplanung ist dem Umfang und der Komplexität eines Projektes anzupassen.
- Die Ablaufplanung wird vom Team gemeinsam erarbeitet, nicht vom Leiter allein.

Reihenfolge/Projektablaufplan

Nachdem festgelegt wurde, was zu tun ist, ist nun die Reihenfolge des „Abarbeitens" der Arbeitspakete zu bestimmen. Dazu wird ein Projektablaufplan/PAP aufgestellt und es werden folgende Fragen beantwortet:

- In welcher logischen Reihenfolge sind die einzelnen Arbeitspakete auszuführen?
- Welche Arbeitspakete können parallel bearbeitet werden?
- Welcher Kapazitäts- und Zeitbedarf ist für die Bearbeitung der einzelnen Arbeitspakete notwendig?

Die unten stehende Übersicht über die einzelnen Tätigkeiten bildet die Grundlage für die nachfolgende Tätigkeitsliste oder Aktivitätenliste.

Elemente des Terminplans

Der **Terminplan** gibt Auskunft darüber, wann, von wem, welche Arbeitsergebnisse vorliegen müssen. Sie ermitteln dazu für jedes Arbeitspaket:

- den Anfangs- und Endtermin
- die Verantwortlichen und Beteiligten.

Auf der folgenden Seite ist ein Beispiel für die Auflistung von Tätigkeiten einschließlich Terminen und Verantwortlichem aus dem Umfeld des Weiterbildungsmanagements dargestellt.

Tätigkeitsliste

PROJEKT:
Tätigkeiten und Termine

Blatt. _____
Datum _____
Ersteller _____

Nr.	Tätigkeiten, Vorgang	Verant-wortlich	Vorläufer	Aufwand	Dauer	Terminplan

Tätigkeits- und Terminplan

1. Konzeptionelle und organisatorische Veranstaltungsplanung
   Verantwortlich: Anfangstermin: Endtermin:

2. Rahmenbedingungen klären
   Verantwortlich: Anfangstermin: Endtermin:

3. Finanzielle Planung und Finanzübersicht
   Verantwortlich: Anfangstermin: Endtermin:

4. Festlegen von Veranstaltungsort und -zeit
   Verantwortlich: Anfangstermin: Endtermin:

5. Ausgestaltung der Veranstaltungsstätte
   Verantwortlich: Anfangstermin: Endtermin:

6. Technische Ausstattung des Veranstaltungsraums
   Verantwortlich: Anfangstermin: Endtermin:

7. Auswahl der Referenten
   Verantwortlich: Anfangstermin: Endtermin:

8. Veranstaltungsunterlagen
   Verantwortlich: Anfangstermin: Endtermin:

9. Veranstaltungsbegleitende Maßnahmen
   Verantwortlich: Anfangstermin: Endtermin:

10. Marketingmaßnahmen
    Verantwortlich: Anfangstermin: Endtermin:

11. Einladung und Teilnehmerbetreuung
    Verantwortlich: Anfangstermin: Endtermin:

12. Fachgerechte Verwendung der Kommunikationsmedien
    Verantwortlich: Anfangstermin: Endtermin:

13. Auswahlkriterien beim Kauf /Miete von Kommunikationsmedien
    Verantwortlich: Anfangstermin: Endtermin:

14. Durchführung der Veranstaltung („Eröffnung")
    Verantwortlich: Anfangstermin: Endtermin:

15. Seminarbeurteilung als Planungshilfe für Folgeveranstaltungen
    Verantwortlich: Anfangstermin: Endtermin:

16. Nachbereitung, Auswertung und Bewertung der Veranstaltung
    Verantwortlich: Anfangstermin: Endtermin:

17. Vorbereitung von Folgemaßnahmen
    Verantwortlich: Anfangstermin: Endtermin:

Im Allgemeinen wird der Terminplan am anschaulichsten als Balkendiagramm dargestellt. Unten ist ein Beispiel wiedergegeben, das diese Form der Darstellung zeigt.

Übung für Ihre Praxis

Nehmen Sie sich ein Projekt vor, das in nächster Zeit ansteht und formulieren Sie die einzelnen Tätigkeiten etc. nach dem Vorschlag in der Abbildung „Tätigkeitsliste" oder nach dem „Beispiel für einen allgemeinen Tätigkeits- und Terminplan".

Ablauf- und Terminplan-Darstellung mit Hilfe von Balkendiagrammen

Nr.	Tätigkeit/Maßnahme	Verantw.	Vorgäng.	Dauer	1995 Q2	Q3	Q4	1996 Q1	Q2	Q3	Q4	1997 Q1	Q2
01	Entwicklung			160									
02	Design			154									
03	Vorstudie		GL1	56									
04	..Prototyp	03	GL1	28									
05	...testen	04	GL1	56									
06	...verbessern	05	GL1	14									
07	Fertigung			77									
08	...Planung		GL2	14									
09	...Konstruktion	03	GL2	28									
10	...Arb.vorb.	09	GL3	35									
11	Marketing			42									
12	...Werbeplan	05	GL4	7									
13	...Servicekonzept	05	GL3/4	14									
14	... Vertriebsplan	05	GL4	14									
15	...Budgetierung	14	GL4	7									
16	Meilenstein.A	05,15	PrL	0									
17	Nullserie	16		180									
...													
43	Meilenstein B	...42	PrL	0									
44	Abschluss	43		50									
...													
48	Projektende	47	alle	0									

18.2 Wie können Weiterbildungsmaßnahmen budgetiert werden?

Basis für die Bildungs-Budgetplanung sind die von der Unternehmensplanung abgeleiteten Vorgaben und Bildungsziele, die den Rahmen der Weiterbildung umreißen und durch entsprechende Maßnahmen zu erreichen sind. Da Bildungsarbeit Kontinuität erfordert, sollte eine jährlich durchzuführende Budgetplanung angelegt werden. (Um die Transparenz der Kosten zu erhöhen, kann die Planung nach Kostenstellen getrennt durchgeführt werden.).

Regelmäßigkeit der Budgetplanung

Im folgenden Schema ist eine Zusammenstellung für einen Kostenstellenplan dargestellt, den wir im Laufe eines zitierten Fallbeispiels auch gleich noch exemplarisch ausfüllen werden. Eine weitere Alternative finden dazu Sie im Anhang 3.

Kostenstellenplan

Büromaterial und Fachliteratur	KOSTEN VOR WEITERBERECHNUNG
Übriges Material	
MATERIALKOSTEN	Anlastung v. Kostenstellen
Löhne	GESAMTKOSTEN BRUTTO
Gehälter	
Gesetzliche Sozialkosten	ABGEGB. WEITER VERRECHNUNGEN
Übrige Sozialkosten (freiwillige	(davon an Fremde)
Leistungen)	
PERSONALKOSTEN	
	KOSTENSALDO
Instandhaltung	
Umstellungsarbeiten u. Umzüge	Sachanlagenzugang u. Software
Steuern, öffentl. Geb. u. Beiträge	(davon Betriebs- und . Geschäftsausstattung)
Mieten u. Pachten bzw. Leasing-	(davon Datenverarbeitungsanlagen)
kosten	
Transportkosten	
Entwicklungsarbeiten, Patent- und	PERSONALPLAN
Lizenzkosten	Lohnempfänger (LE)
Beratungskosten, Prüfungsge-	Gehaltsempfänger (GE)
bühren und Beiträge	In Ausbildung Befindliche (IAB)
Versicherungen	GESAMT-PERSONAL (Stichtag)
Werbekosten	
Telefonkosten	PERSONALPLAN
Übrige Postkosten u. Zahlungs-	Lohnempfänger (LE)
verkehr	
Reisekosten	Gehaltsempfänger (GE)
Bewirtungskosten	In Ausbildung Befindliche (IAB)
Provisionen und Sonstige Kosten	GESAMT-PERSONAL (Durchschnitt)
VERSCHIEDENE KOSTEN	
ÜBERGERECHN. KALK. KOSTEN	Diese Übersicht ist zusammengestellt nach Cramer, 198a, S.10/11; Planungserläuterungen finden Sie im Anhang. Einen vollständigen Kostenstellenplan finden Sie (als ausgefülltes Beispiel) auf S. 153/154.

Fallstudie

Wir stellen eine Fallstudie zur **operativen Budgetplanung** der Weiterbildung vor (zitiert. n. Cramer 1998b). Dabei wird von fiktiven Geschäftsdaten ausgegangen:

Umsatz:	**147 Mio. DM**
Stundenleistung:	800.000 Arbeitsstunden (Ah)
Personalkosten:	**58,1 Mio. DM**
Davon Lohn und Gehalt:	34,2 Mio.
Mitarbeiter insgesamt:	**500**
Lohnempfänger (LE):	260
Davon mit Berufsausbildung (BA):	140
Gehaltsempfänger (GE):	210

Die Geschäftsplanung sieht vor, dass vom zu planenden Geschäftsjahr an ein zunächst auf zwei Jahre begrenztes Projekt „Qualitätsverbesserungsprozess" (QVP) eingeleitet werden soll. Entsprechende Schulungsmaßnahmen sollen das Projekt unterstützend begleiten und zusätzlich zu den bisherigen Weiterbildungsaktivitäten fachliche Weiterbildung, Führungs- und Vertriebstraining, und Fremdsprachen durchgeführt werden.

Planungsgrundlage ist ein Mengengerüst, welches die Eckdaten der laufenden Weiterbildungsaktivitäten und der Weiterbildungsziele der nächsten Geschäftsjahre innerhalb der mittelfristigen Planung aufnimmt. Soweit keine Weiterbildungs-Bedarfsermittlung vorliegt, sind qualifizierte Schätzwerte in die Planung aufzunehmen.

	Prognose	Budget	2. Planjahr	3. Planjahr
Anzahl der Veranstaltungen	18	40	40	24
Teilnehmer	240	470	400	280
davon an externen Veranstaltungen	60	45	50	60
Teilnehmerstunden	8.700	9.200	9.000	8.200
davon in der Arbeitszeit	7.400	6.400	6.200	5.700

Für die Kostenstelle Weiterbildung werden folgende Personalzahlen eingesetzt:

	Prognose	Budget	2. Planjahr	3. Planjahr
Gehaltsempfänger (Durchschnitt)	1,5	1,5	1,5	1,5

Die Prognose wird, wie üblich, aus dem Soll/Ist-Vergleich des laufenden Geschäftsjahres abgeleitet. Unter Einbeziehung der Geschäftsziele ist die mittelfristige Planung zu erstellen, wobei davon ausgegangen wird, dass sich durch die Einführung des Projektes „Qualitätsverbesserungsprozess" in den kommenden zwei Geschäftsjahren die Weiterbildungsaktivitäten intensivieren werden. Für die Modellrechnung wurden in den Planungsschritten Prognose, Budget und Folgejahre folgende Gesamtkosten (Brutto) ermittelt, deren Einzelwerte nachstehend erläutert werden.

Prognose laufendes Geschäftsjahr:	272.000 DM
Budget Planjahr:	344.000 DM
2. Planjahr:	337.000 DM
3. Planjahr:	315.000 DM

Kostenstellenplan

Aus- und Weiterbildung	Meldende Stellen: Abt. Weiterbildung		

Position	in TDM			
	Prognose lfd. Geschäftsj.	Budget Planjahr	2. Planjahr	3. Planjahr
Büromaterial und Fachliteratur	12,0	13,0		
Übriges Material	12,0	24,0		
MATERIALKOSTEN	24,0	37,0	36,0	31,0
Löhne				
Gehälter	119,0	124,0		
Gesetzliche Sozialkosten	19,0	20,0		
Übrige Sozialkosten	30,0	31,0		
(freiwillige Leistungen)				
PERSONALKOSTEN	140,0	1477,0	153,0	158,0
Instandhaltung	6,0	6,0		
Umstellungsarbeiten u. Umzüge				
Steuern, öffentl. Geb. u. Beiträge	2,0	2,0		
Mieten u. Pachten bzw. Leasingkosten	3,0	3,0		
Transportkosten	1,0	1,0		
Beratungskosten, Prüfungsgebühren und Beiträge	10,0			
Versicherungen				
Werbekosten				
Telefonkosten	3,0	3,0		
Übrige Postkosten u. Zahlungsverkehr	3,0	3,0		
Reisekosten	22,0	42,0		
Bewirtungskosten	6,0	6,0		
Provisionen und Sonstige Kosten	34,0	54,0		
VERSCHIEDENE KOSTEN	80,0	130,0	114,0	92,0
ÜBERGERECHN. KALK. KOSTEN	32,0	46,0	48,0	46,0
ÜBERGERECHN. KALK. KOSTEN	4,0	4,0	6,0	6,0
KOSTEN VOR WEITERBERECHNUNG	248,0	318,0	309,0	287,0
Anlastung v. Kostenstellen	24,0	26,0	28,0	28,0
GESAMTKOSTEN BRUTTO	272,00	344,0	337,0	315,0

Position	in TDM			
	Prognose lfd. Geschäftsj.	Budget Planjahr	2. Planjahr	3. Planjahr
((Übertrag))				
GESAMTKOSTEN BRUTTO	272,00	344,0	337,0	315,0
ABGEGB. WEITERVERRECHNUNGEN	272,00	344,0	337,0	315,0
(davon an Fremde)				
KOSTENSALDO	0,0	0,0	0,0	0,0
Sachanlagenzugang u. Software	10,0	22,0	20,0	20,0
(Davon Betriebs- u. Geschäftsausstattung)	6,0	6,0		
(Davon Datenverarbeitungsanlagen)	4,0	16,0		
PERSONALPLAN				
Lohnempfänger (LE)				
Gehaltsempfänger (GE)	1,5	1,5	1,5	1,5
In Ausbildung Befindliche (IAB)				
GESAMT-PERSONAL (Stichtag)	1,5	1,5	1,5	1,5
PERSONALPLAN				
Lohnempfänger (LE)				
Gehaltsempfänger (GE)	1,5	1,5	1,5	1,5
In Ausbildung Befindliche (IAB)				
GESAMT-PERSONAL	1,5	1,5	1,5	1,5
(Durchschnitt)				
Bearbeiter:		Telefon:		

Muster des Kostenstellenplans nach Cramer, 1998a, S.5/6; Planungserläuterungen finden Sie im Anhang

Anmerkung
Diese Modellrechnung ist überwiegend auf die Erfordernisse klein- und mittelständischer Unternehmen ausgerichtet. Je nach Unternehmensgröße sind die entsprechenden Anpassungen vorzunehmen. Auch treffen nicht alle Kostenarten in diesem Beispiel zu.

Ferner erfasst das in der Planung ausgewiesene Budget erfasst nur die Kosten der Abteilung Weiterbildung, die etwas 0,2 % vom Umsatz ausmachen. Die Kosten für zur Weiterbildung entsandte Mitarbeiter (Seminargebühren und Reisekosten) sind damit nicht eingeplant. Diese Kosten haben die jeweiligen Kostenstellen für die dort beschäftigten Mitarbeiter einzuplanen. Um die Gesamtkosten der Weiterbildung darzustellen, sind die kalkulatorisch errechneten Arbeitszeit-Ausfallkosten gesondert zu ermitteln.

Das ökonomische Gesetz des optimalen Mitteleinsatzes im Hinblick auf einen vorher festgelegten Erfolg ist von zahlreichen Unplanbarkeiten begleitet. Wichtig ist zum einen die optimale Kombination aller Instrumente des Marketing, zum anderen die Prüfung „aller" Möglichkeiten und der zwischen den Instrumenten bestehenden Wirkungszusammenhänge, um wirklich praktikable Lösungen zu finden.

Unplarbarkeiten durch Sorgfalt reduzieren

Daher ist es wichtig, „Frühwarnsysteme" bzw. controls zu installieren und daran die eigenen Entscheidungen zu reflektieren. Mögliche quantifizierbare Variablen sind z. B. die Anmeldungen und Interessenten als Reaktion auf eine ausgeschriebene Maßnahme. Hier gilt es in der Planung festzulegen, ab wann, ab welchem Break-even-point, eine Maßnahme durchgeführt wird.

Frühwarnsystem/ controls

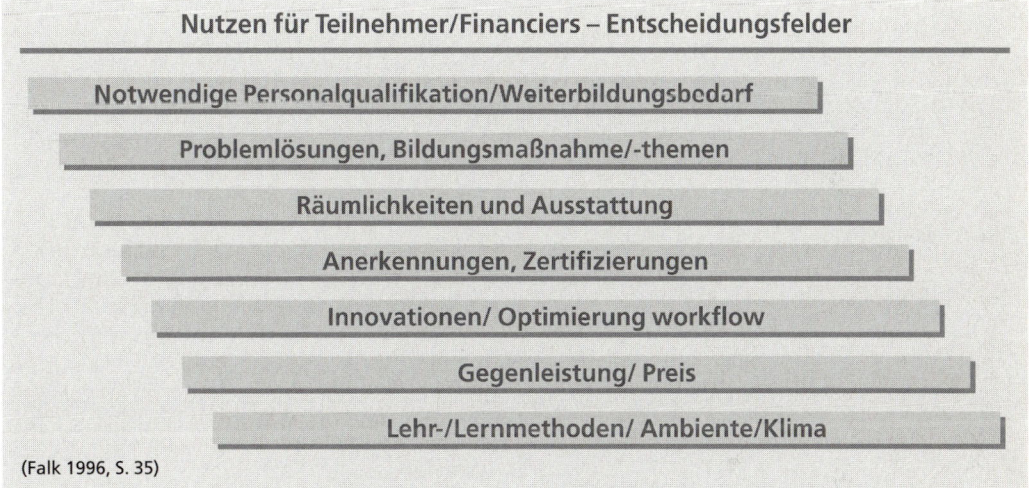

(Falk 1996, S. 35)

Eine alternative Budgetplanung ist – im Auszug und am Beispiel einer Tagung – in dem auf den beiden folgenden Seiten als Schema einer „Checkliste Budgetplan" abgedruckt.

Zunächst wird eine Übersicht über mögliche Posten bei einem Budgetplan gegeben. Es folgen dann drei Beispiele zur Ausgestaltung dieser einzelnen Posten für

– Einnahmen,
– personenbezogene Kosten (Referenten),
– sachbezogene Kosten Technik und Werbung).

Reflektieren Sie Ihre Praxis!

Wie budgetieren Sie derzeit Ihre Weiterbildungsmaßnahmen? Welche Vor- und Nachteile hat diese Vorgehensweise? Wo könnte/müsste die Budgetierung noch konkreter vorgenommen werden?

„Checkliste Budgetplan"

(Auszug und am Beispiel einer Tagung)

Soll	Ist	Einnahmen
		Budget vom Auftraggeber
		Teilnehmergebühren
		Ausstellung
		Inserate
		Spenden
		Sponsoring
		Summe

Soll	Ist	Personenbezogene Kosten
		Programmausschuss/Organisation
		Referenten
		Teilnehmer/Gäste
		Presseempfang
		Dolmetscher
		Organisationspersonal
		Sonstiges
		Summe

Soll	Ist	Sachbezogene Kosten
		Räume
		Technik
		Werbung
		Tagungsunterlagen
		Verwaltungskosten
		Sonstiges
		Summe

Soll	Ist	Sonstige Kosten
		Rahmenprogramm
		Hilfskräfte/Aushilfen
		Ausstellungsakquisition
		Anzeigenakquisition
		Sonstiges
		Summe

Budget-Endabrechnung

Soll	Ist	
		Einnahmen
		Personenbezogene Kosten
		Sachbezogene Kosten
		Sonstige Kosten
		Ergebnis

Einnahmen

Soll	Ist	Budget vom Auftraggeber
		Personal
		Sachaufwendungen
		Sonstige Aufwendungen
		Summe

Soll	Ist	Teilnehmergebühren
		Vollzahler
		Ermäßigte Gebühren
		Summe

Soll	Ist	Ausstellung
		Standgebühren
		Sonstige Einnahmen
		Summe

Soll	Ist	Inserate
		Einnahmen
		Summe

Soll	Ist	Sponsoring
		Einnahmen
		Summe

Soll	Ist	Spenden
		Einnahmen
		Summe

Personenbezogene Kosten

Soll	Ist	Referenten
		Reisen
		Übernachtungen
		Bewirtungen (Getränke, Verpflegung)
		Honorare
		Nebenkosten
		Summe

Sachbezogene Kosten

Soll	Ist	Technik
		Miete
		• Mikrofon
		• Overhead-Projektor
		• Video-Anlage
		• Leinwand Reisen
		•
		Transport von AV-Medien
		Telefon
		EDV-Leitungen
		• Installation
		• Betriebskosten
		Versicherungen
		Auf- und Abbau
		Betreuung
		Notdienst
		Energiekosten
		Summe

Soll	Ist	Werbung
		Anzeigen
		Mailings
		• Entwurf
		• Druck
		• Versand
		• Porto
		Beilage
		• Programm
		• Zeitschrift
		Telemarketing
		• Telefongebühren
		Presseempfang
		• Raummiete
		• Pressemappen
		Sonstiges
		Summe

18.3   Welche Aspekte spielen beim Bildungsmarketing eine Rolle?

Unter Bildungsmarketing wird ein spezielles Dienstleistungsmarketing im Bildungsbereich verstanden, das die zielgerichtete markt- und kundenorientierte Führung eines Bildungsunternehmens unter Beachtung der erziehungswissenschaftlichen Spezifik dieses Tätigkeitsfeldes umfasst.

Ziele des Bildungsmarketing

Ziele des Bildungsmarketing, sind u. a.
– höhere Zufriedenheit der Teilnehmer bzw. zukünftigen Kunden,
– optimale Gestaltung und Durchführung der Produktentwicklung,
– Preisbildung,
– Kommunikation und Vertrieb,
– effektivere Weiterbildung,
– bessere und schnellere Entscheidungen bzw. Problemlösungen
– Erreichen unterschiedlicher Zielgruppen
– Vernetzen der innerbetrieblichen Ziele mit denen des Marktes,
– Überzeugen aller Beteiligten von dem „Programm".

Diese Ziele zeigen die Nähe insbesondere zu dem Kapitel Zielsetzung und Planung.

„Kunden" einer Bildungseinrichtung

Als Kunden einer Bildungseinrichtung werden u. a. Teilnehmer, Dozenten, Lehrkräfte, Mitarbeiter, Presse, Lieferanten, Konkurrenten, Öffentliche Behörden, Einrichtungen, Banken, Auftraggeber betrachtet.

Um Bildungs„käufer" (in erster Linie die Teilnehmer) durch ziel- und zielgruppengerechte Maßnahmen zu gewinnen, ist eine grundsätzliche Auseinandersetzung mit dem angebotenen bzw. zu entwickelnden Produkt erforderlich (siehe Kapitel Zielsetzung und Planung). Fehlt diese, wird die Chance vertan, mit Hilfe des Bildungsmarketing die eigene Bildungsarbeit zu reflektieren, sie aktiv zu gestalten und eine entsprechende Nachfrage zu schaffen. Erforderlich wäre in diesem Zusammenhang die Analyse der Ziele und Aufgaben, des eigenen Selbstverständnisses unter dem Gesichtspunkt des Nutzens für den Abnehmer und Geldgeber.

Aufgaben des Bildungsmarketing

Die Aufgabe eines zukunftsorientierten Bildungsmarketing ist es, durch gezielte Information, Analysen des Bildungsbedarfs etc. eine strategische Richtung zu entwickeln und an den Kunden weiterzugeben. Daher ist die systematische Informationsgewinnung der Schlüssel für erfolgreiches, zielgerichtetes Marketingverhalten.

Entsprechend der Dienstleistungsfunktion von Bildung wird der Kunde (individuelle Teilnehmer ebenso wie ganze Abteilungen oder Unternehmen) zum Mittelpunkt der Überlegungen. Die Bildungswünsche und -interessen der (potenziellen) Teilnehmer finden mehr Berücksichtigung. In der Weiterbildung erwarten die Unternehmen ein „maßgeschneidertes", auf ihre Bedürfnisse und Erfordernisse zugeschnittenes Bildungspaket.

Dies umfasst z. B.:
• die Unterstützung bei der Analyse des Bildungsbedarfs,
• die Beratung zur optimalen Deckung des Bildungsbedarfs,

- die erforderliche Qualifizierung,
- einen nachweisbaren Bildungstransfer,
- ein praktikables Bildungscontrolling und
- die erforderliche Unterstützung und Beratung nach der (eigentlichen) Maßnahme.

Die **Planung** des Marketing umfasst die Vorbereitung aller Aktivitäten, um Kundennutzen zu stiften und um zugleich erfolgreich auf dem Markt zu agieren. Auf der Grundlage einer Informationsanalyse werden Ziele und Strategien entwickelt, die Grundlage für die Ausarbeitung eines Bildungskonzeptes sind. Die Umsetzung wird durch Analysen begleitet, um daraus Konsequenzen für die Aktualisierung und Veränderung der Ziele, Konzepte, Produkte etc. zu ziehen. Marketing kann dazu beitragen, das Bildungsangebot den wechselnden Anforderungen des Marktes anzupassen.

Planung des Marketing

18.3.1 Kernaspekte des Bildungsmarketings

Als Grundlage des Marketing in der Bildungsarbeit sollen hier insbesondere drei Aspekte hervorgehoben werden (siehe auch Kap. Zielsetzung und Planung):

1. Die Zielfindung,
2. die Marktanalyse und
3. die Programmgestaltung und Marketingorganisation.

Diese drei Aspekte werden zunächst kurz beschrieben, anschließend mit Hilfe einer Fragen-Checkliste verdeutlicht:

Zielfindung

Bildungsträger treffen, wenn sie ihre Ziele formulieren möchten, auf eine Vielzahl unterschiedlicher, teils widersprüchlicher Erwartungen und sind mit Anforderungen konfrontiert, die wenig greifbar und transparent zu machen sind. Gründe für das schwierige Erfassen den Ziele liegen u. a. in pluralistischen Interessengruppen (Teilnehmer – Geldgeber), pluralistischen Zielen (Realisieren mehrerer gleichgewichtiger Ziele erschwert die Bewertung strategischer Zieldefinitionen), Dienstleistungen (subjektive Leistungen sind häufig schwer zu bewerten), öffentliches Interesse (formal-inhaltliche bzw. soziale inhaltliche Einflussnahme auf die Gestaltung der Maßnahmen z. B. bei Förderung durch staatliche Mittel) (vgl. Falk 1996, S. 12f.). Je problematischer die Zielfindung aufgrund o. g. widersprüchlicher Erwartungen ist, umso größer ist die Gefahr, sie nicht oder nicht so detailliert durchzuführen, oder einfach auf „Alt-Bewährtes", z. B. erfolgreiche Angebote, zurückzugreifen.

Problem der Integration unterschiedlicher Ziele

Dennoch ist gerade die Zielbeschreibung zum einen für die Bildungsträger, die in ihr die Chance begreifen, ihre eigene Bildungsarbeit zu überprüfen und aktiv zu gestalten, und zum anderen für den potenziellen Teilnehmer, der sich für ein Bildungsangebot entscheiden möchte, von unschätzbarer Bedeutung (s. auch Kapitel Weiterbildungs- und Lernberatung). Damit Bildung effektiv verlaufen kann, ist es erforderlich, dass die Bildungsmaßnahme ausgewählt wird, die für das Erreichen des jeweiligen individuellen Bildungsziels unter Berücksichtigung der Vorkenntnisse und Leistungsfähigkeit die optimale Lösung darstellt. Hierzu müssen die Teilnehmer wissen, welches (konkrete) Ziel mit einer Bildungsmaßnahme erreicht werden soll, wie sie strukturiert ist, welche Voraussetzungen vorhanden sein müssen etc. Diese Informationen zu liefern, ist u. a. Aufgabe des Bildungsmarketing.

Marktanalyse

Prozess strategischen Suchens

Für den Bildungsträger ist von Bedeutung, dass er dem Bildungsmarketing ein strategisches Vorgehen zugrunde legt. Es geht um einen „Prozess strategischen Suchens" (Falk 1996), bei dem zum einen die eigenen Leistungen und die Leistungen der Konkurrenten analysiert werden, und zum anderen die Ziele und Zielgruppen konkretisiert und darüber hinaus nach strategischen Problemlösungen für die eigene Organisation gesucht wird.

Programmgestaltung und Marketingorganisation

Profilierung des Angebots

Kerngeschäft

Die Profilierung und Professionalisierung eines Bildungsanbieters wird durch die Gestaltung seines Maßnahmenangebots unterstützt. Strukturierte, übersichtliche, transparente Bildungsangebote erleichtern dem Kunden seine Entscheidung für oder gegen ein Bildungsangebot. Kleinere Bildungsträger bieten i. d. R. einen Maßnahmentyp an, während größere ihre Angebote zielgruppenspezifisch in Angebotslinien oder nach Art der Themen unterteilen. Es werden zum einen Angebote gemacht, die inhaltlich gleich bzw. ähnlich sind, aber für unterschiedliche Zielgruppen angeboten werden (z. B. als Teilzeitangebot, um Berufstätigen den Zugang zu erleichtern), zum anderen werden komplementäre Angebote eröffnet, die aufeinander aufbauen, neue Inhalte mit alten koppeln (z. B. modularer Aufbau). Strategisch bedeutsam für die Bildungsträger sind die Überlegungen, welches „Kerngeschäft" sie selbst – in Abgrenzung zu anderen – verfolgen (wollen) und wie sie es verwirklichen.

Kundenorientierung

Bildungsmarketing in diesem Sinne ist ein Instrument der aktiven Teilnehmerorientierung in der Weiterbildung, und wird als Gestaltung der Bildungsarbeit „vom Kunden her" bzw. als Dienstleistung gesehen. Es verlangt die Abkehr von der angebotsorientierten, isolierten Bildung und den Aufbau einer aktiven, strategischen, bedarfs- bzw. nachfrageorientierten Bildung, die wiederum einer aktiven Auseinandersetzung und intensiven Reflexion bisheriger und zukünftiger Aktivitäten seitens der Bildungsträger bedarf.

Reflektieren Sie Ihre Praxis!

Wie sieht Ihr Bildungsmarketing in Ihrem Unternehmen, Ihrer Institution aus? Worauf wird besonderer Wert gelegt?
Gehen Sie die Fragen, die unter den Kap. „Zielsetzung und Planung" und „Bildungsmarketing" im Hinblick auf die Bestandsanalyse aufgeworfen wurden durch und beantworten Sie diese für Ihre Bildungsarbeit.

Zielfindung, Marktanalyse und Programmgestaltung als Basis für ein strategieorientiertes Bildungsmarketing

Grundlegende Aspekte	Mögliche Fragen zur Konkretisierung der Aspekte
1. Zielfindung	• Welche Zielbereiche verfolgen wir konkret? • Welche Ziele haben die (potenziellen) Kunden? • Welche pädagogisch-didaktischen Ziele haben wir? • Welche ökonomischen Ziele haben wir? • Sprechen wir unterschiedliche Zielgruppen mit ihren jeweils unterschiedlichen Zielen an? • Wie können wir innovative, qualitativ hochstehende und relativ preisgünstige Angebote machen? • Wollen wir die Zielgruppe ändern/wechseln?
2. Marktanalyse/ Umfeldanalyse	• Was sind für uns die wichtigsten Märkte und Interessengruppen? In welche Segmente lassen sich die Märkte aufteilen? Wie lassen sich die Märkte bzw. die Marktsegmente charakterisieren? Was sind deren Kennzeichen? • Welches sind die Hauptkonkurrenten der Organisation? Welche Trends lassen sich bei ihnen ausmachen? • Ist es sinnvoll, die Produkte selbst anzubieten? • Wie sehen die Kunden und andere Interessengruppen unsere Organisation? Wie fällen die Kunden die Entscheidung für die Übernahme eines Bildungsangebots? Welche Aussagen können über den derzeitigen und zukünftigen Stand der Kundenbedürfnisse gemacht werden? Unter welchen Bedingungen interessieren sich die Kunden für unsere Bildungsprodukte? • Welche Trends (z. B. Bevölkerungsentwicklung, Werteinstellungen, kulturelle Entwicklungen, gesetzliche Veränderungen) werden sich auf die Organisation auswirken?
3. Programmgestaltung	• Wie sieht die Kernstrategie, sehen die Kerngeschäfte der Organisation zur Erreichung unserer Ziele aus? Was sind unsere Stärken? Worin liegt unsere Besonderheit? Welcher Service wird nur bei uns geboten? Was ist das „Typische" an unserem Angebot? • Stehen genügend Mittel für Marketingaktionen zur Verfügung? Wie sind die Mittel zugeteilt? (Umfang, Struktur) • Wird ein jährlicher Marketingplan entwickelt? Sind regelmäßige Fortschrittskontrollen integriert, die die Ziele überprüfen (monatlich, halbjährlich; Effektivität, Wirtschaftlichkeit)? • Wer führt das Marketing durch? (z. B. Spezialisten auf Führungsebene)? Besteht Weiterbildungsbedarf?

18.3.2 Zusätzliche Aspekte des Bildungsmarketing

Auf der Basis der soeben beschriebenen Überlegungen (Zielfindung, Marktanalyse, Programmgestaltung) werden im Folgenden weitere Aspekte dargestellt, die zum Instrumentarium des Marketing gehören. Dies sind u. a.:

1. die Produkt- und Herstellentscheidung,
2. die Preis-Entscheidung,
3. die Distributionsentscheidung,
4. die Kommunikationsentscheidung (vgl. Merk 1992, S. 103f.).

Produkt- und Herstellentscheidung:

Das Produkt umfasst, was am Markt zur Befriedigung eines Wunsches angeboten wird:

- den Bildungsinhalt als Kern
- die Qualität des Produktes
- den Nutzen der Bildungsmaßnahme
- die Organisation und zeitliche Gestaltung
- Qualifikation des Personals.

In der Regel befinden sich die einzelnen Angebote eines Bildungsträgers in unterschiedlichen „Reifestadien". Es gibt etablierte, bereits seit langem erfolgreich durchgeführte Angebote, neue Angebote im Einführungsstadium, weitere im Wachstumsstadium und andere im Rückgangsstadium. Hinter der Entscheidung für eine Produktaufnahme, -veränderung oder –aufgabe stehen z. B. folgende Überlegungen:

Entscheidungsform und Überlegungen über Produktaufnahme, -veränderung,- aufgabe

Entscheidungsform	Überlegungen bzw. Aktivitäten
Entscheidung über Produktaufnahme	Produktinnovationsprozess: 1. Ideensuche und Vorauswahl 2. Konzeptauswahl 3. Konzept-Testing 4. Wirtschaftlichkeitsanalyse 5. Produktentwicklung 6. Test-Marketing 7. Produkteinführung
Entscheidung über Produktveränderung	Entscheidung in Bezug auf: • Modifizierung • Aktualisierung • Produkteigenschaften (Qualität, Abschluss) • Inhaltsgestaltung
Entscheidung über Produktaufgabe	• Evtl. über Veränderung des Angebots nachdenken Teilzeit/Vollzeit; Seminar/Tagung) • Ursachen reflektieren

Preis-Entscheidung

Bildungsarbeit ist wie alle anderen Funktionsbereiche dem zu erreichenden Betriebsergebnis verpflichtet, und der Notwendigkeit, Bildungsarbeit nicht nur pädagogisch, sondern auch wirtschaftlich zu betrachten, kommt immer größere Bedeutung zu. Grundlage für die Preis-Entscheidung ist eine mittelfristig angelegte operative Finanzplanung, die die Transparenz über Kosten und Erträge ermöglicht und zugleich die Grundlage für kontinuierliche Bildungsarbeit liefert (vgl. Kapitel Budgetierung).

Prinzip der Wirtschaftlichkeit

Fragen, die hinter der Preisbildung stehen, sind u. a.: Gibt es staatlich bzw. öffentlich-rechtlich oder durch Vereinbarung zwischen Kostenträgern und Leistungserbringern festgesetzte Preise (z. B. in Krankenhäusern)? Werden die Preise subventioniert, z. B. durch den Staat, die Arbeitsverwaltung, die eigene Organisation für ihre Bildungsabteilung, bei Volkshochschulen? Richten sich die Preise für Bildungsmaßnahmen von freien Marktanbietern nach dem Markt bzw. der Zielgruppe?

Aspekte zur Preisbildung

In der Regel orientieren sich die Preisbildungsentscheidungen an den Kostenüberlegungen. Die Kosten werden z. B. anhand eines Schemas ermittelt, das für die einzelnen Wirtschaftsbereiche unterschiedlich aufgebaut ist, und meist an den Herstellungs- bzw. Planungsprozess angelehnt ist. Auf der folgenden Seite finden Sie ein Beispiel für ein solches Kalkulationsschema.

Ableitung aus Kosten

Diese Kalkulation wird dann auf Nachfrage- und Konkurrenzverträglichkeit geprüft werden. Dabei stellen sich z. B. Fragen wie: Ist ein solcher Preis für die anvisierte Zielgruppe durchsetzbar? Zu welchem Preis bietet die Konkurrenz das Produkt (wenn auch etwas anders) an? Unter anderem diese Überlegungen können zu einer Korrektur der Kalkulation führen (siehe auch Kap. Budgetierung von Weiterbildungsmaßnahmen).

Distributionsentscheidung

Bei der Distributionsentscheidung geht es um die „Verteilung" des Bildungsgutes bzw. der entsprechenden Dienstleistungen, d. h. um die Frage, wie die Angebote/Produkte die potenziellen Kunden erreichen und umgekehrt. Dabei geht es z. B. um:

Erreichen der Kunden

1. Standortwahl, Einrichtungen, Seminarzentren (z. B. räumliche Verteilung, Anzahl der Standorte).
2. Vertriebswege, Zielgruppen, Dauer und Form der Maßnahmen (z. B. Multiplikatoren; Zielgruppen der Weiterbildung, Beratung von Gruppen, die von einem Angebot nicht angesprochen werden; Block- oder Teilzeit- oder Wochenend-Veranstaltungen)
3. Niveau und Qualität des Kundenservice (z. B. Zusenden von Selbstlernmaterialien, von Info-Blättern, Korrektur von Einsendungen, telefonische Sprechstunde)
4. Dozentenqualifikation (z. B. Qualifizierung, berufliche Erfahrung, Einsatz von Methoden).

Kalkulationsschema für eine Bildungsmaßnahme

1.   Maßnahmen-Gesamtkalkulation

1.1 Seminar-Vorbereitungskosten

+ _____ Materialkosten (z. B. Papier, Kopierkosten)

+ _____ Marketingkosten (z. B. Porto, Briefe, Werbung)

+ _____ Personalkosten

+ _____ anteilige Gemeinkosten (Raum; Energie, Telefon)

+ _____ Produkt- und Konzeptentwicklungskosten

1.2 Durchführungskosten

+ _____ Materialkosten (z. B. Medien, Arbeitsmittel, Bewirtungskosten)

+ _____ Honorar- und Betreuungs- und Personalkosten

+ _____ Raumkosten, Reisekosten

+ _____ Gemeinkosten (z. B. Energie, Telefon, Regiekosten)

+ _____ Prüfungskosten

1.3 Seminar-Folgekosten

+ _____ Korrektur- und Auswertungskosten

+ _____ Andere Kosten

+ _____ Abschreibungen

1.4. Seminarkosten

+ _____ Gewinn-Anteile

1.4 Gesamtkosten

+ _____ Mehrwertsteuer, andere Steuern (z. B. Lohn-, Einkommens-,
                          Gewerbesteuer)

1.5 Gesamtkostenendpreis

2.   Teilnehmer-Preiskalkulation

Gesamtendpreis

= _____ Gesamtpreis pro Teilnehmer

Zahl der Teilnehmer _____

(Decker 1995, S. 193)

Kommunikationsentscheidung

Je besser die Kommunikation mit den (potenziellen) Kunden, der jeweiligen Zielgruppe, gelingt, desto größer ist die Wahrscheinlichkeit, dass sie ein Angebot wahrnehmen. Die Kommunikationspolitik hat im Allgemeinen das Ziel, Zielgruppen überzeugende Argumente zu übermitteln, die in ihnen den Wunsch nach einem Bildungsprodukt fördern bzw. wecken. In Frage kommen u. a.:

Akzeptanz setzt Kommunikation voraus

- *Werbung*:
  - Werbeziele sind u. a. den Kunden mit den Zielen und Inhalten der Bildungsprodukte vertraut machen, neue Teilnehmer überzeugen und gewinnen, bisherige Teilnehmer erhalten und aktivieren, vorhandene Interessen und Bedürfnisse wecken.
  - Werbemittel sind u. a. die Sprache (z. B. Verkaufsgespräche, Informationsveranstaltungen, Tele-Marketing); Schrift (z. B. Weiterbildungsbroschüren, Aushänge an schwarzen Brettern, Anzeigen, Zeitschriften, Artikel in (Fach-) Zeitschriften, Internet); Bilder (z. B. Plakate, Filme, Fernsehen, Videoclips); Werbezugaben (z. B. Werbegeschenke, Kalender).
  - Deutlich verstärkt hat sich in den letzten Jahren die Nutzung von Sonderpublikationen in einschlägigen (Fach-)Zeitschriften.

- *Persönliche Kontaktaufnahme*
  - Ziele sind z. B. Aufbau von Vertrauen und Weitergeben von Informationen über das Bildungsprodukt bzw. die Bildungseinrichtung sowie Verkaufen des Bildungsproduktes.
  - Angesichts der mit der Weiterbildung für den Einzelnen verbundenen direkten und indirekten Kosten, der oft hohen zeitlichen und familiären Belastung und der mit einem Abschluss verbundenen Erwartungen muss eine Hilfestellung in Bezug auf seine individuellen und zielgerichtete Bildungsmöglichkeiten gegeben werden.
  - Werbemittel sind z. B. neben Telefonaktionen oder Telemarketing insbesondere die persönliche Beratung auf Informationsständen, aber auch (informelle) Gespräche während laufenden Seminaren, Sprechstunden, direkte Ansprache von Mitarbeitern oder Abteilungen, Angebote der Bildungsberatung für Einzelne oder Gruppen.

- *Anreiz-Angebote:*
  - Zu Anreiz-Angeboten gehören z. B. kostenlose Besuche von Info-Seminaren, Gutscheine, um letzte Hemmnisse oder Bedenken zu beseitigen, Incentives für Mitarbeiter, die die Bildungsarbeit in besonderer Weise unterstützen.

- *Öffentlichkeitsarbeit:*
  - Ziele sind u. a. das Image der Organisation zu fördern, die Bildungsprodukte bekannt zu machen.
  - Im Vergleich zu Werbemaßnahmen gehören zu der Öffentlichkeitsarbeit z. B. Berichte über Veranstaltungen, Geschäftsberichte, Pressekonferenzen, Tag der Offenen Tür, Messestand, Internet).

Sowohl in der Werbung bzw. Öffentlichkeitsarbeit als auch in der Information und Beratung zeigt sich die professionelle Strategie nach außen. Transparenz und Zielgruppenorientierung erleichtern dem Leser die (erste) Auswahl einer Veranstaltung und dem Interessierten die Entscheidung für oder gegen Bildungsangebote.

> ## Vergleichen Sie Ankündigungen von Bildungsangeboten!
>
> Schauen Sie sich die Angebote verschiedener Bildungsanbieter an. Wie sprechen sie die Kunden an? Welche Vorgehensweise wurde gewählt? Worin unterscheiden sie sich? Wo liegen Ihrer Meinung nach die Stärken und Schwächen? Vergleichen Sie auch mit den Angeboten der eigenen Institution!

18.4   Wie können eine Weiterbildungsberatung und aktive Lernberatung gestaltet werden?

Weiterbildung nach Maß – das ist eine nicht nur oft gehörte Forderung der Unternehmen (intern und extern) und von Teilnehmern an die Bildungsanbieter. Weiterbildung nach Maß mit umfassender Beratung im Vorfeld sichert auch den Erfolg der Qualifizierung und damit der Investition.

WB-Beratung als umfassende Aufgabe

Weiterbildungsberatung bedeutet mehr als nur die Weitergabe von Informationen, wann, wo evtl., mit welchen Inhalten eine Weiterbildung (ob Seminar, Beratung, Training on the job, Workshop) stattfindet – das wurde bereits in dem Kap. Bildungsmarketing deutlich. Sie schließt die individuelle Teilnehmerberatung ebenso ein wie die Beratung von Unternehmen und anderen Organisationen.

Zukunftschancen durch WB-Beratung

Gerade in der aktiven Beratung scheint heute und in Zukunft die entscheidende Herausforderung und Chance der Weiterbildung bzw. der Mitarbeiterinnen und Mitarbeiter des Bildungswesens zu liegen. Nur mit Hilfe intensiver Beratung in den bzw. der Abteilungen ist auf Dauer sicherzustellen, dass das Bildungswesen seiner Dienstleistungsfunktion sowohl gegenüber dem Unternehmen als auch gegenüber den einzelnen Mitarbeitern und Gruppen im Unternehmen gerecht werden kann. Gleich, ob es sich um einen Bildungsanbieter im Profit- oder Non-Profit-Bereich handelt.

Beratung von Bedürfnisermittlung bis Angebotsnachweis

Aufgabe des Bildungsberaters in diesem Sinne ist es, die individuellen Lernbedürfnisse der potenziellen Teilnehmer zu konkretisieren, sie gemeinsam herauszuarbeiten und dann den bzw. die besten Bildungsweg(e) aufzuzeigen. Das schließt die Kenntnisse des Bildungswesens einerseits, der Qualifikationsentwicklung andererseits und Kenntnisse des Weiterbildungsmarktes mit ein.

Zu der Teilnehmerberatung gehört u. a.:
- Die Beratung bei der Auswahl von Seminaren, Workshops in Kenntnis der beruflichen und persönlichen Lebenssituation des Teilnehmers.
- Die Information über die Anforderungen und Zulassungsvoraussetzungen verschiedener Bildungsgänge und Prüfungen.

- Das Beurteilen der Qualität und Zukunftsorientierung von Bildungsangeboten.
- Das Benennen geeigneter Bildungsinstitute, Trainer und Berater (vgl. Merk 1992, S. 55).

Fragen, die der Bildungsberater einem potenziellen Teilnehmer z. B. stellen kann, sind:
- Wie ist Ihr (Lern) Kompetenzstand?
  Welche Kenntnisse, Fähigkeiten, Erfahrungen haben Sie in …?
- Wie lernen Sie in erster Linie?
- Wieviel Zeit steht Ihnen zur Verfügung?
- Welche personellen und technischen Unterstützungen stehen Ihnen zur Verfügung?
- Welche kurz-, mittel- und langfristigen Anforderungen kommen auf Sie zu?
- Welche Erwartungen und Befürchtungen haben Sie hinsichtlich des Lerngegenstandes, -vollzugs und -ergebnisses?

Sowohl für Interessenten als auch für die Bildungsträger ist es von Bedeutung, dass sich die potenziellen Teilnehmer vor der Anmeldung zu einem Seminar bzw. einer Veranstaltung mit den Zielen, den Inhalten etc. der Maßnahmen auseinandersetzen, um eine Entscheidung für oder gegen die Maßnahme treffen zu können. **Teilnahme muss bewusst entschieden werden**

Auch von Seiten der Teilnehmer selbst ist eine gezielte Vorbereitung auf Weiterbildungsmaßnahmen wichtig. Mit jeder richtigen Vorbereitung gewinnt die Maßnahme an Effektivität. Fragen, die sich der Teilnehmer z. B. stellen kann, sind u. a.: **Teilnahme braucht klare Voraussetzungen**
- Was will ich erreichen (Ziel und Teilziele)?
- Welches Interesse, welche Motivation habe ich?
- Mit welchen Aktivitäten will/kann ich dies erreichen (Schritte und Teilschritte)?
- Mit wem will ich zusammenarbeiten?
- Welche Kenntnisse, Kompetenzen, Fähigkeiten bringe ich mit bzw. muss ich mir noch aneignen?
- Welche Mittel bzw. Materialien brauche ich?
- Welche Kontakte können mir hilfreich sein?
- Wieviel Zeit steht mir zur Verfügung?
- Welche Befürchtungen habe ich?
- Wie will ich meine Ergebnisse beurteilen?

Steht die Maßnahme, z. B. ein Seminar, fest, können als weitere Fragen hilfreich sein:
- Welche Erwartungen habe ich?
- Welche persönlichen Lernziele setze ich mir?
- Kann ich mich vor Seminarbeginn in Literatur einarbeiten?
- Welche konkreten Fragen habe ich, welche Informationen brauche ich noch?
- Wie kann ich meine Kenntnisse und Erfahrungen einbringen?

Reflexion nach Durchführung

Nach dem Seminar, zur Reflexion bieten sich u. a. folgende Fragen an:
- Was war mir (besonders) wichtig?
- Was möchte ich künftig beachten oder verändern?
- Was muss ich konkret dafür tun?
- Welche Hemmnisse kann es geben? Wie kann ich sie überwinden?
- Wem, was und wie werde ich über das Seminar berichten?

Checklisten zu Beratung, Vorbereitung, Feedback

In der Literatur findet man jeweils etwas anders gegliederte, aber im Prinzip gleichwertige Checklisten als Entscheidungshilfen für die Teilnahme an Weiterbildung (z. B. bei Schaper u. a.1995, S. 423f.). Ein Beispiel für eine schrittig aufgebaute Reihe von Checklisten, die zunächst der Klärung der Interessenlage der Teilnehmer dient und dann auf die Wahl des richtigen Angebots zielt, findet sich in Möllenbeck, 1997; die Reihe berücksichtigt sieben unterschiedliche Aspekte:

Motive, persönliche Voraussetzungen, fremde Sprachen lernen, Anpassungsfortbildung, Aufstiegsfortbildung, Studium im Lebensweg, Beurteilung von Bildungsmaßnahmen.

Die Bedeutung der Bildungsmotivation, die hier zuerst abgefragt wird, ist ausführlich in Teil I dieses Buches dargestellt worden. Sie wird bei Möllenbeck durch die Klärung der indivuduellen Voraussetzungen fortgeführt. Beide Checklisten sind im Anhang abgedruckt, ebenso diejenenige zur Beurteilung von Bildungsmaßnahmen. Nachfolgend sehen Sie exemplarisch die für den Kontext des vorliegenden Teils III treffendste Checkliste zur Anpassungsfortbildung wiedergegeben.

Eine andere, kurze und leichter handhabbare Checkliste, die hilft, bei offenen Seminaren die richtige Auswahl zu treffen, stammt vom Wuppertaler Kreis e.V. (1996, S. 42); sie wird auf S. 170 zitiert.

Checkliste Anpassungsfortbildung

1. Sie möchten oder müssen sich an neue Entwicklungen anpassen – rekapitulieren Sie zunächst Ihre Antworten die Fragen zu Ihrer Weiterbildungsmotivation. Erweitern Sie Ihre Überlegungen und klären Sie insbesondere folgende Alternativen:

1.1 Sie möchten sich bevorzugt
- ☐ einzelnen konkreten Themen zuwenden
- ☐ Ihre Fähigkeiten grundlegend auf Stand bringen

1.2 Sie halten für ausreichend bzw. nötig
- ☐ Kurse und Seminare, kürzer und berufsbegleitend
- ☐ längerfristige Maßnahmen

1.3 Sie brauchen
- ☐ Methodenwissen
- ☐ Fachwissen
- ☐ beides

2. Wenn Sie Methodenwissen benötigen: Lassen Sie Ihren beruflichen Alltag gedanklich Revue passieren und benennen Sie möglichst konkrete Situationen, wo Sie das Gefühl hatten, dass Sie nicht gut genug zurecht gekommen sind, oder wo Sie unzufrieden mit sich waren. Sprechen Sie möglichst auch mit Kollegen, zu denen Sie ein gutes Gesprächsverhältnis haben. Nehmen Sie die Themenliste (…) als Anregung und stellen Sie für sich zusammen, welche Thematiken für Sie besonders wichtig sind:

3. Wenn Sie Fachwissen benötigen, so klären Sie zunächst die Dringlichkeit Ihrer Fortbildung und die Klarheit der Inhalte ab.

    ☐ Gibt es konkrete Arbeitssituationen, wo Ihre Kenntnisse und Fertigkeiten nicht ausreichen? Wenn ja, fahren Sie mit Punkt 4 der Checkliste fort.

    ☐ Kommen Sie zwar mit Ihrer Arbeit noch ganz gut zurecht, aber denken Sie, dass Sie grundsätzlich Anschluss halten müssen? Wenn ja, dann fahren Sie mit Punkt 5 fort.

4. Sie verspüren Defizite in konkreten Arbeitssituationen:

    ☐ Wissen Sie bereits, mit welchen Inhalten Sie sich befassen müssen? Dann wenden Sie sich Punkt 6 der Checkliste zu.

    ☐ Sind Sie noch unsicher zu Inhalten? Dann suchen Sie Information (Punkt 5 der Checkliste) und Beratung. Klären Sie ab, mit wem Sie sprechen können, ohne dass eine Offenlegung Ihres Anliegens Ihnen beruflich schadet:
    – Lebenspartner/-in, Bekannte (z. B. Kollegen anderer Betriebe)
    – Kolleginnen und Kollegen aus dem eigenen Betrieb
    – Personalabteilung, Weiterbildungsabteilung des Betriebs
    – Betriebs- oder Personalrat
    – Ihr Vorgesetzter/Ihre Vorgesetzte
    – externe Stellen (siehe unten)

5. Sie benötigen Information oder Beratung. Informationen erhalten Sie beispielsweise durch
    – Lektüre von Fachzeitschriften (regelmäßig empfohlen)
    – Informationen der Berufs- und der Fachverbände,
    – Mitgliederversammlungen, Tagungen und Kongresse der Berufs- und Fachverbände, Informationsveranstaltungen.
    Nutzen Sie auch die Auswertung von Stellenanzeigen zur Informationsgewinnung – Sie ersehen daraus, welche Anforderungen anderswo formuliert werden!
    Externe Beratung finden Sie in Weiterbildungsberatungsstellen, bei den Arbeitsämtern und teils auch bei den Verbänden.

6. Sobald Ihnen Motive und Inhalte einer sinnvollen Fortbildung hinreichend klar sind, können Sie daran gehen, sich die Programme der Anbieter Ihrer Region zu beschaffen und zu sichten. Dies rückt Ihre Sichtweise evtl. noch einmal zurecht.

    Beschränken Sie sich auch nicht auf die Prüfung der Angebote reiner Anpassungsfortbildung, solche der Aufstiegsfortbildung können Ihren Erfordernissen ggf. auch gerecht werden!

(Möllenbeck, 1997, S. 78 f.)

Offene Seminare – das richtige Angebot auswählen

	Informationen ausreichend	Nachfragen!
1. Lernziele der Veranstaltung	O	O
2. Differenzierte Übersicht über die Inhalte	O	O
3. Lernmethoden (Vortrag, Übungen etc.)	O	O
4. Dozent • Name • beruflicher Hintergrund	O	O
5. Teilnahmevoraussetzungen	O	O
5. Teilnehmerkreis • Betriebliche Funktionen • Einordnung in die Unternehmenshierarchie	O	O
8. Teilnehmerzahl • Mindestteilnehmerzahl • Höchstteilnehmerzahl	O	O
9. Abschluss • Werden Teilnehmerprüfungen durchgeführt? • Erhalten die Teilnehmer zum Abschluss ein Zeugnis o. Zertifikat?	O	O
10. Einordnung der Veranstaltung • Ist die Veranstaltung Bestandteil einer Reihe oder eines Zyklus? • Ist die Teilnahme an einzelnen Teilen der Veranstaltung sinnvoll?	O	O
11. Zeiten • Termin der Veranstaltung • Ausweichtage vorhanden? • Unterrichtstage • Unterrichtsstunden	O	O
12. Kosten • Teilnehmerbetrag (Umsatzsteuer?) • Nebenkosten (Unterkunft, Prüfungsgebühren)	O	O

(Wuppertaler Kreis e.V. 1996, S. 42)

Qualitäts-kriterien

Auch die Qualitätskriterien, die in der Diskussion um die Qualitätssicherung der Weiterbildung von Bildungsinstitutionen aufgestellt werden bzw. wurden, liefern Grundlagen und Hinweise für mögliche Teilnehmer und Unternehmen, um sich über ein Bildungsunternehmen, seine „Philosophie" und seine Schwerpunkte zu informieren und ggf. im Gespräch mit den Bildungsanbietern darauf Bezug zu nehmen. Auf der gegenüber liegenden Seite wird eine Aufstellung von **Qualitätskriterien** in einem Schema wiedergegeben, aus dem – bei Bedarf – Leitfragen entwickelt werden könnten.

Mindestanforderungen an Bildungsveranstaltungen, die es erleichtern, die für die eigenen Bedürfnisse und Ziele geeignete Weiterbildungsmaßnahme auszuwählen, hat Merk (1992) in einem 10-Punkte-Katalog zusammengestellt (S.172).

Qualitätsstandards im Wuppertaler Kreis

Anforderungsprofil an Mitglieder

- Durchführung von Weiterbildungsveranstaltungen für Fach- und Führungskräfte
- Sie sind unabhängig und selbstständig
- Sie gewährleisten
  - Systematische Konzeption
  - Gleichbleibend hoher Qualitätsstandard
  - Aktualität und Kontinuität
  - Ständige Anpassung an Wissenschaft und Praxis

Die Weiterbildungsveranstaltungen sind

- Zukunftsorientiert
- Zielgruppengerecht
- Aktuell
- Praxisorientiert
- Von hohem Qualitätsstandard
- Gestützt auf ein Qualitätsmanagementsystem
- Objektiv, produkt- und firmenneutral
- Sie vermitteln spezielle Fachthemen und übergreifende Zusammenhänge

Die Referenten

- Haben hohe Fachkompetenz
- Kommen aus: Industrie, Wirtschaft, Verwaltung, Forschung und Lehre
- Vermitteln ihr Wissen nach modernen methodischen und didaktischen Gesichtspunkten

Die Veranstaltungsprogramme enthalten

- Inhaltliche Angaben
- Ziel und Inhalt der Veranstaltung
- Zielgruppe
- Leiter, Moderator und Referenten
- Form, Methode und Lehrmittel
- Organisatorische Hinweise wie Datum, Zeit, Ort, Gebühren und Geschäftsbedingungen

Die Teilnehmerunterlagen sind

- Veranstaltungsbegleitend
- Veranstaltungsbezogen und
- Zum Nachstudium vorgesehen

Die Teilnehmer erhalten

- Eine Teilnahmebestätigung (ohne Prüfung) mit Angaben: Bezeichnung der Veranstaltung, Thema, Ort, Datum, vollständige Anschrift des Trägers, Teilnehmerangaben (Name, Vorname, Titel), Unterschrift des Trägerverantwortlichen
- Ein Zeugnis (bei Abschlussprüfung) mit den zusätzlichen Angaben zu Geburtsdatum, Prüfungsnote und Unterschrift des Prüfers.

(Keuper, R. u. a. o.J., S. 113/114)

10-Punkte-Katalog für Mindestanforderungen

1. Image eines Bildungsträgers (Philosophie des Trägers sollte erkennbar sein und die Bedeutung, die auf Qualität und Kontinuität gelegt wird)
2. Titel und Thema eines Seminars (evtl. Angabe von Untertiteln, Art und Umfang, Themenbereich und Level des angebotenen Know-how's sollte erkennbar sein)
3. Ziel des Seminars (Was will die Veranstaltung? Welcher Art sind die Ergebnisse? Welche Erfolge können die Teilnehmer erzielen? Worin liegt der Nutzen?)
4. Zielgruppe, Teilnehmerorientierung, Erwartungshaltung (Homogenität oder Heterogenität? Präzisierung der Zielgruppe ist in der Seminarankündigung unbedingtes Muss)
5. Seminarprogramm und Inhalte (Konzeption und innere Logik sollten erkennbar sein)
6. Seminarleiter, Dozenten, Trainer (fachliches und didaktisch-methodisches Know-how von entscheidender Bedeutung, Angabe von Namen, Funktionen und Qualifikationen)
7. Termine, Dauer, Zeiten (genaue Zeitangaben, auf Störungen/Ausfälle vorbereitet sein, Angaben zum Anmeldeschluss und Umgang mit Wartelisten)
8. Tagungsort, Räume, Service (Ort und Infrastruktur bzw. Klima transparent machen)
9. Seminar-/Teilnehmergebühr, Nebenkosten (angemessenes Preis-Leistungs-Verhältnis?), Angabe der vollständigen Seminargebühren, Teilnahme- und Zugangsbedingungen)
10. Methodik und Didaktik (erwachsenenpädagogische Lehr-Lernarrangements schaffen, das Wissen und Können der Teilnehmer als Ausgangspunkt nehmen) (vgl. Merk 1992).

Zwei Übungsbeispiele

Sie sind Führungskraft in einem mittelständischen Unternehmen. Herr X, Mitarbeiter der Personalentwicklung, kommt auf Sie zu. Er möchte an einer 3-tägigen Weiterbildung zum Thema „Anwendungskompetenz Multimedia für Trainer" teilnehmen. Die Weiterbildung kostet 10.500 DM. Überlegen Sie sich bitte Leitfragen, die Sie Herrn X stellen würden, um sicher zu sein, dass sich diese Investition auch lohnt.

Frau Y ist seit vielen Jahren in einem mittelständischen Unternehmen als Sachbearbeiterin im Einkauf beschäftigt. Sie hat sich (aus beruflichen und privaten Gründen) nicht weiterqualifizieren können, spürt aber jetzt, dass sie sich qualifizieren muss, um ihren Arbeitsplatz zu behalten. Welche Fragen stellen Sie Frau Y, um ihr die „richtige" Weiterbildung empfehlen zu können?

18.5 Wie kann eine Bildungsbedarfsanalyse durchgeführt werden?

Um Weiterbildungsmaßnahmen ziel- bzw. ergebnisorientiert planen und gestalten zu können, sollte der Ausgangspunkt für jede Weiterbildungsplanung eine Bedarfsermittlung sein. Nachfrageorientierte Weiterbildung nimmt die konkreten Anforderungen, die z.B. Arbeitsplätze an Mitarbeiter stellen, zum Ausgangspunkt der Weiterbildungsentwicklungsplanung.

Der Ablauf der (klassischen) Bildungsbedarfsanalyse wird im Folgenden (einschließlich möglicher Alternativen) dargestellt:

Möglichkeiten der Bedarfsanalyse

Ermittlungen der Anforderungen des jeweiligen Arbeitsplatzes (Soll)	Feststellung des Qualifikationsniveaus des Stelleninhabers (Ist)
Ermittlung der Anforderungen der jeweiligen Arbeitsplätze, die von den Änderungen/ Investitionen etc. betroffen werden (Soll)	Feststellung des Qualifikationsniveaus des vorgesehenen Stelleninhabers (Ist)
Prognose der zukünftigen Anforderungsmuster je Tätigkeitsfeld	Prognose der zukünftigen Qualifikationsentwicklung der eigenen Mitarbeiter/der zukünftigen Mitarbeiter
Stellenbeschreibungen Qualifikations-/Anforderungsprofile Potenzialanalyse der Mitarbeiter Analysen der Marktentwicklung	Mitarbeiterbeurteilungen/ Fähigkeitsprofile Prognose des zukünftigen Personalbedarfs (Aufgabeninhalte, Arbeitsplätze, Tätigkeitsfelder, Funktionsbereiche) Analysen der Qualifikationsentwicklung

Formulare (Soll-Ist-Abgleich) – Vorgesetztenbefragung – Mitarbeiterbefragung
Qualitative Gesprächsleitfäden – Gutachten
Anforderungen von neuen Anforderungsmustern:
Neue Märkte, neue Technologien, neue Führungssysteme (abgeflachte Hierarchien), neue Organisationsformen, Arbeitsmarktveränderungen, Schulentwicklung, Berufswahlverhalten, Anspruchsniveau der Mitarbeiter…

Ermittlung der Qualifikationslücke – Qualifikationsbedarf
Hilfsmittel: Soll-Ist-Vergleich

Vergleich von prognostizierten Fähigkeitspotenzialen und Anforderungsmustern

Bewertung und Auswahl von Entwicklungsmaßnahmen

(Merk 1992, S. 116)

Ablösung des traditionellen Qualifikationsbegriffs

Klassisch-traditionell wird der Bildungs- oder Qualifikationsbedarf als „Differenz zwischen Ist-Qualifikation und Soll-Qualifikation" definiert. Es wird dabei vorausgesetzt, dass die Soll-Qualifikation eines Mitarbeiters in Stellenprofilen, Anforderungsprofilen und Organisationshandbüchern klar beschrieben ist.

Ein solch statischer Begriff widerspricht jedoch der Realität in den meisten Unternehmen, den Zielen moderner Unternehmensorganisation, die Flexibilität und Dynamik fordern, anstatt Anforderungen festzuschreiben. Hinzu kommt, dass so der Abbau von Defiziten als Hauptziel der Weiterbildung dargestellt wird. Ein strategischer, chancen- oder potenzialorientierter Einsatz der Qualifikationen tritt demgegenüber in den Hintergrund.

Qualifikation an Zielen ausrichten

Sinnvoller erscheint es, den Weiterbildungsbedarf an den heutigen und zukünftigen Unternehmenszielen problemorientiert zu definieren. Sind die Mitarbeiter und organisatorischen Einheiten ausreichend qualifiziert, diese Ziele zu erfüllen? Welche Qualifikationsmaßnahmen können dazu beitragen, diese Ziele sicherer zu erreichen?

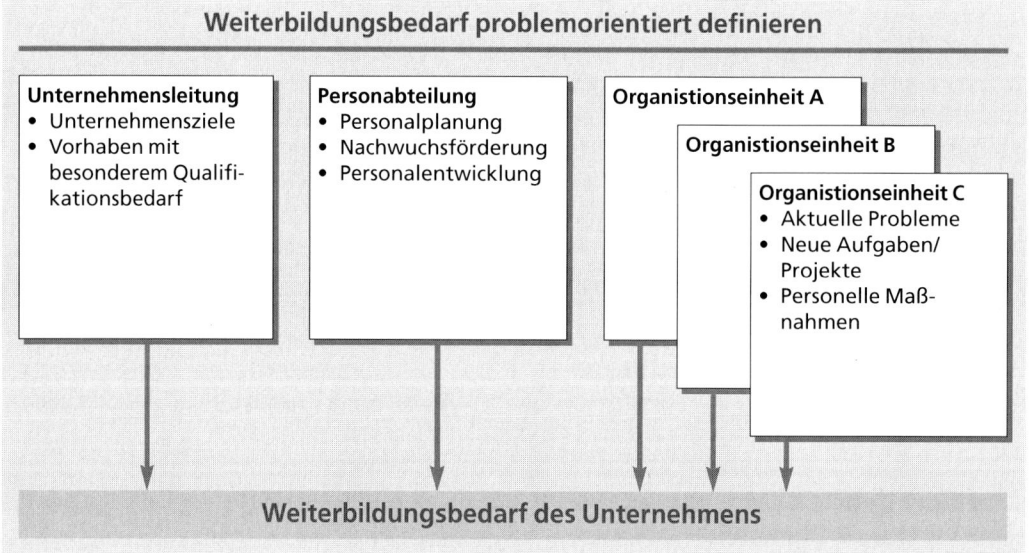

Individueller Bildungsbedarf ist da zu erkennen, wo die Qualifikationen eines Mitarbeiters nicht ausreichen, um die Anforderungen seiner Aufgabe zu erfüllen. Im Gegensatz dazu besteht **kollektiver Bildungsbedarf,** wenn die Leistungsfähigkeit eines Teams oder einer Abteilung durch gemeinsame Bildungsaktivitäten verbessert werden kann. Eine weitere Dimension bildet der **Zeithorizont** des Bildungsbedarfs:

Aktueller Bildungsbedarf besteht dann, wenn die fehlende Qualifikation bereits heute zu Leistungsdefiziten führt (Bildung als „Feuerwehr" oder „Reparaturbetrieb"). Darüber hinaus den **prospektiven Bildungsbedarf** zu erkennen, ist die wichtigste Aufgabe der Personalentwicklung bei organisatorischen Veränderungen (Bildung als Mittel zur Realisierung geplanter Veränderungen).

Um Informationen über Bildungsbedarfe möglichst aktuell und vollständig verfügbar zu haben, werden günstigerweise regelmäßige Erhebungen durchgeführt.

Der quantitative und qualitative Bedarf an Weiterbildung kann u. a. ermittelt werden durch:

Methoden der Bedarferhebung

* schriftliche Befragungen (a. bei Mitarbeitern; b. bei Führungskräften),
* Bedarfserfassung bei Workshops
   a) Workshop mit Führungskräften unterschiedlicher Funktionsbereiche,
   b) Workshops innerhalb organisatorischer Einheiten,
   c) Funktionsübergreifende (an den Prozessen orientierte) Workshops,
* Assessment Center / Potenzialbewertung,
* Beobachtung am Arbeitsplatz,
* Eigenverantwortliche „Anmeldung" von Bildungsbedarf durch die Mitarbeiter,
* „Anmeldung" von Bildungsbedarf durch die Führungskräfte,
* Regelmäßige Beurteilungsgespräche mit Zielvereinbarungen (siehe Kapitel Zielsetzung und Planung),
* Erhebungen von Qualifikationsbedarf durch Auswertung von Sekundärinformationen (z. B. Mitarbeiterbefragungen zu Führungsstilen; Vergleich mit anderen Unternehmen zu Größen wie z. B. Fehlzeiten, Kundenzufriedenheit),
* Systematische Ermittlung durch Vergleich der Anforderungen bei geplanten Veränderungen.

Dialogische Bildungsbedarfs- analyse

Ein Beispiel und eine bewährte Methode ist die dialogische Bildungsbedarfsanalyse (vgl. Müller/Stürzl 1992).
Im Hinblick auf die Förderung beruflicher Handlungskompetenz, Einbeziehung der Mitarbeiter, Verantwortungsübernahme und -übergabe – ist ihr, trotz des vielleicht höheren zeitlichen, finanziellen, und personellen Aufwandes, der Vorzug vor einer schriftlichen Befragung zu geben.
Das persönliche Gespräch ermöglicht Nachfragen und eventuell notwendige Korrekturen. Zudem kann neben der Datensammlung für das zu entwickelnde Konzept noch einmal das Problembewusstsein für die Notwendigkeit der Qualifizierung geschärft werden.
Der Bedarfsermittler führt im Falle des Interviews anhand eines Leitfadens ein offenes Gespräch, aus dem er Informationen bekommt, aber auch selbst Informationen geben kann.

Als Alternative zu der (individuellen) Befragung wäre es auch möglich, einen Workshop durchzuführen, mit dem Ziel, den Bildungsbedarf zu erheben, ein grobes Konzept für die Qualifizierung zu entwickeln und erste Maßnahmen zur Umsetzung zu planen. Der Weiterbildner schlägt eine Gruppenarbeit für die Kleingruppe vor. Die zu bearbeitenden Themen sind als Arbeitsauftrag formuliert und z. B. auf einem Flipchart visualisiert.
Als Inhalte können z. B. folgende Fragen bearbeitet werden:

Analyse des Bildungsbedarfs

Wo wollen wir hin? (SOLL)

- Wie sieht unsere Arbeitssituation in der Ausbildung zukünftig aus?
- Welche Aufgaben kommen auf uns zu?
- Wie verändert sich meine Rolle als Ausbilder?
- Wie verändert sich unsere Zusammenarbeit?

Wo stehen wir heute? (IST)

- Welche Themen sind für uns derzeit wichtig?
- Wo liegen die schwerwiegendsten Probleme?
- Welche Aufgaben erfüllen wir zur Zeit?
- Welche Arbeitsorganisation haben wir?

Welche Widerstände müssen wir überwinden?

- Was verhindert die Umsetzung des Ziels?
- Wo liegen die Ursachen?
- Was ist das Gute an der bisherigen Situation
- Welche Veränderungen können wir mittragen?

Was müssen wir tun?

- Welche konkreten Aufgaben müssen wir bearbeiten?
- Welche Maßnahmen müssen im Einzelnen ergriffen werden?
- Womit fangen wir an?
- Was können wir sofort umsetzen?
- Was fehlt uns an Unterstützung, Information etc.?
- Wer ist für was, bis wann, mit wem verantwortlich?
- Wie wird das Ergebnis kontrolliert?

(Krämer-Stürzl 1998a, S. 211)

Die Kleingruppe bearbeitet den Arbeitsauftrag. Die Ergebnisse werden im Plenum durch einen Vertreter der Gruppe vorgestellt. In der gemeinsamen Reflexion der Präsentationen fasst der Weiterbildner die wesentlichen Resultate zusammen und regt eine Diskussion im Plenum an, in der zum einen noch einmal die Ergebnisse analysiert, zum anderen ein Feedback über das Erlebte und Erfahrene gegeben wird. Der Weiterbildner dokumentiert die Ergebnisse z. B. auf einer Metaplanwand oder einem Flipchart.

Diese Vorgehensweise weist einen hohen Beteiligungsgrad der Mitarbeiter an der didaktisch-methodischen Planung des Qualifizierungskonzepts, der Lernorganisation sowie der Arbeitsorganisation auf. Zudem wird das Problembewusstsein für die notwendigen Veränderungen und die Akzeptanz dieser Veränderungen innerhalb des Unternehmens bzw. der Abteilung geschärft bzw. entwickelt.

Selbst- und Fremdeinschätzung nutzen

Die **potenzialorientierte Bedarfserhebung** ist eine Kombination aus Selbst- und Fremdeinschätzung, strukturiertem Interview und Befragung (vgl. Pössnecker 1993, S. 193). Zielsetzungen der Potenzialanalyse sind u. a. langfristige Planung der Führungskräftenachfolge, Bewusstmachen und gezielter Einsatz der Stärken einzelner Mitarbeiter, Annähern von Fremd- und Selbstbild, Optimieren der Zusammenarbeit und Kommunikation mit den Vorgesetzten, individuelle Planung von Personalentwicklungsmaßnahmen.

Der Ablauf einer Potenzialanalyse kann – grob beschrieben – z. B. wie folgt aussehen (ebd., S. 194):

1. Vorgesetzte der Potentials definieren im fachlichen und persönlichen Bereich
   - Stärken und Entwicklungsmöglichkeiten im fachlichen und persönlichen Bereich,
   - Mögliche zukünftige Tätigkeitsfelder,
   - Zielgerichtete Entwicklungsmaßnahmen
2. Vorgesetzte informieren Potentials über das weitere Verfahren
3. Die Potenzials geben mit Unterstützung der Personalabteilung eine Selbstbeschreibung zu den unter 1. genannten Aspekten ab (Schema Fremdbild/Selbstbild auf der folgenden Seite). Vorgesetzte erhalten im Anschluss die Selbstbeschreibung.
4. Den Abschluss bildet ein Potenzialgespräch zwischen Vorgesetzten und Potenzials, evtl. mit der Personalabteilung (Schema Potenzialanalyse unten auf dieser Seite).

Der wichtigste Teil des Verfahrens ist das Potenzial**gespräch** zwischen Vorgesetztem und Mitarbeitern. Hier werden Selbst- und Fremdbild miteinander verglichen und Weiterbildungs- bzw. Personalentwicklungsmaßnahmen gemeinsam vereinbart und geplant (s. auch Kapitel Ziele setzen – Zielvereinbarungsgespräch). Zur Transfersicherung werden Vereinbarungen festgehalten. Eine Evaluation der vereinbarten Maßnahmen erfolgt (nach einem halben oder einem Jahr) in weiteren Gesprächen zwischen Vorgesetztem und Mitarbeitern. Wiederholt werden soll die Potenzialanalyse nach zwei Jahren.

Potenzialanalyse

Fremdbild

Bitte beschreiben Sie Ihren Mitarbeiter anhand der folgenden Kategorien.

Name   Abteilung

                                                   Datum

	Stärken	Entwicklungsmöglichkeiten
fachlich		
persönlich		

Zu welchem Prozentsatz stimmen die Stärken mit den aktuellen Aufgaben überein?

In welchem Aufgabengebiet kommen die Stärken am besten zur Geltung?

Welche Personalentwicklungsmaßnahme leitet sich daraus ab?

Anmerkung: Die Formulare Fremdbild und Selbstbild sind, bis auf Überschrift, identisch.

Fremdbild

Bitte beschreiben Sie Ihren Mitarbeiter anhand der folgenden Kategorien.

Name   Abteilung

                                                                     Datum

Ausprägung	stark	durchschnittlich			schwach
	5	4	3	2	1
Teamfähigkeit					
Kostenbewusstsein					
Einsatzbereitschaft					
Entscheidungsfähigkeit					
Belastbarkeit					
Lernbereitschaft					
Analytisches Denken					
Selbstständigkeit					
Initiative					
Unternehmerisches Handeln					

Ermitteln und reflektieren Sie die Situation Ihres Unternehmens

Wie erheben Sie den Bildungsbedarf in Ihrem Unternehmen? Welche Vor- und Nachteile hat diese Vorgehensweise? Streben Sie Veränderungen an? Bis wann möchten Sie diese Veränderungen umgesetzt haben?

18.6 Welche Möglichkeiten der Transfer- und Erfolgskontrolle gibt es?

Erfolgskontrolle (oder Evaluation) ist eng mit der Frage verbunden, ob der Transfer des Gelernten in die Praxis gezielt vorbereitet, durchgeführt und umgesetzt wurde. Damit wiederum hängen Fragen zusammen, die z. B. lauten:
- Wurde das Weiterbildungs-Budget effektiv eingesetzt?
- Muss der Veränderungsprozess durch weitere Maßnahmen unterstützt werden?
- Wurden die richtigen Interventionen gewählt?
- Was können/müssen die Beteiligten weiterhin tun?

Evaluation im Hinblick auf Transferleistung

Erfolgskontrolle bzw. Evaluation sind im Weiterbildungskreislauf (S. 138 dieses Buches) als sechste Station genannt und es ist deutlich, wie eng der Zusammenhang zu den vorherigen „Stationen" im diesen Kreislauf ist. Darum ist es auch so wichtig, die Transfer- und Erfolgskontrolle bereits im Vorfeld der Maßnahmen zu planen und prozessorientiert umzusetzen.

Erfolgskontrolle als Station im WB-Kreislauf

Nicht zu verwechseln ist die hier auf den Erfolg einer Bildungsmaßnahme bezogene Kontrolle mit der „Lernerfolgskontrolle" durch Bewertens/Kontrollieren der individuellen Lernleistung als Phase in einer Lerneinheit (vgl. S. 96).

Die betriebliche Weiterbildungsevaluation lässt sich (nach einer Studie der Arbeitsgemeinschaft Betriebliche Weiterbildungsforschung 1992; vgl. Arnold/ Krämer-Stürzl 1992) in einer idealtypischen Betrachtung grob zu vier Evaluierungsansätzen „bündeln":
(1) den Typ einer „seminarorientierten Erfolgskontrolle" (Typ I),
(2) den Typ einer „legitimationsorientierten Erfolgskontrolle" (Typ II),
(3) den Typ einer „transferorientierten Erfolgskontrolle" (Typ III) und
(4) den Typ einer „entwicklungsorientierten Erfolgskontrolle" (Typ IV)

Typen der Erfolgskontrolle	
Typ I: Die seminarorientierte Erfolgskontrolle	• Starkes Gewicht der fachlichen Weiterbildung (i. S. der Anpassungsweiterbildung) • kein Instrumentarium zur systematischen Bedarfsermittlung • Konzentration der Erfolgskontrolle auf die Teilnehmerbefragung (Zufriedenheitserfolg) • Kosten-Nutzen- und Transfer-Aspekte ansatzweise berücksichtigt, aber kaum systematisch für eine Erfolgskontrolle
Typ II: Die legitimationsorientierte Erfolgskontrolle	• viele Gemeinsamkeiten mit Typ I • Zufriedenheit der Teilnehmer große Bedeutung • „Verdichten" der Einzelergebnisse zu Gesamtdurchschnittswerten • Erstellen von Berichten (Rechenschaftsberichte; Nachweise des Leistungserfolges gegenüber Dritten oder Marketinginstrument)

Typ III: Die transferorientierte Erfolgskontrolle	• der „eigentliche Erfolg" einer Weiterbildung muss sich nicht im Lernfeld, sondern nur im Funktionsfeld, d. h. am Arbeitsplatz oder in der Fachabteilung einstellen • effizientes Umsetzen des Gelernten in die betriebliche Alltagspraxis steht im Vordergrund • in der Weiterbildung wird „von den Fachabteilungen her" gedacht • zentrale Verantwortung für die Planung, Durchführung und Kontrolle betrieblicher Weiterbildung liegt bei der zentralen WB-Abteilung • Bedarfsermittlung und Erfolgskontrolle werden auf die Ebene des Mitarbeitergesprächs verlagert • Weiterbildungsabteilung versteht sich als „Service-Einrichtung" (Entwicklung von Gesprächsleitfaden sowie Raster und Checklisten)
Typ IV: Die entwicklungsorientierte Erfolgskontrolle	• keine bzw. kaum noch Angebotskataloge (das Leistungsangebot der Weiterbildner wird beschrieben) • betriebliche Weiterbildung wird als strategischer Beitrag zur Unternehmensentwicklung verstanden und gelebt • „Tätigwerden auf Anfrage" steht im Vordergrund • Weiterbildung als „Prozessbegleitung" • potenzielle Zielgruppen der Beratungs- und Weiterbildungsmaßnahmen werden als „Kunden" gesehen • Verantwortlichkeit für das Lernen, den Erfolg und die Erfolgssicherung liegt bei den Abteilungen bzw. auf den Vorgesetzten dieser Abteilungen und den Mitarbeitern • Erfolgssensibilisierung (von Führungskräften und Mitarbeitern) als Ziel • regelmäßige Mitarbeiter- sowie gelegentliche Teilnehmerbefragungen und Gesprächsrunden zur Orientierung

In der Praxis findet sich in der Regel eine Mischung der verschiedenen „Typen". Je nach Rahmenbedingungen und Zielen der Unternehmen bzw. Einrichtungen werden Transfer- und Erfolgskontrolle unterschiedlich „gewichtet" und mit verschiedenen Instrumenten überprüft.

Gründe, die für eine Wandlung bzw. eine Perspektivenöffnung von der zentralen, angebotsorientierten in eine entwicklungsorientierte oder strategische Weiterbildung sprechen, ist insbesondere die mangelnde Nähe zum Bedarf:

• Bildungsbedarfe wurden nicht systematisch erhoben,
• kurzfristige Bildungsmaßnahmen standen im Vordergrund,
• Wirtschaftlichkeitsanalysen der Bildungsarbeit wurden nicht – oder nur unter Rechtfertigungsdruck – durchgeführt.

Systematische Erfolgskontrolle

Der Bildungsprozess sollte, um wirtschaftlich beurteilt werden zu können, eine systematische Erfolgskontrolle ermöglichen. Das heißt die Informationen im Bildungsprozess müssen gezielt verarbeitet werden. Dabei betrifft systematisches Bildungscontrolling jedes Element des Weiterbildungs-Kreislaufs, dessen Ergebnis erfasst und bewertet wird, um daraus Schlüsse für die Weiterarbeit im Sinne der Zielsetzung zu ziehen.

Informationen im Bildungsprozess

Eingangsinformationen	Phasen	Ausgangsinformationen
Probleme, Bildungswünsche, Erhebungsergebnisse etc.	**Bildungsbedarf feststellen** Welche Anforderungen, Aufgaben, Probleme haben wir heute und in Zukunft zu bewältigen?	Ausformulierte Liste von Bildungsbedarfen
Ziele, Pläne, Investitionen, Budgetzahlen	**Bildungsbedarf bewerten** Welche Ziele verfolgen wir? Wie müssen die Mitarbeiter qualifiziert sein, um den Anforderungen zu entsprechen? Welche konkreten Ziele verfolgt diese WB-maßnahme?	Prioritäten, Auswahl vorrangiger Ziele/Projekte
Marktinformationen, eigene Bildungskapazitäten	**Maßnahmen auswählen** Welche Kriterien sprechen für bzw. gegen die Durchführung der Maßnahme? Welche Kriterien sollen im Verlauf der Maßnahme evaluiert werden? Welche sachlichen, zeitlichen, personellen und finanziellen Ressourcen stehen zur Verfügung?	Konzepte zur Problemlösung (Wer? Was? Wie?), Kosten
Planungsinformationen	**Maßnahmen durchführen** Verläuft die Durchführung der Maßnahme nach Planung oder sind Korrekturen erforderlich?	Verlauf, Organisation, Akzeptanz
Berichte von Teilnehmern, Führungskräften, Trainern	**Erfolg überprüfen** Welchen Beitrag konnte die Maßnahme zur Zielerreichung leisten?	Zielerreichung, Verbesserungsvorschläge, Kosten

Problem-Analyse-Phase	Gestaltungs-Phase
Welche Anforderungen, Aufgaben, Probleme haben wir heute und zukünftig zu bewältigen? Welche Ziele wollen wir erreichen?	Welche Kriterien sollen im Verlauf der Maßnahme evaluiert werden?
Input-Evaluierung und Zielerreichungs-Evaluierung (Programm-Planung)	Festlegen der Verlaufs-, Zielerreichungs- und Transfer-Evaluierung (incl. Kosten-Evalierung)
<ul><li>Betriebsklima-Untersuchung</li><li>Tests</li><li>Organisationsanalyse</li><li>Stellenanalyse</li><li>Material-, Dokumentenanalyse</li><li>Mitarbeitergespräch</li><li>Fragebogen</li><li>Beobachtung</li><li>Bildungsbedarfsanalyse</li><li>Ist-Soll-Abweichungs-Analyse</li><li>Diagnostische Sitzungen (Kraftfeldanalyse, U-Prozedur)</li></ul><ul><li>Personaldatenanalyse (Fluktuation, Krankenstand, Unfallstatistik)</li><li>Planungsdaten-Analyse (Personalplanung, Umsatz-, Kosten-, Planungsdaten)</li><li>Betriebliche Kennzifferanalyse (Unternehmenseffizienz, Kosten, Inputs, Outputs)</li><li>Betriebsvergleiche</li><li>Skill-Inventory (Inventar der benötigten Fähigkeiten; Skill-Defizite)</li><li>Wertanalyse (Auffinden von Einsparungspotenzialen)</li><li>Vorschlagswesen</li><li>Neujahrsgespräch</li><li>Problemübersicht</li></ul><ul><li>Critical Incident Programm (kritische Beschreibung der Situation und Probleme)</li><li>Persönliche Beobachtungen</li><li>Erfahrungs-Austausch (z.B. Qualitätszirkel, institutionalisierte Treffen)</li><li>Senior-Boards (Erfahrungen langjähriger Mitarbeiter)</li><li>Vorgesetzten - Beurteilung</li><li>Leistungsbeurteilung</li><li>Potenzialbeurteilung</li><li>Assessment-Center</li><li>Beratungs- und Fördergespräche</li><li>Führungsstilanalyse</li><li>Ausbildungsbedarfsüberblick</li><li>Delphi-Befragung (Befragung kompetenter Mitarbeiter)</li></ul>	<ul><li>Lernzielbestimmung</li><li>Programm-Entwicklung</li><li>Maßnahmenplanung / didaktischer Entwurf</li><li>Kostenanalyse</li><li>Evaluierungsplan</li><li>Teilnehmerbezogene Vorbereitung (Zielgruppenanalyse)</li><li>Veranstaltungsbezogene Vorbereitung</li><li>Entwicklungsevaluation</li><li>Kosten-Nutzen-Evaluation</li></ul>
Aufgabe einer Evaluierungs-Projektgruppe bzw. eines Evaluierungs-Beauftragten:<ul><li>Ist-Soll-Analyse</li><li>Bedarfs- und nachfrageorientierte Feinsteuerung der Seminarthemen</li></ul>	Aufgabe einer Evaluierungs-Projektgruppe bzw. eines Evaluierungs-Beauftragten:<ul><li>Zur-Verfügung-Stellen von Evaluierungs-Instrumenten</li><li>ggf. Qualifizierung der Dozenten</li></ul>

Trainings-Phase	Transfer-Phase
Verläuft die Maßnahme nach Planung oder sind Korrekturen erforderlich?	Können die erworbenen Kenntnisse, Fertigkeiten, Fähigkeiten in die Praxis umgesetzt werden? Wo muss ggf. nachgerüstet werden?
Verlaufs-Evaluierung / Durchführungs-Evaluierung und Output-, Ergebnis-Evaluierung	Transfer-, Anwendungs-Evaluierung
1. prozessbezogene Evaluation • Gespräche • Stimmungsbarometer • Feedback • Einschätzung/Skalierung • Soziogramm • Tests • Beobachtungen • Interaktionsanalyse 2. Ergebnisbezogene Evaluation • Abfragen • Fragebogen/Beurteilungsbogen/ Kursbeurteilungsbogen • Paarvergleiche (Vergleichsfragen, Bewertungsmatrix) • qualitative Bewertung • Moderationsmethode • Thermometer/Stimmungsbarometer • Leistungsbezogene Prüfung/Tests • Breitenevaluation	1. prozessbezogene Evaluation • Unterstützungsgruppen • Lerngruppen • Problemprognose • Selbstkontrakt • Ergebnisbericht • Übungsaufgabe • Reviewsitzungen/Transfertag • Auffrischungs-Folge-Kurse • Coaching • Aktionsplan • Workshop 2. Ergebnisbezogene Evaluation • Fragebogen • Beobachtung • Test
Aufgabe einer Evaluierungs-Projektgruppe bzw. eines Evaluierungs-Beauftragten: • Feedback zu Methode, Medien, Ablauf, Organisation, Trainer etc. • Überprüfen der Lernergebnisse	Aufgabe einer Evaluierungs-Projektgruppe bzw. eines Evaluierungs-Beauftragten: • Überprüfen der Transferfähigkeit

Erfolgskontrolle wird so zum integralen Bestandteil des Bildungsprozesses. Instrumente sind u. a.

Instrumente der Erfolgskontrolle

- Seminarfragebogen mit Befragung der Teilnehmer zur Umsetzbarkeit des Gelernten (siehe Anhang Beurteilungsbögen)
- Befragungen nach längerer Zeit (siehe Anhang 4)
- Beurteilung durch den Vorgesetzten
- Vor- und Nachbereitungsgespräche mit dem Vorgesetzten (siehe Schema auf S. 185)
- Prüfungen, Zertifizierungen
- Definition messbarer Ziele mit anschließender Überprüfung (siehe auch Kap. Zielsetzung und Planung)
- Befragung von Arbeitsgruppen, Gesprächspartnern, Kunden etc.
- Quantitative Verfahren: z. B. Anzahl der Kundenbeschwerden, Verbesserungsvorschläge
- Qualitative Verfahren: Befragungen zu Betriebsklima, Führungsqualität
- Verfahren, die den Transfer der Bildungsmaßnahme integrieren: mehrstufige Weiterbildungsmaßnahmen; Selbstbeurteilung; Zielvereinbarungsgespräche mit den Vorgesetzten (s. auch Kap. Zielsetzung und Planung)

Instrumente der Evaluierung nach Phasen

Eine Zusammenstellung der Instrumente der Evaluierung und mögliche Vorgehensweisen finden Sie auf der vorhergehenden Doppelseite 182/183, gegliedert nach folgenden vier Phasen:

- Problem-Analyse-Phase,
- Gestaltungs-Phase,
- Trainings-Phase,
- Transfer-Phase

Wesentlicher Aspekt der Erfolgskontrolle oder Evaluation – gleich welcher „Typ" vorliegt – ist auf Dauer die Erfolgssensibilisierung aller Beteiligter auf allen Ebenen des Weiterbildungsprozesses, die Selbstbeobachtung und Selbstbewertung der Beteiligten (s. auch Kapitel Bildungsbedarfsanalyse).

Aufgaben von Vorgesetzten

Wenn Weiterbildung als nicht-delegierbare Managementaufgabe verstanden wird, stellt dies (auch) an Vorgesetzte die Forderung, Weiterbildung zielgerichtet und transferorientiert zu unterstützen. Fragen, die im Vorfeld aufgestellt wurden, können eine Grundlage für die Erfolgskontrolle nach der Maßnahme dienen.

Mitarbeitergespräche bzw. Workshops zur Bedarfsanalyse und zur Vor- und Nachbereitung von Weiterbildungsmaßnahmen gewinnen an Bedeutung, um die Seminare oder Workshops selbst, als auch den Transfer so effektiv wie möglich zu gestalten. In dem Vorbereitungsgespräch geht es darum zu klären, welche Bedarfe erkannt wurden, welche Ziele mit einer Maßnahme verbunden werden und welche Ergebnisse wichtig sind. In der folgenden Abbildung finden Sie ein Beispiel für einen „Leitfaden zur Transfersicherung von Weiterbildung – Vorbereitungsgespräch und Nachbereitungsgespräch".

Erfolgssteuerung in der Personalentwicklung – Transfersicherung durch Mitarbeitergespräche

Leitfaden zur Transfersicherung von Weiterbildung

Vorbereitungsgespräch

Weiterbildung ist nur dann erfolgreich, wenn das gelernte Wissen und die geübten Fähigkeiten auch dauerhaft am Arbeitsplatz umgesetzt werden können (Lerntransfer). Die Vorbereitung zwischen Vorgesetztem und Mitarbeiter ist entscheidend, ob und wie Bildungsmaßnahmen den erwarteten Nutzen für Unternehmen und Mitarbeiter bringen.

Welche Ziele haben wir mit der geplanten Bildungsmaßnahme?	
• Erweiterung der Kenntnisse/ Fertigkeiten	**Erwartungen des Vorgesetzten:**
• Anwendung für konkrete Aufgaben	
• Notwendige Einarbeitung	
• Förderung der Verhaltens- kompetenz	**Erwartungen des Mitarbeiters:**
Welche Vorbereitungen/Hilfen sind notwendig?	
• Ungestörte Teilnahme sichern (z. B. Vertretung, Termine verlegen)	
• Arbeitsplatzausstattung überprüfen (z. B. EDV-Ausstattung)	
• Zeit für Seminarvorbereitung geben (z. B. Fachliteratur, Praxisfragen erarbeiten, Lernbüro)	

Haben Sie noch Informationsbedarf zum Seminar? Gerne vermitteln wir auch Kontakte zu Mitarbeitern, die diese Weiterbildung schon einmal gemacht haben. Die Mitarbeiter der Abt. Weiterbildung/PE stehen Ihnen gerne zur Verfügung. Ansprechpartner ist …

Erfolgssteuerung in der Personalentwicklung
Transfersicherung durch Mitarbeitergespräche

Leitfaden zur Transfersicherung von Weiterbildung
Nachbereitungsgespräch

Weiterbildung ist nur dann erfolgreich, wenn das gelernte Wissen und die geübten Fähigkeiten auch dauerhaft am Arbeitsplatz umgesetzt werden können (Lerntransfer). Die Nachbereitung zwischen Vorgesetztem und Mitarbeiter ist entscheidend, ob und wie Bildungsmaßnahmen den erwarteten Nutzen für Unternehmen und Mitarbeiter bringen.

Zeit max. nach 2 Wochen	Auswertung der Bildungsmaßnahme • Wie wurden die Erwartungen erfüllt? • Wie kann das Gelernte genutzt werden? • Für wen ist es im Betrieb noch nützlich? • Sind weiterführende Bildungsmaßnahmen notwendig? (was, wann)
	Umsetzung in die Praxis (Transfer) • Wie konnte das Gelernte bereits eingesetzt werden? • Wo und welche Umsetzungsschwierigkeiten treten auf? • Wie können diese behoben werden?
dauerhaft	Unterstützung des Mitarbeiters, z.B. • Gemeinsame Transferüberprüfung • Hilfen anbieten (z.B. coaching) • Transfersicherndes Umfeld schaffen

Bitte geben Sie Anregungen an die Abt. Weiterbildung

(Meler/Schindler 1995, S. 956)

Im Nachbereitungsgespräch geht es zum einen darum, die Weiterbildungsmaßnahme zu reflektieren und zum anderen, die Umsetzung des Gelernten vorzubereiten bzw. Vereinbarungen für die Begleitung der Umsetzung zu treffen. Es muss deutlich werden, ob die mit der Maßnahme beabsichtigten Ziele erreicht wurden oder ob ggf. noch eine Qualifizierung erforderlich ist, und welche z.B. Rahmenbedingungen geschaffen werden müssen, damit eine Umsetzung auch tatsächlich erfolgen kann.

Reflektieren Sie Ihre Praxis der Erfolgskontrolle

Wie führen Sie derzeit die Erfolgskontrolle in Ihrer Bildungseinrichtung durch? Welche Bereiche werden dabei erfasst? Welche Bereiche finden (noch) keine Berücksichtigung? Mit welchen Daten sind Sie zufrieden? Wo hätten Sie gerne mehr Information?

18.7 Wie sollte die Information und Kommunikation gestaltet sein?

Effektive Kommunikation stellt sicher, dass die richtigen Informationen rechtzeitig allen Beteiligten zur Verfügung stehen. Insbesondere im Zusammenhang mit Teamarbeit, der Mitarbeit aller durch Mitverantwortung, ist ein offener Informationsfluss in unterschiedliche Richtungen Voraussetzung für effektive, zielgerichtete Arbeit. In gleichem Maße, in dem Mitarbeit, Mitverantwortung, Mitwissen und Mitdenken gefördert werden sollen, muss die Kommunikation in ihrer Effektivität gesteigert werden. Durch ein systematisches Kommunikationssystem können Informationsangebot und -bedarf in Einklang gebracht werden. Zu Beginn steht die Informationsbedarfsanalyse, für die von allen Seiten in einem Unternehmen folgende Fragen beantwortet werden:

1. Welche Informationen muss ich von wem bekommen, wann und in welcher Form?
2. Welche Informationen muss ich an wen geben, wann und in welcher Form?

Effektive Arbeit setzt offene Informationsflüsse voraus

Zielorientiertes Handeln erfordert für die Beteiligten Transparenz und umfassende Information der für sie wichtigen Fakten und Dokumente, die zugänglich sein sollten bzw. eingeholt werden können.

Je größer und umfassender ein Projekt ist, desto wichtiger und zweckmäßiger ist es, Informationen und Dokumente zu systematisieren. Dies hat den Vorteil, dass so wenig wie möglich vergessen oder unterlassen wird, und es entlastet zugleich. Um systematische Information zu erreichen, ist die Erarbeitung eines Informationskonzepts bzw. einer Informationsstrategie wichtig (vgl. Witschi 1996, S.2.13f). Unter einem Informationskonzept kann z. B. verstanden werden:

Empfehlung zur Systematisierung von Information

– Das Transparentmachen und Systematisieren des Informationsflusses oder der Informationsbeziehungen,
– das Erstellen eines Unterlagenkonzepts,
– die Methoden und Vorgehensweisen für die Information.

Als Unterlagen kann man z. B. unterscheiden:
– Unterlagen, die den Planungsprozess nachvollziehen, Entscheidungen vorbereiten, bei denen also de Logik der Problemlösung im Vordergrund steht
– Unterlagen, die erarbeitetes Wissen festhalten und an Bearbeiter der folgenden Phasen weitergeben, z. B. Projektdokumentationen, Gebrauchsanleitungen.

Dabei empfiehlt es sich, diese Unterlagen laufend und/oder zu vereinbarten „Meilensteinen", z. B. jeweils am Ende der betreffenden Phasen, zu erstellen. Der Aufbau der Informationen sollte, wenn möglich, standardisiert sein.

Die Informationsbeziehungen lassen sich mittels einer Matrix darstellen. Mit dem Ergebnis dieser Informationsbedarfsermittlung kann in Form einer Informationsflußmatrix die Information so organisiert werden, dass eine reibungslose Kommunikation möglich ist. Zwei Beispiele für eine Informationsflussmatrix finden Sie in den beiden folgenden Abbildungen:

Informationsflussmatrix als Hilfsmittel

Beispiel für eine Informationsfluss-Matrix

Infor-mation	Termin	Form	Organisationseinheit								
			Geschäfts-leitung	Datenver-arbeitung	Vertrieb			Material-wirtschaft	Produktion		Finanz- und Rech-nungs-wesen
					Marke-ting	Verkaufs-leitung Ausland	Verkaufs-leitung Inland		Pro-duktions-leitung	Ferti-gungs-steuerung	
A	täglich	Bericht		×	○Ø	○	○	Ø			○ +
B	am 3. jedes Monats	Bericht				○	○	×	○	○	+
C	Quartals-ende	Protokoll	× +			○	○		○		○

× = erstellt   ○ = erhält Kopie   + = legt ab   Ø = bearbeitet

Informations-Matrix

Informationsart \ Charakteristik	Verantwort-licher Berichterstatter	Verteiler/ Teilnehmer	Termin Frequenz	Bemer-kungen
Verbale Information				
Projektstandspräsentation	PL	LA/Fachbereich	nach Bedarf	Protokoll
Lenkungsausschusssitzung	Pl	LA	monatlich/nach Bedarf	Protokoll
Reviews	PL/MA	LA/PL	nach Bedarf	Protokoll
Projektbesprechung	PL	Projektteam	wöchentlich	(Protokoll)
Schriftliche Information				
Projektstatusbericht	PL	LA	monatlich	
Zwischenbericht	PL	LA	Phasenden/Teilprojektende	
Abschlussbericht	PL	LA/Fachbereich	Projektende	
Arbeitsbericht	Projektteam	PL	wöchentlich	

PL = Projektleiter   LA = Lenkungsausschuss   MA = Mitarbeiter

(Witschi 1996, S. 2.13)

Kommuniziert werden können neben Inhalten und Lösungen auch Prozesse. Ein Informationskonzept hält dazu an, frühzeitig und regelmäßig zu informieren. Das heißt nicht, dass alle Informationen zu jeder Zeit für alle bestimmt sind und zugänglich sein müssen. Projekte, Überlegungen, Aufgaben brauchen in bestimmten Phasen auch einen „Schonraum". Die Informationsspielregeln sollten daher vereinbart und transparent gemacht werden.

Informations-spielregeln definieren

Falsch aufbereitete Information kann mehr schaden als nutzen, daher ist Umfang und Form der Information empfängergerecht aufzubereiten. Wer sind die Leser, die Zielgruppe, der Benutzer, der Kunde?

Information in zunächst eine Einweg-Beziehung. Jemand informiert schriftlich über z.B. ein Organisationsentwicklungsprojekt. Er kann dabei nicht wissen, vielleicht erahnen, was diese Mitteilung bei dem oder den Empfänger/n auslöst: werden die Ausführungen zur Kenntnis genommen, richtig verstanden, lösen sie Angst oder falsche Erwartungen aus? In jedem Fall wäre eine mündliche Information der schriftlichen den Vorzug zu geben, da hier die Möglichkeit des Rückfragens eröffnet wird. Ein Dialog könnte aufgebaut werden, Auseinandersetzungen geführt, gemeinsames Verständnis erzeugt, Annäherungen möglich gemacht werden. Nachteilig in dieser Kommunikation sind Zeitaufwand und die Begrenzung der Zielgruppe. Abzuwägen sind (auch) in diesem Fall immer Aufwand und Nutzen.

Abwägen der Informationsform

Im Allgemeinen können kommunikative Beziehungen – je nach Ziel, Zielgruppe etc. – unterschiedlich gestaltet werden, z.B.:

Gestaltung von Information

- Betriebs-Zeitung, um Prozesse, Inhalte, Lösungen zu beschreiben sowie Möglichkeiten der Stellungnahme und Anregungen zu bieten
- Info-Telefon, es steht ein Ansprechpartner zu bestimmten Zeiten zur Verfügung, der Fragen beantwortet bzw. Anregungen entgegennimmt
- Info-Markt, Informationstafeln und Stände mit Unterlagen etc., die Informationen ermöglichen
- Einbeziehung der Betroffenen und Interessierten in einem Kreativ-Workshop, an dem in Gruppen Ideen entwickelt werden können, die weiterverwertet werden

In diesem Zusammenhang ist der Begriff des **Wissensmanagements** von Bedeutung. Er umfasst – grob umschrieben – das Management von Daten und Informationen ebenso wie das Management von Erfahrungen, Regeln, Techniken, Kenntnissen, Meinungen etc.

Wissen managen

Wissensmanagement ist dann erfolgreich, wenn es die strategischen und operativen Prozesse im Unternehmen nachhaltig unterstützt und letztlich zur Wertsteigerung beiträgt. Dazu bedarf es Mitarbeiter, die in der Lage sind, (neues) Wissen zu generieren, zu (ver)teilen, zu dokumentieren und zu nutzen.

Ein Modell nach Kienbaum liefert hier Orientierungspunkte für die Frage: Wie können Unternehmen Wissen managen? (vgl. Bäumer 1999, S. 19f.). Dazu müssen zunächst die einzelnen Phasen des Wissensflusses herausgearbeitet werden.:

1. Neues Wissen wird identifiziert (z.B. Kundenbeschwerden, neue Marktinformationen, Internet-Recherchen)

2. Erworbenes Wissen wird im Unternehmen weitergegeben (z. B. Kundenbeschwerden werden an die Kundenberater weitergeleitet)

3. Wissen wird dokumentiert, damit es dauerhaft im Unternehmen verfügbar ist (z. B. Erfassen von Erfahrungsberichten der Kundenmanager in einer Kundendatenbank).

4. Wissen wird genutzt, indem z. B. auf „abgelegtes" Wissen zurückgegriffen und in neues Wissen aufgenommen wird bzw. dieses zu neuem Handeln führt.

Wissensmanagement in der Weiterbildung

Grundlegende Fragen, die sich für die Umsetzung eines professionellen Wissensmanagements im Bereich der Weiterbildung stellen, lauten u. a.:

• „Welche besonderen Anforderungen werden an Mitarbeiter im Rahmen eines systematischen Wissensmanagements gestellt?

• Wie können die Mitarbeiter im Hinblick auf diese Anforderungen beurteilt werden?

• Wie können die Mitarbeiter im Hinblick auf diese Anforderungen qualifiziert werden?

• Wie können die Mitarbeiter motiviert werden, Wissensmanagement in die Tat umzusetzen (Anreizinstrumente)?

• Wie lassen sich die damit verbundenen Anforderungen präzisieren?

• Wie lässt sich ein spezifisches Anforderungsprofil für das Wissensmanagement entwickeln?" (Bäumer 1999, S. 20).

Haben Sie Verbesserungsvorschläge zur Kommunikation Ihres Unternehmens?

Wie sieht Ihre Kommunikationspolitik in Ihrem Unternehmen aus? Welche Verbesserungsvorschläge hätten Sie? Wie würden Sie deren Umsetzung angehen?

---

19   Wie sieht die Zukunft des Weiterbildungsmanagements aus?

Fragen an die Bildungsabteilung

Der Blick der Weiterbildung und des Weiterbildungsmanagements richtet sich auf die Gesamtheit der Lernenden in einem Unternehmen, d. h. auf das Individuum, auf Teams und Funktionseinheiten bis zum Gesamtunternehmen als Ganzes. Das schließt auch den Blick auf die Lernformen, Lerninhalte, Lernprozesse mit ein. Welche Rolle spielt die Bildungsabteilung oder –institution in der Bildungslandschaft? Wo hat sie ihre Stärken bzw. Kernkompetenzen? Wie wird sie sich zukünftig entwickeln? Wo ist die Bildungsabteilung organisatorisch „angesiedelt"? Wird auf Potenziale geachtet und/oder auf Defizite? Reagiert die Bildungsabteilung oder agiert sie? Werden Selbstorganisationsprozesse bei den Mitarbeitern gefördert oder sind die Prozesse (ausschließlich) fremdgesteuert? Werden neben fachlichen Kompetenzen auch Sozial-, Methoden-, Reflexionskompetenzen gefördert?…

Merkmale eines auf die Zukunft ausgerichteten Weiterbildungsmanagements sind u. a.:

- Strategiebildung verläuft als selbstorganisierter Lernprozess: Strategiebildung sowie deren Umsetzung, Bewertung und Verbesserung werden als Lernprozess strukturiert.
- „Betroffene" werden an der Planung und Festlegung von Weiterbildungsmaßnahmen beteiligt.
- Informationen müssen transparent(er) werden, damit selbstorganisiert gelernt und Wissens-Kompetenz gefördert werden kann.
- Zusammenarbeit muss effektiv/optimal gestaltet werden, Schnittstellen genutzt, Informationen zielgerichtet gestreut (Interner Austausch) werden.
- Mitarbeiter gestalten das Rechnungs- und Kontrollwesen mit (Steuerung selbstorganisierender Prozesse mit Blick auf deren Umsetzung).
- Die Unternehmensstrukturen ermöglichen zum einen den für die Kompetenzförderung erforderlichen Spielraum, zum anderen kontinuierliche Qualifizierung (Qualifizierende Strukturen).
- Weiterbildungsmaßnahmen, ihre Vorbereitung, Gestaltung und Durchführung sind kontinuierlich zu hinterfragen und zu reflektieren.
- Erforderlich werden Netzwerke zur strategischen „Frühaufklärung" und zum firmen- bzw. institutionsübergreifenden Lernen (Kontinuierlicher Austausch von Informationen, Ideen, Maßnahmen und deren Reflexion erhöhen den Lerneffekt; Lernen auch durch z. B. gemeinsame Trainings mit anderen Firmen, Kunden, den Austausch von Mitarbeitern).
- Die Unternehmen sind von einem Lernklima mit dem Grundgedanken – ständige Verbesserung, kontinuierliches Lernen und Wachsen, d. h. Infragestellen, Suchen, Reflektieren, Fehler machen als Lern-Weg, geprägt.

Die Weiterbildung kann ihre „Dienstleistungsfunktion am Kunden" nur wahrnehmen, wenn sie auf das Engste mit dem (betrieblichen) Leistungsprozess verknüpft ist. Denn nur so sind im Bildungsbereich stets die Informationen über den Weiterbildungsbedarf und die Wirkungen von Weiterbildungsmaßnahmen verfügbar, die für eine optimale Steuerung des Weiterbildungsprozesses erforderlich sind. Die Verknüpfung von betrieblichem Leistungsprozess und betrieblichem Bildungsprozess erfolgt mittels geeigneter organisatorischer Maßnahmen.

WB muss dem Wandel der Leistungserstellung folgen

Ziel des Weiterbildungsmanagements ist es, die Aufgaben und Funktionen der Weiterbildung in das Unternehmens bzw. die Bildungseinrichtung zu integrieren, strategisch auszurichten, dass heutige und zukünftige Anforderungen bewältigt werden können. Dies erfordert vorausschauendes Denken und Planen sowie langfristige Investitionen. In allen Phasen des Weiterbildungsprozesses bestehen engste Verknüpfungen zwischen Bildungs- und Leistungsprozess, so dass die Beteiligung der Mitarbeiter in jeder Phase und die Praxisbezogenheit ebenso gewährleistet sind wie die lernpsychologisch und didaktisch optimale Gestaltung der Weiterbildungsmaßnahmen.

Für die enge Verknüpfung von Bildungs- und Leistungsprozess sorgen sowohl Leiter von Bildungseinrichtungen als auch Vorgesetzte der Fachabteilungen,

**Personelle
Zusammenarbeit**

Dozenten, Trainer, Berater etc. Sie stellen den Weiterbildungsbedarf fest, arbeiten an der Planung, Vorbereitung, Durchführung und Nachbereitung der Weiterbildungsmaßnahmen, sie unterstützen bei der Sicherung des Lern-Transfers. Sie sorgen dafür, dass sich die Weiterbildungsmaßnahmen an den individuellen und betrieblichen Erfordernissen orientieren. Sie können Ansprechpartner in Weiterbildungsfragen sein, ihre Vorgesetzten unterstützen sie bei der Wahrnehmung ihrer Führungsaufgabe.

Je nach „Ausgangslage" des Unternehmens bzw. der Bildungsinstitution gilt es, die im nebenstehenden Schema zusammengetragenen Überlegungen, die sich an die im Kapitel Trends beschriebenen Entwicklungen anlehnen und hinter dem Management von Weiterbildung stehen, aufzugreifen:

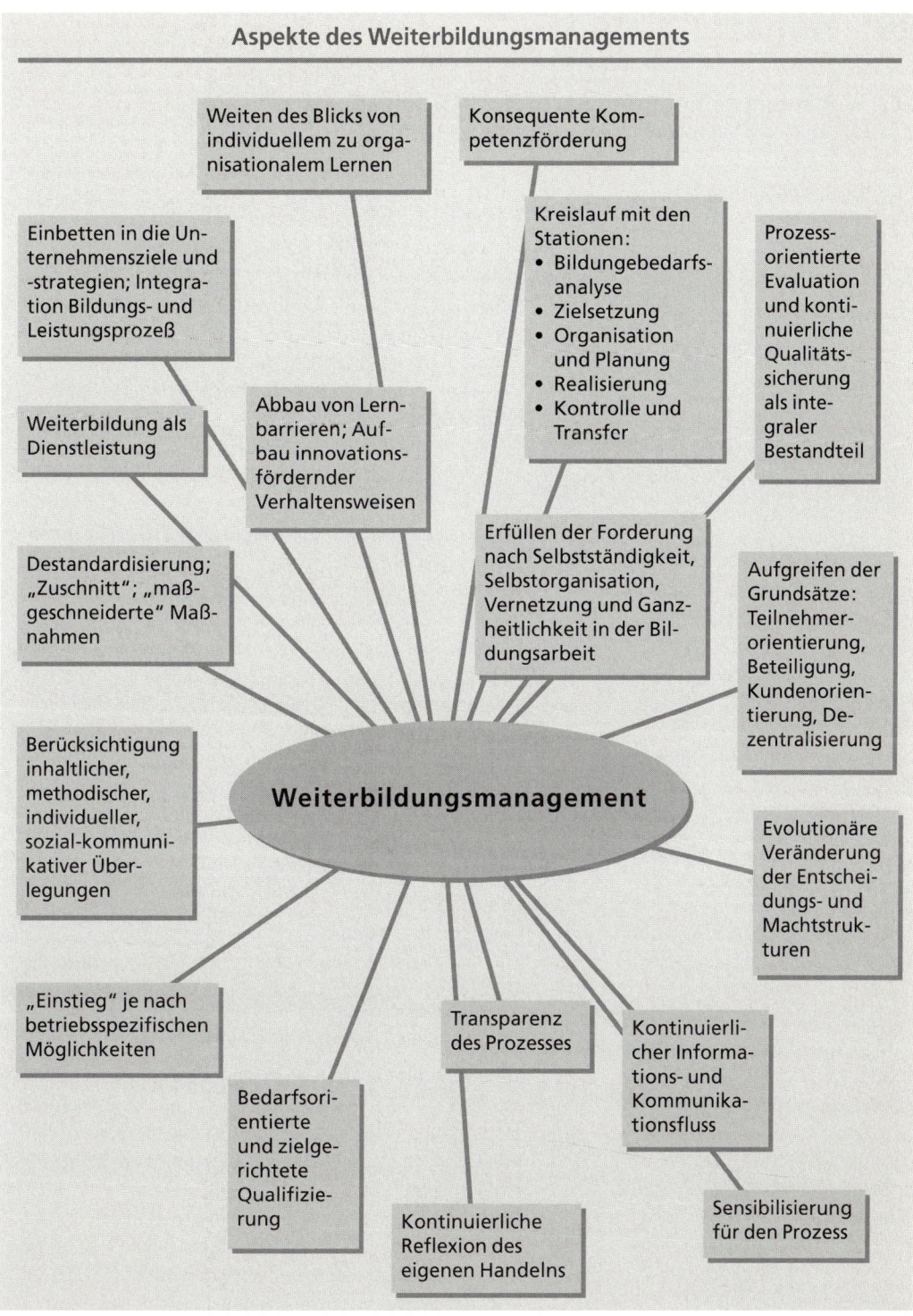

Aspekte des Weiterbildungsmanagements

Weiten des Blicks von individuellem zu organisationalem Lernen

Konsequente Kompetenzförderung

Einbetten in die Unternehmensziele und -strategien; Integration Bildungs- und Leistungsprozeß

Kreislauf mit den Stationen:
• Bildungebedarfsanalyse
• Zielsetzung
• Organisation und Planung
• Realisierung
• Kontrolle und Transfer

Prozessorientierte Evaluation und kontinuierliche Qualitätssicherung als integraler Bestandteil

Weiterbildung als Dienstleistung

Abbau von Lernbarrieren; Aufbau innovationsfördernder Verhaltensweisen

Destandardisierung; „Zuschnitt"; „maßgeschneiderte" Maßnahmen

Erfüllen der Forderung nach Selbstständigkeit, Selbstorganisation, Vernetzung und Ganzheitlichkeit in der Bildungsarbeit

Aufgreifen der Grundsätze: Teilnehmerorientierung, Beteiligung, Kundenorientierung, Dezentralisierung

Berücksichtigung inhaltlicher, methodischer, individueller, sozial-kommunikativer Überlegungen

Weiterbildungsmanagement

Evolutionäre Veränderung der Entscheidungs- und Machtstrukturen

„Einstieg" je nach betriebsspezifischen Möglichkeiten

Transparenz des Prozesses

Kontinuierlicher Informations- und Kommunikationsfluss

Bedarfsorientierte und zielgerichtete Qualifizierung

Kontinuierliche Reflexion des eigenen Handelns

Sensibilisierung für den Prozess

20 Anhang

20.1 Planungserläuterungen zur Kostenstellenplanung Aus- und Weiterbildung (Cramer 1998a)

Planungserläuterungen

Materialkosten	• Büromaterial und Fachliteratur
	• Material (Verbrauchsmaterial, Kleinwerkzeuge)
Personalkosten	• Hauptamtliches Bildungspersonal (einschl. Verwaltungspersonal)
	• Auszubildende
	• Gesetzliche Sozialkosten; freiwillige Leistungen
Verschiedene Kosten	• Provisionen und sonstige Kosten, z. B. Honorare für Lehrbeauftragte
	• Unter Umständen Energiekosten
Überrechnete kalkulatorische Kosten	• Planen der Nutzungsdauer und Abschreibungsmethoden (z. B. linear)
	• Planen der Zinsen auf den durchschnittlichen Sachanlagenbestand (Restbuchwert)
Kosten vor Weiterberechnungen	• Alle Kosten, die originär in der Kostenstelle anfallen
Anlastung von Kostenstellen	• Planen aller Anlastungen, wie sie z. B. für Umlagen von Dienstleistungen (z. B. Personalbetreuung, Post/Telefon, Arbeitssicherheit)
Gesamtkosten brutto	• Originär anfallende Kosten, einschl. der kalkulatorischen Kosten und Anlastungen
Abgegebene Weiterberechnungen	• Sofern die Bildungsleistungen verursachungsgerecht weiterverrechnet werden oder Leistungen für andere erbracht werden (z. B. Weiterbildungs-Netzwerke, Verbundsysteme)
Kostensaldo	• Vollständige Weiterverrechnung der erbrachten Bildungsleistungen
Sachlagenzugang und Software	• Geplante Investitionen
Personalplan	• Ausweisen der Personalzahlen nach Stichtag (Ende des Geschäftsjahres) und Durchschnitt für Mitarbeiter und Auszubildende getrennt; Planen der Teilzeitangestellten nach ihren Zeitanteilen
Planungsbericht	• Kommentiert die Planungen der Einzelpositionen für das laufende Geschäftsjahr und das folgende Planungsjahr; Begründung von Planungsabweichungen; Bewertung von Chancen und Risiken, die sich im Planungsjahr ergeben können
Auswirkungen auf die Bildungsarbeit	• Planung auf der Grundlage der Unternehmensziele bindet die Verantwortlichen für Bildung in die Gesamt-Unternehmensplanung ein und erfordert die Reflexion der Folgen für das Unternehmen und die Bildungsarbeit

20.2 Planungserläuterungen „Operative Budgetplanung Weiterbildung – Erläuterungen zum Planungsbogen „Budget und Folgejahre" (Cramer 1998b, S. 6/7)

- **Materialkosten**
  Angenommene Kostensteigerung von jeweils ca. 4% p. a. überproportionale Steigerung durch verstärkte Weiterbildung.
- **Personalkosten**
  Steigerung der Gehälter (einschl. Tariferhöhungen) um max. 4% p. a. Es wurde von einem durchschnittlichen Monatsgehalt von DM 6.000,– je GE ausgegangen. (Der Leiter Weiterbildung ist in Personalunion auch für die Aus- und Weiterbildung verantwortlich. Ebenso ist eine Bürokraft für die Aus- und Weiterbildung eingesetzt. Die Personalkosten wurden entsprechend gesplittet.).
- **Verschiedene Kosten**
  Sie sind nach Aufwand bzw. Erfahrungswerten geplant. Die Positionen „Provision und Sonstige Kosten" nehmen im Schwerpunkt die Honorare für interne und externe Lehrbeauftragte auf. Erhöhte Reisekosten können durch befristeten Einsatz externer Lehrbeauftragter „QVP" entstehen.
- **Kalkulatorische Kosten**
  Lineare Abschreibung auf Restbuchwert mit einem kalkulierten Zinssatz von 8%.
- **Anlastung von Kostenstellen**
  Für in Anspruch genommene Dienstleistungen, Raum und Raumnebenkosten (70qm) sind die Anlastungen nach vorgegebenen Verrechnungswerten einzuplanen.
- **Abgegebene Weiterberechnungen**
  Die Weiterbildung der Mitarbeiter ist eine Dienstleistung der Abteilung Weiterbildung. Der entstehende Aufwand (direkte Kosten) soll weiterverrechnet werden. Da die Weiterbildungsmöglichkeiten allen Mitarbeitern in allen Funktionsbereichen zur Verfügung stehen, empfiehlt sich eine einfache Weiterverrechnung auf Löhne und Gehälter. Die vorliegende Modellrechnung würde die Kostenstellen des Unternehmens mit etwa 0,8%-0,9% der Löhne und Gehälter belasten.
  Eine Weiterverrechnung nur nach Inanspruchnahme der Weiterbildungsmaßnahme ist eine denkbare Alternative. Die Praxis hat jedoch bewiesen, dass die von der Unternehmensleitung angestrebten Weiterbildungsziele damit häufig nicht erreicht werden können. Die Teilnahme der Mitarbeiter an Weiterbildungsmaßnahmen wird dann zu sehr unter falsch verstandenen Kosten-Gesichtspunkten gesteuert, und der Abrechnungsaufwand ist unverhältnismäßig hoch.
- **Sachanlagenzugang**
  Die Investitionen sind als Anlage zur Planung einzubeziehen. Die Modellrechnung sieht Erweiterungs-Investitionen von Datenverarbeitungsanlagen vor, um den Verwaltungsaufwand und das Berichtswesen zu vereinfachen bzw. aussagefähiger zu gestalten".

20.3   **Weiterbildungsplanung** (Wuppertaler Kreis e.V. 1996, S. 35)

Weiterbildungsbudget für das Jahr: _____

Kostenarten		Budget	Vorjahr
Externe Kosten			
Teilnehmerbeiträge	____ TN x ____ Tage x ____DM/TN und Tag (Durchschnittspreis)		
Reise- und Unterkunftskosten für Teilnehmer an externen Veranstaltungen	____ TN x ____ Tage x DM/TN und Tag (Erfahrungswert)		
Honorare, Nebenkosten für Trainer, Berater	____Veranstaltungstage x _____DM Honorarsatz incl. NK (Erfahrungswert)		
Kosten für Lehr- und Lernmittel	Pauschale		
Hotelkosten etc. für extern veranstaltete, selbst organisierte Seminare	____Veranstaltungstage x ____ TN x _____DM Raummiete/TN und Tag		
Interne Kosten			
Arbeitsausfallkosten (durchschnittliche Lohnkosten der Teilnehmer incl. etc. Zusatzkosten	____TN x ____ Tage x _____DM		
Verrechnung von Raumkosten bei internen Weiterbildungsmaßnahmen			
Allgemeine Kosten der Weiterbildung			
Verwaltungskosten der Weiterbildungsaktivitäten (je nach Organisationsform)			
evtl. Raum- und Gerätekosten			
Summe			

20.4   Weitere Checklisten zur Weiterbildungsberatung (Möllenbeck 1997)

Checkliste 1: Klären Sie Ihre Motive!

Beantworten Sie die Fragen. Sie dürfen mehrfach ankreuzen, aber versuchen Sie, sich auf Ihre Schwerpunkte zu konzentrieren. Wenn Sie das Gefühl haben, zu viele Fragen mit Ja beantwortet zu haben, bilden Sie eine Rangfolge! Lassen Sie sich nicht durch die genannten Beispiele einschränken und beschränken Sie sich auch nicht auf eine Zeile, sondern scheiben Sie auf ein getrenntes Blatt!

		ja	nein
1.	Geht es Ihnen vorwiegend darum, „Schritt zu halten"? Wenn ja, fragen Sie sich weiter:	☐	☐
1.1	Fordern neue Arbeitsmittel (Maschinen, Geräte, PCs…) von Ihnen neue Kenntnisse und Fertigkeiten?	☐	☐
1.2	Prägen neue Inhalte Ihren Arbeitsplatz? Wenn ja, stellen Sie zusammen, welche:	☐	☐
1.3	Tauchen neue Methoden an Ihrem Arbeitsplatz auf? Denken Sie an fachliche Arbeitsverfahren, aber auch an Arbeitsformen oder einen veränderten Stil von Arbeit und Zusammenarbeit im Unternehmen. Wenn ja, stellen Sie zuammen, welche:	☐	☐
2.	Möchten Sie einen Abschluß erwerben?	☐	☐
2.1	Geht es Ihnen darum eine erreichte Stellung nun auch auf dem Papier abzusichern?	☐	☐
2.2	Soll der Abschluß eher dazu dienen mehr zu erreichen?	☐	☐
2.3	Sind Sie bereits über den für Ihr Ziel sinnvollen Abschluß informiert? Tragen Sie ihn mit kurzer Beschreibung ein:	☐	☐
3.	Streben Sie beruflichen Aufstieg an?	☐	☐
3.1	Haben Sie Trends Ihrer Branche ermittelt? Stellen Sie sie zusammen:	☐	☐
3.2	Sind Sie sich schon über die Entwicklungsmöglichkeiten bei Ihrem Arbeitgeber im klaren? Legen Sie sich Rechenschaft darüber ab:	☐	☐

3.3 Kennen Sie die allgemeinen Anforderungen, die in der von Ihnen angestrebten
      Position verlangt werden (z. B. Führungsqualitäten, Arbeitstechniken)?   ☐ ☐
      Tragen Sie die wichtigsten zusammen:

      _____

4.   Möchten Sie eine neue berufliche Richtung einschlagen?   ☐ ☐
      Wenn ja, überlegen Sie Ihre Gründe:

      _____

      Und überlegen Sie, an welche Ihrer Fähigkeit und Interessen Sie anknüpfen möchten:

      _____

5.   Möchten Sie zunächst ganz allgemein Ihren Wissenshorizont erweitern?   ☐ ☐
      Wenn Sie noch keine allzu konkreten Pläne haben und überhaupt einmal etwas für
      sich tun möchten – stellen Sie die Gebiete zusammen, für die Sie sich interessieren:

      _____

      Sortieren Sie die Liste nach „beruflich verwertbar" und „persönlich interessant"
      und überlegen Sie, welches Interessenfeld überwiegt:

      _____

Checkliste 2: Überprüfen Sie Ihre Voraussetzungen!

Hauptvoraussetzung: Zeit

1. Schreiben Sie Ihre augenblickliche Zeitverteilung pro Woche, d. h. Ihren Wochenzeitplan, auf:
   Arbeitszeit, Fahrzeit, Zeit in der Familie, Sport, Verein, Freizeitaktivitäten, freie Zeit…!

2. Überlegen Sie, wo Sie etwas straffen oder einsparen können, um Zeit für Weiterbildung zu
   gewinnen!

3. Überlegen Sie nicht im stillen Kämmerlein, sondern ziehen Betroffene mit ein! Das bringt Ideen
   und vermeidet Konflikte.

4. Planen Sie nicht sämtliche Freizeit einfach weg – die Zeit für Weiterbildung muß aus verschiedenen Positionen gewonnen werden, ein Stück Freizeit ist unabdingbar!

5. Überlegen Sie, welche Zeitform von für Sie besonders günstig wäre und welcher zeitliche Ge-
   samtaufwand:
   – regelmäßige Kurse (um welche Tageszeit?)
   – gebündelte Seminare (in der Woche/am Wochenende)
   – langfristige gestreckte Maßnahmen
   – Intensiv-Kurse
   – selbstgesteuere Maßnahmen mit wenig festgelegten Zeitanteilen

Wenn das Angebot eine Auswahl zulässt, versuchen Sie, die passende Alternative zu finden!

Gestaltendes Element: Ihre persönliche Lernorganisation

6. Überlegen Sie, was Sie für ein Lerntyp sind:
   - Welche Lernumgebung brauchen Sie?
   - Können Sie nur in Ruhe zur gleichen Zeit am gleichen Ort lernen?
   - Können Sie auch zu verschiedenen Zeiten an unterschiedlichen Orten, sozusagen in „Zeitlücken", lernen?
   Ihr Lerntyp bestimmt natürlich die Planung Ihrer Zeitaufteilung!

7. Lernen Sie gerne und/oder erfolgreicher individuell:
   - nachlesen, ungestört sein, einem eigenem Rhythmus folgen...
   oder
   Lernen Sie lieber zusammen mit anderen:
   - sich erklären lassen, Anstöße erhalten, sich in der Gruppe austauschen können...
   Davon hängt ab, welche Form von Lernangeboten Sie bevorzugen und wie Sie sich bei der Suche nach geeigneten Bildungsangeboten orientieren sollten:
   - Kurse und Seminare
   - Selbst-/Fernstudium
   - Lernen mit Medien (Programme, Kassetten, Multimedia)

8. Wie ist Ihre bevorzugter Lernweg: eher hören, eher lesen, etwas selber tun? Auch das entscheidet über die Form der Lernangebote, die Sie in Erwägung ziehen können.

9. Weiterbildung ist nicht wie Schule früher (vielleicht) war – Sie selbst bestimmen, wie Sie lernen möchten. Suchen Sie also möglichst das Angebot, das Ihnen entspricht!

10. Sie werden in der Weiterbildungslandschaft aber nicht allerorts genau das Angebot vorfinden, das Ihnen am besten entspricht. Das gilt um so mehr, je spezialisierter Ihre Interessen sind. Suchen Sie dann nicht nach dem (gar nicht erreichbaren) Maximum, sondern nach dem Optimum unter den gegebenen Bedingungen. Machen Sie aus einer solchen Situation das Beste für sich.

Nicht zu vergessen: Die Finanzierung

11. Klären Sie zuverlässig und realistisch ab, welche Mittel Sie für Weiterbildung ausgeben können (konkretes Ausgabenbudget aufstellen!). Fragen Sie sich dann, wieviel Geld Sie auszugeben bereit sind.

12. Holen Sie zu infrage kommenden Lernangeboten immer Informationen zur möglichen Finanzierung mit ein. Entscheidend ist, daß Sie den Eigenanteil bezahlen können und wollen.

Checkliste 7: Beurteilung von Bildungsmaßnahmen

1. Was will ich erreichen?
   - Wenn Sie sich entschieden haben, einen bestimmten Weiterbildungsweg zu beschreiten und nun einen entsprechenden Lehrgang suchen, dann machen Sie sich noch einmal klar, welche Ziele genau Sie damit verfolgen, welche Inhalte Sie bearbeiten möchten, welche Kenntnisse Sie erwerben wollen.
   - Nur wenn Sie sich Ihrer Ziele vorab klar sind, können Sie nachher auch feststellen, ob Sie Ihre Ziele erreicht haben; je genauer Sie Ihre Wünsche formulieren, umso deutlicher kann im Gespräch mit der Bildungseinrichtung geklärt werden, ob die Inhalte eines Lehrgangs diesen Wünschen Rechnung tragen werden.

2. Welchen Abschluß kann ich erreichen?
   Zwar ist es nicht bei jeder Gesamtzielsetzung von Weiterbildung gleichermaßen wichtig, aber in der Regel sind es durchaus bedeutsame Fragen:
   - Gibt es am Ende des Lehrgangs ein Zertifikat?
   - Wer ist die prüfende Stelle?
   - Wie aussagekräftig werden Zeugnis oder Zertifikat?
   - Was wird in meiner Bescheinigung oder in meinem Zeugnis aufgelistet stehen?
   - Welchen Grad von Anerkennung genießt die Zertifizierung?
   - Wenn eine Abschlußprüfung absolviert wird, handelt es sich um eine staatlich anerkannte Prüfung?

   Legen Sie Wert darauf, möglichst eine staatliche Prüfung oder eine Kammerprüfung abzulegen. Interne Zertifikate haben bei weitem kein vergleichbares Ansehen. Bei sehr neu entwickelten Lehrgängen gibt es nur selten bereits offizielle Prüfungen; dann sollte die Ausbildung aber zumindest Bausteine beinhalten, die größere Anerkennung genießen.

3. Welche Chancen eröffnen sich mir nach dem Lehrgang?
   - Fragen Sie ruhig auch danach, wo ehemalige Teilnehmerinnen und Teilnehmer verblieben sind. Wenn ein Bildungsangebot die Chancen sehr vergrößert, beruflich davon zu profitieren, dann wird man in der Bildungseinrichtung über positive Beispiele berichten können.

4. Welches Renommee hat der Träger?
   Von der Beantwortung dieser Frage hängt es häufig ab, welche Chancen sich für Sie nach einem Lehrgang eröffnen.
   Das Renommee resultiert aus Faktoren wie:
   - Wie ist die Qualität der Lehrenden?
   - Sind sie fachlich auf dem neuesten Stand?
   - Ist die Bildungseinrichtung nah mit der Wirtschaft verbunden?
   - Vermag sie, aus solchen Verbindungen heraus, Praxisnähe sicherzustellen?

5. Wie läuft das Bildungsangebot ab?
   - Wie lange dauert es insgesamt?
   - Wieviel Zeiteinheiten umfaßt es und zu welchen Terminen genau findet es statt?
   - Mit wieviel Arbeitsaufwand muß ich rechnen, wieviel Zeit benötige ich, realistisch betrachtet, für meine Vor- und Nachbereitung?
   - Finden regelmäßige Erfolgskontrollen statt?

6. Wie wird gelehrt?
   - Welche Lehr- und Lernmittel werden eingesetzt?
   - Werden diese zur Verfügung gestellt oder müssen sie zusätzlich gekauft werden?
   - Welche Lehrmethoden werden genutzt?
   - Wie ist die Ausstattung der Unterrichtsräume?
   - Wie groß sind die Lerngruppen?
   - Sieht der inhaltliche Ablaufplan Wiederholungs- und Festigungsphasen vor?
   - Gibt es evtl. zusätzliche Unterstützungsangebote?

7. An welche Zielgruppe wendet sich das Angebot?
   - An wen wendet sich das Seminar?
   - Welche Vorkenntnisse in der Sache werden vorausgesetzt und wie geübt muß ich sein im Lernen?
   - Welche Verwertungsabsichten haben die anderen Teilnehmerinnen und Teilnehmer? Wenn Sie selbst übrigens gar nicht nach Ihren Vorkenntnissen und Zielen gefragt werden, dann ist davon auszugehen, daß es bei den anderen auch nicht geschehen ist, so daß sehr unterschiedliche Interessenslagen zusammenkommen können.

8. Was kostet die Weiterbildung?
   - Wie hoch ist der Gesamtpreis und wann und in welcher Form ist er zu entrichten?
   - Was schließt dieser Preis ein, was schließt er aus? Welche Anschaffungen kommen, realistisch betrachtet, auch für die Vor- und Nachbereitung auf mich zu?
   - Welcher Preis ergibt sich daraus für eine Unterrichtseinheit (durch das Ausrechnen des Preises pro Unterrichtsstunde lassen sich die Preise der unterschiedlichen Anbieter leichter vergleichen)?

9. Wie sind die vertraglichen Bedingungen?
   - Welche Möglichkeiten habe ich, den Vertrag wieder zu lösen?
   - Gibt es Regelungen, ob und wie bei Krankheitsfällen oder wegen eines anderen begründeten Fehlens das Ziel des Lehrgangs und die Zertifizierung erreicht werden können?
   - Gibt es Regelungen bezüglich der Zahlungspflicht bei Krankheit und Kursabbruch?
   - Sind Prüfungen, Zertifikate und Bescheinigungen zum Lehrgang dazugehörig oder davon unabhängig?

20.5 Beurteilungsbögen (Hölterhoff/Becker, 1986, S. 214–217)

Bogen 1: Abschlussbeurteilung

Name des Teilnehmers: Abteilung

Nach jedem unserer Seminare werten wir Anregungen für ihre künftige Gestaltung aus. Bitte helfen Sie uns dabei, indem Sie ein wenig Zeit opfern, diesen Fragebogen auszufüllen und an uns zurückzuschicken. Vielen Dank!

1. Kreuzen Sie bitte bei den beiden folgenden Beurteilungsskalen das Kästchen an, dessen Position Ihrer Meinung nach das Seminar am treffendsten charakterisiert. (Bei Seminaren mit mehreren Referenten dient diese Seite zur Gesamtbeurteilung.)

zu viele Stoff	☐	☐	☐	☐	☐	☐	zu wenig Stoff
zu speziell	☐	☐	☐	☐	☐	☐	zu allgemein
zu kurz	☐	☐	☐	☐	☐	☐	zu lang
zu viel Diskussion	☐	☐	☐	☐	☐	☐	zu wenig Diskussion
zu viele praktische Übungen	☐	☐	☐	☐	☐	☐	zu wenig praktische Übungen

Beachten Sie bitte, dass die ideale Bewertung ab hier nicht mehr in der Mitte liegt.

interessante Aufbereitung	☐	☐	☐	☐	☐	☐	trocken
überschaubar (inhaltliche Gliederung)	☐	☐	☐	☐	☐	☐	unübersichtlich
pragnant (sprachliche Ausführung)	☐	☐	☐	☐	☐	☐	weitschweifig
Teilnehmerkreis: Zusammensetzung ist gut	☐	☐	☐	☐	☐	☐	Zusammensetzung unvorteilhaft
gut organisiert	☐	☐	☐	☐	☐	☐	schlecht organisiert
für die Praxis brauchbar	☐	☐	☐	☐	☐	☐	für die Praxis unbrauchb ar
lohnend	☐	☐	☐	☐	☐	☐	nicht lohnend

Erläuterungen und Hinweise zu den einzelnen Referaten/Themen können Sie unter den Punkten 2 und 3 geben.

2. Welche Themen sollten
   a) ausführlicher
   b) kürzer
   c) zusätzlich behandelt werden?

3. Welche Wünsche zur Darstellung hätten Sie an den/die Referenten?

4. Welche Seminarinhalte beabsichtigen Sie in Ihrer betrieblichen Arbeit anzuwenden?

Inhalte	Anwendungsgebiete
	(Name/Abteilung)

(nach: BASF)

Bogen 2: Fragenbogen zum Erfahrungsaustausch

Für das Seminar „Problemlösung im Team – systematische Methoden der Entscheidungsfindung"

1. Was war – nachträglich festgestellt – der stärkste Eindruck des Seminars?

2. War das Seminar für Ihre konkrete betrieblich Arbeit
   sehr nützlich? ☐
   nützlich ☐
   brauchbar ☐
   weniger nützlich ☐
   ohne Nutzen ☐

3. War das Seminar für Sie persönlich sehr nützlich?
   nützlich ☐
   brauchbar ☐
   weniger nützlich ☐
   ohne Nutzen ☐

4. Hat das Seminar Ihren persönlichen Arbeitsstil beeinflusst?
   nein ☐
   eher unbewusst ☐
   teilweise ☐
   deutlich ☐
   intensiv ☐

5. Wie oft haben Sie die im Seminar vermittelten Erkenntnis in der Zwischenzeit angewandt?
   nie ☐
   selten ☐
   gelegentlich ☐
   öfter ☐
   häufig ☐

6. Bei welcher Gelegenheit haben Sie die Methoden angewandt?
   _____

7. Erfolge die Anwendung ☐
   individuell ☐
   in Gruppen ☐

8. Welche positiven Erfahrungen haben Sie gemacht?
   _____

   _____

9. Welche negativen Erfahrungen haben Sie gemacht?
   _____

   _____

10. Wo lagen möglicherweise Schwierigkeiten bei der Umsetzung in die Praxis?
    an der Methode ☐
    an den zu lösenden Problemen ☐
    an Kollegen ☐
    an Mitarbeitern ☐
    an Vorgesetzten ☐
    an Ihnen selbst ☐
    an Zeitmangel ☐

11. Wie haben Sie Vorgesetzte, Kollegen bzw. Mitarbeiter über die Seminarkenntnisse informiert?

    _____

    Wie waren die Reaktionen darauf?

    _____

12. Welche Maßnahmen schlagen Sie vor, um die Anwendung zu erleichtern?

    _____

13. Wie kann die Weiterbildungsabteilung bei der Anwendung behilflich sein?

    _____

14. Wenn Sie heute in die Seminarunterlagen wieder Einblick nehmen, fällt Ihnen der Einstieg schwer, oder finden Sie auf Anhieb, was Sie suchen, und können Sie es verwerten?
    keine Schwierigkeiten ☐
    bedarf der längeren Einarbeitung ☐

15. Wie kann man die Unterlagen noch besser als Anwendungshilfe für die Praxis gestalten?

    _____

16. Was sollte ggf. am Seminarstoff geändert werden, um ihn noch anwendungsorientiert zu gestalten?

    _____

17. Welche weiteren thematischen Aspekte schlagen Sie zum bestehenden Seminar bei gleicher Dauer vor?

    _____

18. Wie beurteilen Sie jetzt die verschiedenen Seminarabschnitte nach irher Nützlichkeit für die Praxis? (Bitte ankreuzen)
    rsachenanalyse ☐
    Entscheidungs-Analyse ☐
    Plan-Analyse ☐
    Detaillierte Einzelabschnitte zu den Analysen ☐
    Fragetechniken ☐
    Teamarbeit (Sozialtechniken) ☐
    Ideenfindung ☐

19. Können Sie ein mögliches Thema für ein Projektseminar nennen?

    _____

20.6   Erfassungsblätter Lehrgangsbewertung
            (Bardeleben, Grolus u. a., 1995, S. 217–277 © BIBB)

Nachfolgend sind drei Erfassungblätter zur Lehrgangsbewertung enthalten:

- **Erfassungsblatt „Erstbefragung Teilnehmer/in"**
  Hiermit sind die Mitarbeiter/innen unmittelbar nach Beendigung ihrer Weiterbildungsmaßnahme zu befragen.
- **Erfassungsblatt „Zweitbefragung Teilnehmer/in"**
  Dieses dient zu einer Nachbefragung der Teilnehmer/innen ca. zwei bis acht Wochen nach Abschluss der Maßnahme.
- **Erfassungsblatt „Befragung Vorgesetzte"**
  Dieser Bogen ist ca. zwei bis acht Wochen nach Maßnahmenende von dem/der Vorgesetzten der Weiterbildungsteilnehmer/innen zu beantworten.

Bewertungsbögen in ähnlicher Form werden bereits in verschiedenen Betrieben eingesetzt. Die hier aufgezeigten Grundmuster sind dabei betriebsspezifisch variiert. Die Bewertungsbögen können als Einscheidungsgrundlagen für zukünftige Weiterbildungsaufträge genutzt werden.

Erfassungsblatt Lehrgangsbewertung – Erstbefragung Teilnehmer/innen –

(Von dem Teilnehmer/der Teilnehmerin unmittelbar nach Beendigung des Lehrgangs auszufüllen und an die Weiterbildungs-/Personalabteilung weiterzuleiten)

1.   Lehrgangstitel

_____

_____

Beginn: _____   Ende: _____   (Datum)

Unterrichtsstunden gesamt: _____   (Unterrichtstage x UStd./Tag)

2.   Anbieter

_____

Name

_____

Ort

_____

ggf. Lehrkraft

_____

3.   Teilnehmer/in

3.1   Name

_____

3.2   betriebliche Funktion

_____

3.3   unmittelbare/r Vorgesetzte/r

_____

3.4   Alter

_____

4.   Bewertung des Lehrgangs   (++ = sehr gut ... – – = sehr schlecht)

                                                                               ++   +   +/–   –   – –

4.1   Wie beurteilen Sie die sächliche/technische Ausstattung?

      Anzahl von Arbeits-/Übungsplätzen   ☐ ☐ ☐ ☐ ☐

      Qualität Eignung der Arbeits-/Übungsplätze   ☐ ☐ ☐ ☐ ☐

      Räumlichkeiten   ☐ ☐ ☐ ☐ ☐

      Sonstiges   ☐ ☐ ☐ ☐ ☐

4.2   Wie beurteilen Sie die schriftlichen Lehrgangsunterlagen des Veranstalters?

      keine Unterlagen erhalten: ☐ –> weiter mit 4.3

      schriftliche Lehrgangsunterlagen   ☐ ☐ ☐ ☐ ☐

4.3   Wie beurteilen Sie die Qualifikation des Dozenten/der Dozentin?

      Fachliche Qualifikation   ☐ ☐ ☐ ☐ ☐

      (Verfügte der Dozent/die Dozentin nach Ihrer Einschätzung über gut Fachkenntnisse?)

      Didaktische-methodische Qualifikation   ☐ ☐ ☐ ☐ ☐

      (Wurde der Stoff verständlich erklärt, wurden Fragen ausreichend beantwort etc.?)

4.4   Wie beurteilen Sie den Lehrgang hinsichtlich der folgenden Punkte?

      Verständlichkeit   ☐ ☐ ☐ ☐ ☐

      (berufliche bzw. fachliche) Verwertbarkeit   ☐ ☐ ☐ ☐ ☐

      Zeitlicher Umfang (zu kurz ... zu lang)   ☐ ☐ ☐ ☐ ☐

4.5   Haben Sie an einer Prüfung zu diesem Lehrgang teilgenommen?

      Wenn ja:

      Haben Sie die Prüfung bestanden?   ☐ nein   ☐ ja

      Schwierigkeit der Prüfung (zu schwer...zu leicht)   ☐ ☐ ☐ ☐ ☐

4.6   Sonstige Anmerkungen

_____

_____

Erfassungsblatt Lehrgangsbewertung

– Zweitbefragung Teilnehmer/innen –

(Von dem Teilnehmer/der Teilnehmerin ca. zwei bis acht Wochen nach Beendigung des Lehrgangs auszufüllen und an die Weiterbildungs-/Personalabteilung weiterzuleiten)

1. Lehrgangstitel
    _____

    _____

    Beginn: _____ Ende: _____ (Datum)

2. Anbieter
    Name
    _____

3. Teilnehmer/in
3.1 Name
    _____

3.2 betriebliche Funktion/Abteilung (nur bei Änderung angeben)
    _____

3.3 unmittelbare/r Vorgesetzte/r (nur bei Änderung angeben)
    _____

4. Bewertung des Lehrgangs/Konsequenzen

4.1 Wie beurteilen Sie den Lehrgang hinsichtlich der beruflichen (bzw. fachlichen) Verwertbarkeit?
    • In welchem Umfang konnten die gelernten Inhalte in der täglichen Arbeit umsetzt werden? (Bitte in kurzen Stichworten darstellen.)
    _____

    • War der Lehrgang für die Verbesserung der betrieblichen Arbeit sinnvoll?
    _____

4.2 Konsequenzen
    • Was sollte bei der Auswahl und Teilnahme an ähnlichen Lehrgängen anders gemacht werden?
    _____

    • Welche Weiterbildungsbedarfe gibt es zur Zeit bei Ihnen, die mittels Lehrgangsteilnahme abgedeckt werden können? (Ggf. Vorschläge für Lehrgänge machen).
    _____

Erfassungsblatt Lehrgangsbewertung

– Befragung Vorgesetzte/r –

(Von dem/der Vorgesetzten ca. zwei bis acht Wochen nach Beendigung des Lehrgangs auszufüllen und an die Weiteribldungs-/Personalabteilung weiterzuleiten)

1.   Lehrgangstitel

_____

   Beginn: _____   Ende: _____   (Datum)

2.   Anbieter
   Name

_____

3.   Teilnehmer/in
3.1 Name

_____

3.2 betriebliche Funktion/Abteilung (nur bei Änderung angeben)

_____

3.3 unmittelbare/r Vorgesetzte/r (nur bei Änderung angeben)

_____

4.   Bewertung des Lehrgangs/Konsequenzen

4.1 Wie beurteilen Sie den Lehrgang hinsichtlich der beruflichen (bzw. fachlichen) Verwertbarkeit?
   • In welchem Umfang konnten die gelernten Inhalte in der täglichen Arbeit umsetzt
     werden? (Bitte in kurzen Stichworten darstellen.)

_____

   • War der Lehrgang für die Verbesserung der betrieblichen Arbeit sinnvoll?

_____

4.2 Konsequenzen
   • Was sollte bei der Auswahl und Teilnahme an ähnlichen Lehrgängen anders gemacht
     werden?

_____

   • Welche Weiterbildungsbedarfe gibt es zur Zeit bei Ihnen, die mittels Lehrgangsteil-
     nahme abgedeckt werden können? (Ggf. Vorschläge für Lehrgänge machen).

_____

20.7 Umsetzung im Betrieb (Wuppertaler Kreis e.V., 1996, S. 27 – 28)

Fragebogen für ein Interview bzw. eine Befragung mit Mitarbeitern nach Abschluss einer externen
Bildungsmaßnahme (z. B. eines Seminars)

Bewertung von Weiterbildungsmaßnahmen

Wir bitten Sie, uns nach der Veranstaltung eine Rückmeldung zu geben, wie Sie das Seminar und
seinen Erfolg einschätzen. (Bitte ausfüllen bzw. ankreuzen und Ihrem Vorgesetzten überreichen
oder direkt an die Personalabteilung senden.)

Titel der Veranstaltung
_____

Datum _____ Anzahl der Teilnehmer (ggf. geschätzt) _____

Veranstalter _____ Ort _____

Lernatmosphäre	sehr gut ☐	☐	☐	☐	schlecht ☐
Organisation und Räume	sehr gut ☐	☐	☐	☐	schlecht ☐
Teilnehmerkreis	passend ☐	☐	☐	☐	inhomogen ☐
Fachliche Kompetenz des Dozenten	sehr gut ☐	☐	☐	☐	schlecht ☐
Didaktische-methodische Qualität der Veranstaltung	sehr gut ☐	☐	☐	☐	schlecht ☐
Stoffmenge und Lehrtempo	interessant und verständlich ☐	☐	☐	☐	unpassend ☐
War das Seminar für Ihre Arbeit hilfreichen?	Sehr hilfreich ☐	☐	☐	☐	überflüssig ☐
Gesamturteil zum Seminar	sehr gut ☐	☐	☐	☐	schlecht ☐

Name, Abteilung, Datum
_____

Fragebogen für ein Interview bzw. eine Befragung mit Mitarbeitern ungefähr sechs Monate nach Beendigung einer externen Bildungsmaßnahme (z. B. eines Seminars)

Bewertung von Weiterbildungsmaßnahmen

Sie haben vor einem halben Jahr an einer Weiterbildungsmaßnahme teilgenommen. Wir möchten Sie bitten, uns im Rückblick Ihre Meinung über die Veranstaltung mitzuteilen. (Bitte ausfüllen bzw. ankreuzen und Ihrem Vorgesetzten überreichen oder direkt an die Personalabteilung senden.)

Thema der Veranstaltung: _____

Hat sich der Besuch des Seminars auf Ihre Arbeit positiv ausgewirkt?   ☐ Ja   ☐ Nein

Würden Sie die Teilnahme am Seminar empfehlen?   ☐ Ja   ☐ Nein

– wenn ja, für wen?

_____

Konnten Sie das Gelernte anwenden?   ☐ Ja   ☐ Nein

Waren Ihnen dabei die Lehrunterlagen nach dem Seminar
noch hilfreich?   ☐ Ja   ☐ Nein

Haben Sie auf diesem Gebiet nach dem Seminar noch Weiteres gelernt?   ☐ Ja   ☐ Nein

Welches Ergebnis hat das Seminar für Sie gebracht? (bitte ankreuzen)
☐   Zeitersparnis/schnellere Erledigung von Aufgaben
☐   größere Sicherheit bei der Erfüllung der Aufgaben
☐   Erlernen neuer Tätigkeiten/Kenntnisse
☐   andere: _____

Gesamturteil zum Seminar   sehr gut   schlecht
                                ☐   ☐   ☐   ☐   ☐

Name, Abteilung, Datum _____

20.8 Helfer im Hintergrund: Softwareprogramm Personalentwicklung (managerSeminare, Heft 36, 5/99, S. 80 – 91)

Die Zeitschrift managerSeminar veröffentlichte in ihrer Mai-Ausgabe '99 eine Marktübersicht zu 34 Software-Programmen, deren Funktionen sich auf folgende, für Personalentwicklung relevante Aufgaben beziehen:
– Bewerberverwaltung
– Qualifikationsabgleich
– Nachfolge- und Karriereplanung
– Organigramme
– Seminar- und Veranstaltungsorganisation.

Wir haben eine Reihe jener Programme ausgewählt, zu deren Funktionsumfang Seminar- und Veranstaltungsorganisation gehört oder die für Personalentwicklungaufgaben vorgesehen sind, d. h. solche Programme, die als „Helfer im Hintergrund" die in Teil III unseres Buches umrissenen Aufgaben des Weiterbildungsmanagements unterstützen können. Die Auswahl ist weder noch vollständig noch wird sie nach Drucklegung allzu lange aktuell bleiben – sie ist als Anregung und als Ansatzpunkt für einen ersten Informationszugriff gedacht.

ADP HR MANAGEMENT ADP Employer Service GmbH Heddernheimer Landstraße 144 60439 Frankfurt	Die Human-Ressource-Manager-Software für Personalmanagement umfasst Stellenplanung und Weiterbildung, Bewerberverwaltung und Organigramme	*Betriebssystem:* Windows 3x, 95, NT *Datenbank:* ACCESS, SQL-Server *Preis:* ab 25.000 DM
Best! HR H.R. Management Software GmbH Grunerstraße 133 40239 Düsseldorf	Best! HR ist ein integriertes, modulares und skalierbares System, das aus folgenden Modulen besteht: Bewerbermanagement, Personalinformationen, Weiterbildungsmanagement, Entgeltabrechnung, Organigrammerstellung	*Betriebssystem:* Windows *Datenbank:* SQL-Server *Preis:* ab 16.000 DM
Carat/pm ® Carat Computer Engineering GmbH Welsleberstraße 48 39218 Schönebeck (Elbe)	Ein Personal-Management-System mit den Modulen Personalaktenverwaltung, Struktur- und Stellenplanung sowie Aus- und Weiterbildung und Bewerberverwaltung.	*Betriebssystem:* DOS, Windows *Datenbank:* eigene *Preis:* auf Anfrage
Execu TRACK H.R. Management Software GmbH Grunerstraße 133 40239 Düsseldorf	Strategisches System zur qualitativen Entwicklung von Mitarbeitern, mit Schwerpunkt auf Laufbahnplanung, Nachfolgeplanung, Entwicklungsplanung und Profilabgleich.	*Betriebssystem:* Windows *Datenbank:* SQL-Server *Preis:* ab 30.000 DM

IPMS
ML Systems DV-Integration &
Progrmmierung GmbH
Max-Planck-Str. 39
50858 Köln

Eine Komplettlösung für Fort-
und Weiterbildung und die
Administration firmeninterner
Bildungszentren. Ins Gesamtkon-
zept ist eine Intranetanbindung
integriert.

Betriebssystem:
Windows
Datenbank:
SQK-DB
Preis: ab 12.500 DM

MaIS, BewerbIS, SeminarIS
r& r Informationssysteme AG
Robert-Perthel-Str. 14 – 16
50739 Köln

Komponenten einer Paketfamilie
mit grafischer Oberfläche für den
kompletten Personal- u. Weiterbildungsbereich. Alle Module mit
gemeinsamer Datenbank.

Betriebssystem:
DOS, Windows, OS/2
Datenbank:
div. Formate (Delphi)
Preis: ab 9900 DM (pro Modul)

OHR
Oracle Deutschland GmbH
Oracle Application Group Ger-
many
Riesstraße 25
80992 München

Neu entwickeltes Management-
werkzeug für alle Bereiche des
Personalmanagements. Kann
Geschäftsprozesse abbilden. Ein
Trainingsmodul wird ergänzend
angeboten.

Betriebssystem:
auf Anfrage
Datenbank:
Oracle
Preis: auf Anfrage

Pegasus
ibo Software GmbH
Sandusweg 3
35435 Wettenberg

Das modular aufgebaute Pro-
grammpaket wurde unter der Zielsetzung hoher Benutzerfreundlich-
keit entwickelt und ist auf
verschiedenen Plattformen lauf-
fähig. Ibo bietet dazu umfangrei-
che Organisations- und betriebswirtschaftliche Software an.

Betriebssystem:
Windows, OS/2
Datenbank:
Oracle, Parados, DB/2
Preis: ab 2700 DM

PEPC
BuP Bartsch und Partner GmbH
Hasengartenstraße 14
65189 Wiesbaden

Modular aufgebaute Software,
schon länger auf dem Markt und
für verschiedene Datenbanken geeignet. Der Hersteller bietet auch
Seminarverwaltunssoftware an.

Betriebssystem:
Windows
Datenbank:
SQL-DB
Preis: ab 4200 DM

PISA
IBL Ingenieurbüro Letters GmbH
Max-Lang-Str. 24
70771 Leinfelden

Komplettlösung für Seminarpla-
nung und -abwicklung für interna-
tionale Konzerne. In das Gesamt-
konzept ist die Möglichkeit von
On-line-Buchungen integriert.

Betriebssystem:
Windows NT
Datenbank:
Oracle, ODBC auf Anfrage
Preis: ab 28.900 DM

INWPEP 98
MACHWÜRTH TEAM GmbH
Dohmanns Horst 19
27347 Visselhövede

Von Personalentwicklern konzi-
pierte Software mit Schwerpunkten auf Seminarverwaltung, Qua-
lifikations- und Anforderungsprofilen.

Betriebssystem:
Windows
Datenbank:
ACCESS
Preis: ab 4900 DM

WMS 2.0
hr TEAM GmbH
Röhrer Weg 7
71032 Böblingen

In Zusammenarbeit mit Personal-
beratern entwickeltes Paket.
Schwerpunkt auf dem Weiterbildungsmanagement. Ergänzend:
mulitmediales Serviceangebot.

Betriebssystem:
Windows
Datenbank:
dbase
Preis: ab 7500 DM

Literaturverzeichnis

Das Literaturverzeichnis bezieht sich auf alle drei Teile des Buches und ist zugleich ein Quellenverzeichnis. Der jeweilige Buchteil, von dem aus Bezug auf eine Literaturangabe genommen wird, ist in spitzen Klammern angefügt.

Alt, C./ Sauter, E./ Tillmann, H.: Berufliche Weiterbildung in Deutschland. Strukturen und Entwicklungen. . Hrsg. v. Bundesinstitut für Berufsbildung. Bielefeld 1994. <Teil II>

Arnold, R.: Berufspädagogik. Lehren und Lernen in der beruflichen Bildung. Aarau 1990. <Teil II>

Arnold, R.: Neue Methoden betrieblicher Bildungsarbeit. In: Arnold, Rolf/ Lipsmeier, Antonius (Hrsg.): Handbuch Berufsbildung. Opladen 1995, S. 294-307. <Teil II>

Arnold, R.: Weiterbildung. Ermöglichungsdidaktische Grundlagen. München 1996. <Teil II>

Arnold, R./Krämer-Stürzl, A.: Explorative Studie zur Erfolgskontrolle betrieblicher Weiterbildung. Forum Betriebliche Weiterbildung Nr. 2, hrsg. v. Arbeitsgemeinschaft Betriebliche Weiterbildungsforschung e.V. Bochum 1992. <Teil III>

Arnold, R./ Krämer-Stürzl, A.: Berufs- und Arbeitspädagogik. Leitfaden der Ausbildungspraxis in Produktions- und Dienstleistungsberufen. 2., überarbeitete Auflage. Berlin 1999. <Teil I> <Teil III>

Arnold, R./ Münch, J.: Fragen und Antworten zum Dualen System der deutschen Berufsausbildung. Bonn 1995. <Teil II>

Arnold, R. / Schüßler, I.: Wandel der Lernkulturen. Wissenschaftliche Buchgesellschaft Darmstadt 1998. <Teil I>

Bardeleben, R.v./Gnahs, D. u.a.: Weiterbildungsqualität. Konzepte, Instrumente, Kriterien. Bielefeld 1995. <Teil III>

Bäumer, J.: Wissensmanagement und Human Resources Management. In: Schwuchow/Gutmann (Hrsg.): Jahrbuch der Personalentwicklung und Weiterbildung 1999/2000. Neuwied u.a. 1999, S. 19-23. <Teil III>

Becker, F.G.: Evaluation der Personalentwicklung, Funktionen und Gestaltung. In: Schwuchow/ Gutmann (Hrsg.): Jahrbuch der Personalentwicklung und Weiterbildung 1999/2000. Neuwied u.a. 1999, S. 198-203. <Teil III>

Bergmann, B. u.a.: Kompetenzentwicklung ´96. Strukturwandel und Trends in der betrieblichen Weiterbildung. Münster u.a. 1996. <Teil II>

Bergmann, B.: Lernen im Prozeß der Arbeit. In: dsbn. u.a. 1996, S. 153-262. <Teil II>

Bockelbrink, K.-H.: Leittextmethode in der betrieblichen Berufsausbildung. In: Betriebliche Ausbildungspraxis, 30 (1984), 173, S.52-53. <Teil II>

Brassard, W./ Helling, K. u.a.: Wege zur beruflichen Mündigkeit: Didaktische Materialien zur integrierten Vermittlung und Förderung von fachlichen Inhalten und Schlüsselqualifikationen in der betrieblichen Ausbildung. Weinheim 1994. <Teil II>

Brokmann-Nooren, C.u.a.: Studieneinheit >Lehr- und Lernziele<. In: diess. U.a. (Hrsg.): NQ-Materialien. Handbuch Erwachsenenbildung. Weinheim/ Basel 1995, S. 9-66. <Teil II>

Brüning, U./ Müller, H.-J./ Schüßler, I.: Skript zur Veranstaltung "Allgemeine Didaktik". Interne Veröffentlichung. Kaiserslautern 1995. <Teil II>

Bundesministerium für Bildung und Forschung (Hg.): Berichtsystem Weiterbildung VI. Bonn 1996. <Teil I>

Bundesministerium für Bildung, Wissenschaft, Forschung und Technologie (Hrsg.): Berufsbildungsbericht 1996. Bonn 1996. <Teil II>

Bundesministerium für Bildung, Wissenschaft, Forschung und Technologie (Hrsg.): Berufsbildungsbericht 1997. Bonn 1997. <Teil II>

Bundesministerium für Bildung und Forschung (Hg.): Delphi-Befragung 1996/1998, München 1998. <Teil I>

Bunk, G./ Zedler, R.: Neue Methoden und Konzepte beruflicher Bildung. Beiträge zur Gesellschafts- und Bildungspolitik. Heft 114. Hrsg. vom Institut der Deutschen Wirtschaft. Köln 1986. <Teil II>

Ciompi, L.: Die emotionalen Grundlagen des Denkens, Göttingen 1997. <Teil I>

Cramer, G.: Budgetierung der betrieblichen Bildungsarbeit. In: Cramer/Schmidt/ Wittwer: Ausbilder-Handbuch. 21. Erg.-Lfg., Januar 1998. Köln 1998a, S. 1-13. <Teil III>

Cramer, G.: Operative Budgetplanung: Fallstudie Weiterbildung. In: Cramer/ Schmidt/Wittwer: Ausbilder-Handbuch. 22. Erg.-Lfg., März 1998. 5.3.5.2 Köln 1998b, S. 1-8. <Teil III>

Cramer; Schmidt; Wittwer: Ausbilderhandbuch. Deutscher Wirtschaftsdienst, Köln

Decker, F.: Bildungsmanagement für eine neue Praxis. Lernprozesse erfolgreich gestalten, pädagogisch und betriebswirtschaftlich führen, budgetieren und finanzieren. München 1995. <Teil III>

Dehnbostel, P.: Bedeutungszuwachs des Lernen im Arbeitsprozeß. Regulierungsbedarf oder Deregulierungsnotwendigkeit beruflicher Weiterbildung. In: Dobischat/ Husemann 1995, S. 191-109. <Teil II>

Dittmann-Kohli, F. u.a.: Beruf und Alltag – Leistungsprobleme und Lernaufgaben im mittleren und höheren Erwachsenenalter. In: Weinert/Mandl a.a.O. 1997, S. 179ff.. <Teil I>

Dobischat, R./ Husemann, R. (Hrsg.): Berufliche Weiterbildung als freier Markt? Regulationsanforderungen der beruflichen Weiterbildung in der Diskussion. Berlin 1995. <Teil II>

Dohmen, G.: Das lebenslange Lernen. Leitlinien einer modernen Bildungspolitik. Hrsg. vom Bundesministerium für Bildung, Wissenschaft, Forschung und Technologie. Bonn 1996. <Teil II>

Dohmen, G.: Zur Zukunft der Weiterbildung in Europa. Lebenslanges Lernen für Alle in veränderten Lernumwelten. Hrsg. Vom Bundesministerium für Bildung und Forschung. Bonn 1998. <Teil II>

Dörner, D.: Die Logik des Mißlingens. Reinbek 1993. <Teil I>

Epping, R.: Pädagogische Aspekte der Professionalisierung in der beruflichen Weiterbildung. In: Klein, R. a.a.O. 1998, S.6ff.. <Teil I>

Ernst, H.: Droht der Mediengesellschaft der "Infoinfarkt"? In: Personalführung 1998, S.4ff.. <Teil I>

Falk, R.: Bildungsmarketing. In: Handbuch für Personalentwicklung und Training. 5.3.1.0. 31. Erg.-Lfg. Februar 1996. Köln 1996, S. 1-39. <Teil III>

Foerster, H. von: KybernEthik, Berlin 1993. <Teil I>

Frey, K.: Die Projektmethode. 4., unveränderte Auflage. Weinheim 1991. <Teil II>

Friedrich Ebert Stiftung (Hg.): Lernen für Demokratie. 4 Bände. Bonn 1993. <Teil I>

Georg, W.: Lernen im Prozeß der Arbeit. In: Dedering, H. (Hrsg.): Handbuch zur arbeitsorientierten Bildung. München/ Wien 1996, S. 637-659, 650-654. <Teil II>

Gieseke, W./ Siebers, R.: Zur Relativität von Methoden in erfahrungsverarbeitenden Lernkontexten. In: Arnold, R. (Hrsg.): Lebendiges Lernen. Baltmannsweiler 1996, S. 184-207. <Teil II>

Goleman, D.: Emotionale Intelligenz. München 1997. <Teil I>

Götz, K./ Häfner, P.: Didaktische Organisation von Lehr-Lernprozessen. Ein Lehrbuch für Schule und Erwachsenenbildung. 3., durchgesehene Auflage. Weinheim 1994. <Teil II>

Händschke, E.: Helfer im Hintergrund. ManagerSeminare, Heft 26, 5/99, S. 80-91. <Teil III>

Hölterhoff, H./Becker, M.: Aufgaben und Organisation der betrieblichen Weiterbildung. München/Wien 1986. <Teil III>

Horster, D. (Hg.): Weibliche Moral – ein Mythos? . Frankfurt 1998. <Teil I>

Jäger, W./Buck, D.: Aspekte der Personalentwicklung in der öffentlichen Verwaltung. Wiesbaden 1997. <Teil III>

Kade, S.: Rezension. In: Literatur- und Forschungsreport Weiterbildung 42/1998, S.156f.. <Teil I>

Kejcz, Y. u. a.: Lernen an Erfahrungen? Frankfurt 1979. <Teil I>

Keuper, R. u. a.: Qualität in der beruflichen Bildung. Tips aus der Praxis für eine Qualitätsverbesserung in der beruflichen Weiterbildung (erschienen in der Schriftenreihe des Landesarbeitskreises für berufliche Fortbildung des Landes Baden-Württemberg). o.J. <Teil III>

Klein, R.; Reuter, Gerhard (Hg.): Lehren ohne Zukunft? Hohengehren 1998. <Teil I>

Knoll, J.: Kurs- und Seminarmethoden. Ein Trainingsbuch zur Gestaltung von Kursen und Seminaren, Arbeits- und Gesprächskreisen. Weinheim und Basel 1991. <Teil II>

Kolmerer, H./Kuhn-Krainick, S.: Bildungsbedarfsanalyse und Mitarbeitergespräch. In: Schwuchow/ Gutmann (Hrsg.): Jahrbuch der Personalentwicklung und Weiterbildung 1998/1999. Neuwied u.a. 1998, S. 139-142. <Teil III>

Krämer-Stürzl, A.: Personalentwicklung. Grundlagen und Einführung. Studienbrief 2 des Fernstudiums "Personalentwicklung im Lernenden Unternehmen". Kaiserslautern 1997<Teil II>

Krämer-Stürzl, A.: Handlungsorientierte Ausbilderqualifizierung – ein integriertes Konzept. Baltmannsweiler 1998a. <Teil III>

Krämer-Stürzl, A.: Weiterbildung und Management. Studienbrief im Rahmen des Fernstudiums "Personalentwicklung" der Universität Kaiserslautern und des Zentrums für Fernstudien und Universitäre Weiterbildung. Kaiserslautern 1998b<Teil III>

Kruse, A.; Rudinger, G.: Lernen und Leistung im Erwachsenenalter. In: Weinert/Mandl a.a.O. 1997, S. 46ff.. <Teil I>

Kunert, K.: Lernorganisation. Planung – Integration – Öffnung des Unterrichts. Ein Arbeitsbuch. München 1977. <Teil II>

Leiter, R.: Der Weiterbildungsbedarf im Unternehmen. Methoden der Ermittlung. München/Wien 1982. <Teil III>

Luhman, N.; Schorr, K. E.: Reflexionsprobleme im Erziehungssystem. Frankfurt 1988. <Teil I>

Mager, R.F.: Lernziele und Unterricht. Weinheim und Basel 1973. <Teil II>

Mandl, H.; Huber, G. (Hg.): Emotion und Kognition. München 1983. <Teil I>

Mausolf, W./ Pätzold, G.: Planung und Durchführung beruflichen Unterrichts. Eine praxisorientierte Handreichung. Essen 1982. <Teil II>

Meier, H.: Handwörterbuch der Aus- und Weiterbildung. 425 Methoden und Konzepte des betriebliche Lernens mit Praxisbeispielen und Checklisten. Neuwied/ Kriftel/ Berlin 1995. <Teil II>

Meler, H. und Schindler, U.: Erfolgssteuerung in der Personalentwicklung. Transfersicherung durch Mitarbeitergespräche. In: Deutsche Gesellschaft für Personalführung (Hrsg.): Personalführung 11/1995<Teil III>

Mentzel, W.: Unternehmenssicherung durch Personalentwicklung. Mitarbeiter motivieren, fördern und weiterbilden. Freiburg i.Br. 1985. <Teil II>

Merk, R.: Weiterbildungsmanagement: Bildung innovativ und erfolgreich managen. Neuwied/Kriftel/ Berlin 1992. <Teil III>

Möllenbeck, R.: Weiterbildung zum Erfolg. Kompass für die Bildungslandschaft. Berlin 1997. <Teil III>

Müller, H.-J.: Erlebnispädagogik mit Selbsterfahrung - eine Form betrieblicher Weiterbildung. In: Arnold, R./ Lipsmeier, A. (Hrsg.): Betriebspädagogik in nationaler und internationaler Perspektive. Baden-Baden 1989, S. 281-298. <Teil II>

Müller, H.-J./Stürzl, W.: Dialogische Bildungsbedarfsanalyse – eine zentrale Aufgabe des Weiterbildners. In: Geißler, H. (Hrsg.): Aufbruch zu neuen Qualitäten betrieblicher Bildung. Band 3 der Reihe Betriebliche Bildung – Erfahrungen und Visionen. Frankfurt a.M./Bern/New York/Paris 1992, S. 103 – 146. <Teil III>

Ott, B.; Grundlagen des beruflichen Lernens und Lehrens. Ganzheitliches Lernen in der beruflichen Bildung. Berlin 1997. <Teil II>

Pössnecker, F.: Potenzialanalyse als Grundlage der Weiterbildung. In: Schwuchow u.a.(Hrsg.): Jahrbuch Weiterbildung 1993, Düsseldorf 1993, S. 193-197. <Teil III>

Reinmann-Rothmeier, G./ Mandl, H.: Lernen auf der Basis des Konstruktivismus. Wie Lernen aktiver und anwendungsorientierter wird. In: Computer und Unterricht, 23/1996, S.41-44. <Teil II>

Robinsohn, S.B.: Bildungsreform als Revision des Curriculum. Darmstadt 1975. <Teil II>

Rogers, C.R.: Lernen in Freiheit. 3. Auflage. Stuttgart 1979. <Teil II>

Schaper, R.-H./ Schreiber, R./Seyd, W.: Der Berufsausbilder: die berufs- und arbeitspädagogischen Kenntnisse des Ausbilders. Hamburg 1995. <Teil III>

Schrader, J.: Lerntypen bei Erwachsenen. Weinheim 1994. <Teil I>

Severing, E.: Arbeitsplatznahe Weiterbildung. Betriebspädagogische Konzepte und betriebliche Umsetzungsstrategien. Neuwied 1994. <Teil II>

Siebert, H.: Curricula für die Erwachsenenbildung. Braunschweig 1974. <Teil II>

Siebert, H.: Lernzielformulierung und Lernzielkontrolle. SESTMAI-Studieneinheit. Frankfurt 1976. <Teil II>

Siebert, H.: Didaktisches Handeln in der Erwachsenenbildung. Didaktik aus konstruktivistischer Sicht. Neuwied 1996. <Teil II>

Sloane, F.E.: Situationen gestalten. Von der Planung des Lehrens zur Ermöglichung des Lernens. Markt Schwaben 1999. <Teil II>

Stern 4/ 1999: Der Bildungstest. S.52ff.. <Teil I>

Strzelewicz, W., u.a.: Bildung und gesellschaftliches Bewußtsein. Stuttgart 1966. <Teil I>

Tietgens, H.; Weinberg, J.: Erwachsene im Feld des Lehrens und Lernens. Braunschweig 1971. <Teil I>

Tietgens, H.: Die Erwachsenenbildung. München 1981. <Teil II>

Tietgens, H.: Reflexionen zur Erwachsenendidaktik. Bad Heilbrunn/ OBB 1992. <Teil II>

Trapp, Ernst-Chr.: Versuch einer Pädagogik (Berlin 1780). Leipzig 1913. <Teil I>

Ueltzhöffer, J.; Kandel, J.: Milieustruktur und politische Bildung. In: Friedrich Ebert Stiftung (Hg.): Jahrbuch 1993. Bonn 1993. S. 78ff.. <Teil I>

Weidenmann, B.: Erfolgreiche Kurse und Seminare. Professionelles Lernen mit Erwachsenen. Weinheim/ Basel 1995. <Teil II>

Weinert, Franz; Mandl, Heinz (Hg.): Psychologie der Erwachsenenbildung. Göttingen 1997. <Teil I>

Witschi, U.: Projekt-Management: der BWI-Leitfaden zu Teamführung und Methodik/Stiftung für Forschung und Beratung am Betriebswirtschaftlichen Institut(BWI) der ETH Zürich. 4. Aufl. Zürich 1996. <Teil III>

Broschüren des Wuppertaler Kreises 4: Weiterbildung in mittelständischen Unternehmen – Eine Arbeitshilfe zur qualitätsbewussten Auswahl von Weiterbildungsmaßnahmen, Wuppertaler Kreis e.V. Deutsche Vereinigung zur Förderung der Weiterbildung von Führungskräften, Köln 1996. <Teil III>

Stichwortverzeichnis

A

Ablaufplanung 148
Aktivitätsbereitschaft 97
Allgemeinbildung 20, 27
Allgemeinwissen 23f.
Altersabhängigkeit 14
Analyse, didaktische 83
Aneignung 83
Anfangssituation 66
Animateur 30
Ankündigung 69
Anpassungsfortbildung 168
Anwärmphase 66
Arbeitsauftrag 67
Arbeitsform 67
Arbeitsplatz 121, 123
Arbeitszusammenhang 130
Aufgabenstellung 95
Ausstieg 97

B

Bedarfserhebung 175f.
Bedingungsanalyse 84
Bedürfnisermittlung 166
Beobachtung 35f., 52, 54
Berufsethos 31
Bewertung 96
Bewusstsein 21
Beziehung 47
Bildung 11, 26, 53
Bildung als Management-
aufgabe 128
Bildungsbedarf 173f.
Bildungscontrolling 180
Bildungsinhalt 88
Bildungsmanagement 129
Bildungsmanager 30
Bildungsmarketing 158
Blitzlicht 68
Brainstorming 106
Budget 151
Budgetplan 156

C

Coach 30
Collage 107

Computer 111
Computerunterstützung 122
Curriculum 88
Curriculumentwickler 30

D

Delphi-Studie 20f., 52
Desinteresse 70
Dezentralisierung 131
Didaktik 74, 77
Didaktik, normative 31
Didaktische Analyse 83
Dienstleistung 131
Dimension des Planens 78
Dimensionen des Lernens 81
Distribution 163
Drei-S-Schrittfolge 112
Driftzone 64
Drop-out 71
Durchführung 95

E

Edutainment 41
Einarbeitungsprogramm 123
Einrichtung 86
Einstieg 95, 97
Einzelarbeit 118
Eisbergmodell 36
Emotionalität 45f.
Empathie 47
Entwicklung 14
Entwicklungspsychologie 15
Erfolgskontrolle 179f.
Ergebnissicherung 96
Erkenntniskritik 54
Erkundung 123
Erlebnispädagogik 119
Ermöglichungsdidaktik 34,
76
Erwachsenenbildung, betrieb-
liche 128
Erwachsenendidaktik 74
Erwachsenenlernen 74
Erwartungshaltung 37, 86
Erziehung 31
Evaluation 71, 184

F

Fachwissen 75
Facilitator 30
Fantasiereise 107
Flippchart 110
Folgenwissen 26
Fortbildungsordnung 90
Fremdbild 177f.
Frühwarnsystem 155
Führung 132

G

Gelassenheit 37, 65, 72
Generationenverhältnis 13
Globalziel 145

H

Halbwissen 59
Handlungskompetenz 130
Handlungslogik 64
Hospitation 71

I

Identität 12
Information 95, 181
Informationsgesellschaft 61
Informationsstress 61
Inhalt 20, 82, 88
Institutionalisierung 130
Intelligenz, emotionale 47
Intelligenz, operative 56
Interaktion 87
Interpretation 36
Introspektion 54

J

Job-Rotation 123

K

Kalkulation 164
Kartenabfrage 68
Klima, sozialemotionales 45
Kompetenz 23
Kompetenz 29, 52
Konstruktivismus 32f.
Kontrolle 96

Kosten 163
Kostenstelle 151f.
Kundenorientierung 160
Kursleiter 30

L
Lebensbezug 75
Lebensstil 50
Lebenswelt 10
Lehr- und Lernsystem 35
Lehr-Lern-Abschnitt 94
Lehr-Lern-Methode 87
Lehr-Lern-Prozess 77
Lehre 74, 130, 136
Lehre, gute 63
Lehren 28, 33
Lehrgespräch 106
Leitfragen 118
Leittext 115
Leittextmethode 118
Lernaktivität 17
Lernart 18
Lernbegriff 19
Lernbereitschaft 40
Lernbiografie 11f.
Lerneinheit 91, 94
Lernen 10 f, 16f, 130
Lernen am Arbeitsplatz 121
Lernen, affektives 81
Lernen, Dimensionen 81
Lernen, Erwachsene 14f.
Lernen, exemplarisches 100
Lernen, fundamentales 100
Lernen, handlungsorientiertes 114f.
Lernen, kognitives 81
Lernen, kooperatives 103
Lernen, lebenslanges 11, 74, 130
Lernen, psychomotorisches 81
Lernen, selbstgesteuertes 74, 102, 130
Lernfähigkeit 34, 52f., 65
Lernform 74
Lerngerüst 92, 97

Lerngruppe 48
Lerninhalt 20, 82
Lerninsel 122
Lernlogik 37
Lernorganisation 60
Lernprozess 76
Lernprozess, offener 98
Lernschritt 93
Lernsituation 19
Lernstatt 122
Lernstil 13, 55
Lernstrategie 59
Lerntyp 56
Lernumgebung 41, 50
Lernziel 17, 79
Lernzielebene 80
Lernzielhierarchie 80
Lernzielkonzept 81

M
Management, funktionales 134
Management, operatives 134
Management, strategisches 132
Management-Regelkreis 136
Marktanalyse 160f.
Medien 109f.
Metaplan-Methode 112, 119
Methode 68, 92, 102
Methodenkompetenz 122
Mobile 92f.
Moderationsmethode 112
Moderationstechnik 106
Moderator 30
Motiv 17, 39, 44
Motivation 38, 51, 97
Motivation, intrinsische/extrinsische 39
Motivationseinfluss 40
Motivierung 44f.
Multimedia 111

N
Nachbereitung 186
Nachbetrachtung 96

Nachhaltigkeit 11, 75

O
Öffentlichkeitarbeit 165
OPAL 144
Overheadprojektor 110

P
Passivität 70
Passung 85, 134
Personalentwicklung 185
Perspektivenvielfalt 65
Phase 94
Pinwand 111
Planspiel 107, 118
Planung 91, 94, 159
Planung des Marketing 159
Planung, didaktische 78
Podiumsdiskussion 105
Potenzial 135
Potenzialanalyse 177
Preisbildung 163
Problemorientierung 130
Programmgestaltung 160f.
Projekt, gesteuertes 118
Projekt, selbst organisiertes 118
Projektmethode 107
Projektplanung 147
Prozessgestaltung 133
Psychologik 64, 78

Q
Qualifikation 20, 129
Qualifikation(sbegriff) 174
Qualifikationsanforderung 77
Qualitätssicherung 120, 170
Qualitätsstandard 171
Qualitätszirkel 122

R
Raum 71
Reduktion 99
Referent 30
Regelungskompetenz 90
Ressource 135

Robinsohn 88
Rollenverständnis 126

S
Sachlogik 64, 78
Schlüsselqualifikation 87
Selbstbild 177
Selbstkonzept 60
Selbstlernen 92, 123
Selbstorganisation 32
Selbstreferenz 35
Selbstreflexion 31
Selbstwahrnehmung 47
Seminar, offenes 170
Seminarabschluss 68
Seminarbeginn 66
Seminarwirklichkeit 36
Situation, kritische 68
Sitzordnung 50
SMART 144
Sozialform 102f.
Spezialwissen 24
Sprache 85
Standortanalyse 140
Stimmungsbarometer 68
Stofforientierung 106
Störung 69
Superlearning 117
Supervision 54
Sustainability 11

Systematisierung 130
Systemziel 145

T
Teilnahmemotiv 38
Teilnehmerorientierung 64
Terminplanung 148f.
Textarbeit 106
Thema 18, 86
Toleranz 54
Tonkassette 111
Trainer 30
Training am Arbeitsplatz 123
Transfer 179
Transfersicherung 185
Trend 43, 129
U
Überforderung 70
Übung, künstlerische 119
Umfeldanalyse 133
Unternehmensplanung 139
Unterricht, erwachsenen-
gemäßer 120
Unterrichtsgespräch 117
Unterrichtsmethode 19

V
Vernunftbegriff 10
Viabilität 33
Video 111

Vier-Stufen-Methode 106
Visualisierung 119
Vorgehensziel 145
Vorlesung 105
Vortrag 105, 117

W
Wahrnehmung, selektive 36
Wahrnehmungstheorie 32f.
Wandel 135
Weiterbildung, informelle 42
Weiterbildungsberatung 166
Weiterbildungsberichtssystem
42
Weiterbildungs-Regelkreis
137f.
Werbung 165
Wettbewerbsfähigkeit 128
Wirklichkeit 35f.
Wissen 135
Wissenserwerb 34
Wissensexplosion 25
Wissensgesellschaft 22f., 52,
59

Z
Ziel 144, 174
Zielbeschreibung 80
Zielfindung 159
Zielgruppe 48f.

Weitere Materialien zum Thema „Berufliches Lernen"

Als Buchausgabe

Bernd Ott
Grundlagen des beruflichen Lernens und Lehrens
Ganzheitliches Lernen in der beruflichen Bildung
1997. 232 Seiten. Kartontiert.
ISBN 3-464-49126-9

Ein Buch, um sich schnell und doch fundiert zu den wesentlichen Schwerpunkten beruflichen Lernens und Lehrens auf dem Stand der heutigen Diskussion zu orientieren.

Prof. Bernd Ott fokussiert die vielfältigen Themen in zwölf praxisrelevante Aspekte und bietet so einen guten Überblick. Dabei wird zugleich die Vernetzung der Aspekte deutlich und diese werden unter dem durchgehenden Aspekt ganzheitlichen Lernens miteinander verbunden.

Der Kern wesentlicher Ansätze wird dargestellt, Konzepte und Begriffe sind in zahlreichen Schaubildern visualisiert.

Inhalt
1. Lernstrukturelle Aspekte
2. Bildungstheorie
3. Lernpsychologiie
4. Gruppendynamik
5. Motvation
6. Allgemeindidaktik
7. Technikdidaktik
8. Methodische Aspekte
9. Zielplanung
10. Unterrichtstrukturelle Aspekte
11. Ausbildungsstrukturelle Aspekte
12. Prüfungsmethodik

Als Ausgabe auf CD-ROM:

Bernd Ott
Teachware – Berufliches Lernen
1999. CD-ROM
ISBN 3-464-49131-5

Dieses „elektronische Buch" bietet den Inhalt der Printausgabe, aufgeteilt in sinnvolle Screens. Tabellen und Schaubilder sind weitgehend farbig aufbereitet, was ihre Aussagekraft und Übersichtlichkeit weiter erhöht. Zum Teil sind die Bilder als „Aufbaugrafiken" angelegt, d.h. sie können schrittweise aufgerufen werden.

Durch das Inhaltsverzeichnis, ein alphabetisches Stichwortverzeichnis und eine (freie) Suchfunktion lässt sich flexibel auf den Inhalt zugreifen. Die CD-ROM stellt so ein umfassendes, elektronisches Nachschlagewerk zur beruflichen Bildung dar.

Die Screens lassen sich ferner zu „Slide-Shows" gruppieren. Damit steht der Inhalt der CD-ROM (und somit des Buches) in Form „elektronischer" Folien zur Verfügung. Dies lässt sich mit einem Beamer nutzen oder aber durch Ausdrucken herkömmlicher Folien.

Voraussetzungen:
Die CD-ROM ist auf Browserbasis aufgebaut, d.h. man surft darauf wie im Netz. Technische Voraussetzungen: Handelsüblichet PC (ab 486er, besser Pentium oder kompatibel) mit MS Windows95 , Installation eines Browser (Netscape ab 4.5 oder Explorer ab 4.01).

Erhältlich in guten Buchhandlungen.
Mehr Informatinen bei Cornelsen Verlag • Marketing Fachbuch • 14328 Berlin